SOCIAL WELFARE WITH

FAMILIES

개정판

가족복지론

이영희 김현경 김안식 김지현 김태화 김현정
류혜원 서민호 오승하 이명화 전대성 정복임
공저

양 성 원

머리말

오늘날 우리 사회의 가족은 사회 · 경제적인 변화와 함께 가족의 기능, 구조나 관계, 역할 및 가치관을 비롯한 가족생활 전반에 걸쳐 다양한 변화를 경험하고 있다. 이러한 상황 속에서 그동안 가족이 수행하던 기능 중에 상당 부분이 축소되었고, 이를 가족복지서비스가 대체하고 보완하게끔 되어 가족복지가 더욱 절실하게 필요한 시대가 되었다. 따라서 급변하는 환경 속에서 가족에 대한 가치관의 변화와 함께 가족의 변화로 인한 다양성의 확대에 따른 사회복지사로서 관점을 정립하고, 다양한 수준에서 가족복지에 접근하는 방법을 학습하며, 가족 문제를 해결하는 능력을 함양하는 것이 무엇보다 시급하다고 할 수 있다.

따라서 본 책은 한국과 외국의 가족정책을 이해하고 한국의 가족정책을 탐구함으로써 한국 가족정책의 현주소와 문제점 및 개선방안을 알아보고, 가족복지서비스와 가족중심의 실천 방법들을 익힘으로써 사회복지사로서의 실천 능력을 키우는 것을 목적으로 하였다. 이를 위해 총 4부 13장으로 구성하였다.

1부 가족복지의 개관은 2개의 장으로 구성하였는데, 1장 가족복지의 이해에서는 가족의 이해, 가족복지의 이해 및 가족정책적 접근방법에 대해 소개하였고, 2장 가족체계와 가족생활주기에서는 가족체계이론, 가족생활교육 및 가족생활주기에 대해 기술하였다.

2부 가족복지정책과 법은 3개의 장으로 구성하였는데, 3장 가족복지정책에서는 가족복지정책의 이해, 가족복지정책의 유형 및 가족복지정책의 전달 체계에 대해 소개하였고, 4장 한국과 외국의 가족복지정책에서는 한국의 가족복지정책과 외국의 가족복지정책에 대해 자세하게 기술하였으며, 5장 가족복지정책 관련 법에서는 대한민국 「헌법」, 「민법」(가족법), 「건강가정기본법」, 「한부모가족지원법」, 「영유아보육법」 및 「저출산 · 고령사회기본법」에 대해 소개하였다.

3부 가족복지실천은 2개의 장으로 구성하였는데, 6장 가족복지실천과정에서는 초기면접 및 접수, 가족의 대상 및 방법, 개입 및 종결에 대해 소개하였고, 7장 가족치료에서는 가족치료의 역사, 가족치료의 이론과 모델에 대해 자세하게 기술하였다.

4부 가족복지실천의 대상과 영역은 6개의 장으로 구성하였는데, 8장 빈곤가족에서는 빈곤과 빈곤가족에 대한 이해, 다차원 빈곤, 빈곤가족의 현황 및 빈곤가족의 지원정책에 대해 소개하였고, 9장 한부모가족에서는 한부모 개념 및 유형, 한부모가족의 특성 및 어려움, 한부모가족의 현황 및 한부모가족 지원정책에 대해 기술하였으며, 10장 폭력 및 학대가족에서는 가정폭력의 개념 및 유형, 가정폭력 특징 및 발생원인, 가정폭력의 현황 및 가정폭력 지원정책에 대해 소개하였으며, 11장 다문화가족에서는 다문화의 개념, 한국의 다문화 현황, 한국 다문화사회의 문제점 및 다문화가족 지원정책에 대해 기술하였으며, 12장 중독자가족에서는 중독의 이해, 중독의 유형, 중독의 현황 및 중독자가족의 지원정책에 대해 소개하였으며, 13장 장애인가족에서는 장애의 개념, 장애인 분류, 장애인가족, 장애인의 현황 및 장애인과 장애인가족의 지원정책에 대해 자세하게 기술하였다.

본 책을 통해 사회변화에 따른 가족의 변화와 가족에 대한 다양한 관점들을 이해하고, 한국사회 가족들이 경험하는 문제를 바탕으로 사회복지 대책과 개입 방안을 모색해 보기를 바란다. 또한 우리나라의 가족복지정책을 이해하고 가족복지전달체계 및 관련 법률을 학습하며, 가족복지실천의 방법론을 이해하고 가족복지 대상별로 특화된 서비스를 효과적으로 제공할 수 있는 방법을 학습하길 바란다.

끝으로 이 책의 출판을 허락해 주시고 좋은 책이 될 수 있도록 편집에 힘을 써 주신 양성원 출판사의 강철원 사장님을 비롯해 임직원 여러분들께도 깊은 감사의 마음을 전한다.

2025년 7월

저자 일동

차 례

PART 4 가족복지실천의 대상과 영역

PART 1

가족복지의 개관

Chapter 01

가족복지의 이해

배울 내용

1. 가족의 이해
2. 가족복지의 이해
3. 가족정책적 접근방법

학습목표

1. 가족의 개념, 특성, 기능 및 유형을 설명할 수 있다.
2. 가족복지의 개념 및 필요성을 파악한다.
3. 가족정책, 가족과 사회복지실천 및 가족복지서비스적 접근방법을 숙지한다.

1. 가족의 이해

1) 가족의 개념

가족에 대한 전통적 관점의 연구자들에 의한 정의는 주로 공동거주, 자녀의 존재, 그리고 사회적으로 인정되는 부부의 성적 관계 및 경제력 협력을 공통적으로 강조하고 있다. 특히 머독(Murdock, 1949)은 공동의 거주, 경제적 협동, 생산(재생산)의 특징을 갖는 집단으로 사회적으로 인정받는 성관계를 유지하고 있는 최소한 두 명의 성인 남녀와 한 명 이상의 자녀로 이루어진 사회집단을 가족으로 정의하고 있다. 그리고 스트라우스(Strauss, 1969)는 가족은 결혼에 의해 형성되고, 부부와 그들에 의해 출생한 자녀로 구성되며 법적 유대, 경제적, 종교적, 그리고 그 외 다른 권리와 의무, 성적 권리와 금지, 다양한 심리적 감정을 공유하는 집단으로 정의하였고, 기든스(Giddens, 1992)는 가족은 정서적이고 물질적인 지지에 기반을 둔 두 명 또는 그 이상의 사람들이 상호 간에 기대를 가지고 그들의 삶의 유형과 관계없이 상호 책임감과 친밀감, 계속적인 보호를 주고받는 구성체라고 정의하고 있다(김경은 외, 2020).

우리나라의 경우 유영주(2010)는 가족을 인간의 본질적 특성인 개체성과 반개체성, 즉 개인으로서의 '나'와 관계로서의 '나'의 욕구를 충족시켜 줄 수 있는, 상호작용하는 생활공동체적 집단으로 정의하고 있으며, 정황순 등(2016)은 가족은 사회의 영향을 받기만 하는 집단이라기보다는 사회의 영향에 대해 나름대로의 의미를 부여하며 적응, 변화하는 집단으로 정의하고 있다.

지금까지 살펴본 이러한 정의는 혈연, 동거, 경제적 협력 등의 요인들을 포함하고, 가족원 간의 정서적 유대와 관계성에 기반한 가족정체성을 강조하는 현대적 의미에서 가족을 정의하고 있다고 할 수 있다(김경은 외, 2020).

가족에 대해 법에서 명시하고 있는 정의들을 살펴보면, 2005년 「민법」 개정 이전에는 '가족'은 동일한 호적에 기재되어 있는 일가(一家)의 구성원으로서 호주가 아닌 자를 의미하였다. 즉, 호주의 배우자, 혈족과 그 배우자 기타 「민법」의 규정에 의하여 그 가(家)에 입적한 자가 해당된다. 이에 대하여 개정된 「민법」 제779조(가족의 범위)에는 가족(가족원)의 범위를 기본적으로 자기를 중심으로 자기의 배우자, 형제자매, 직계혈족(부모와 자녀)을 포함하는 것으로 규정하고 있다. 또한 생계를 같이 하는 경우라면, 자기 직계혈족의 배우자, 배우자의 직계혈족, 배우자의 형제자매까지를 가족원으로 한다. 그러나 이는 법률상 가족(원)의 범위를 제시한 것으로 현실적인 가족의 상황과는 다를 수 있다.

그리고 가족의 범위를 명시하고 있는 「민법」 이외의 법률은 「건강가정기본법」, 「국가유공자 등 예우 및 지원에 관한 법률」, 「독립유공자예우에 관한 법률」, 「소득세법」, 「어선원 및 어선재해보상보험법」, 「장기 등 이식에 관한 법률」, 「해외 이주법」, 「산림조합법」 등이 있으며, 각각의 법령에서 가족의 범위를 규정하고 있다. 현행법상 다수의 법률에서 가족 관련 규정을 두고 있고, 그 구체적인 범위는 서로 상충하는 부분이 있어, 법률상 가족 개념은 상당히 혼란스러운 것도 사실이다.

2) 가족의 특성

가족은 일차적 집단, 공동사회집단, 폐쇄집단이며, 또한 가족은 형식적 집단(formal group)이지만 가족관계는 비형식적(in-formal)이라는 특성을 지니고 있는데, 구체적인 내용은 표 1-1과 같다(김성철 외, 2020).

표 1-1 **가족의 특성**

구분	내용
일차적 집단	쿨리(Cooley)는 인간이 출생과 동시에 참여하는 집단이 일차적 집단(Primary group)으로 가족구성원 상호 간의 관계가 직접적(face-to-face)이고, 친밀하며, 그 관계가 항구적으로 지속한다고 하였다. 따라서 가족은 일차적 집단이라는 특성을 가진다.
공동사회집단	퇴니스(Tonnis)는 가족은 사회와 구성원 상호 간의 애정과 이해로 결합되어 외부적 장애에 의해 결코 분열되지 않는 본질적 결합관계이며, 가족구성원 간의 상호 신뢰를 바탕으로 한 정의적이고 감정적 기초로 성립된 관계라고 본다. 즉, 가족은 공동사회집단이라는 성격을 지닌다. 이에 비해 이익사회(gesellschaft)는 '어떠한 결합에도 불구하고 본질적으로 분리되어 있는 사회'로 본질적으로 분리되어 있는 사회와 정당 그리고 사회와 조합 등의 집단을 의미한다.
폐쇄집단	가족은 가족구성원이 되기 위한 자격의 획득과 포기가 쉽지 않은 폐쇄집단(closed group)이고 개인은 누구나 원하는 대로 특정 가족의 구성원이 될 수도 없다.
가족은 형식적 집단(formal group)이나 가족관계는 비형식적(in-formal)	객관적 조직과 특정한 관습적 절차 체계를 가지고 있으며 이것에 의하여 행동이 통제되는 집단이다. 가족은 결혼의 법적 절차에 따라 부부관계를 성립하고 이런 관계에서는 형식적이며 제도적인 집단의 성격을 가지고 있으며, 가족구성원 상호 간의 관계는 솔직하고 형식에 규제되지 않으며, 인간적 감정으로 연결되어 있고 비형식적 관계로서 대체로 자유로운 관계라는 특징을 지닌다.

3) 가족의 기능

가족은 개인과 사회의 중간에 위치한 체계로서 전체 사회에 대해서는 하위체계로, 개인에 대해서는 상위체계로 볼 수 있다. 따라서 가족의 기능은 가족제도가 전체 사회에 대해 작용하는 기능(대외적 기능)과 가족구성원에 대한 기능(대내적 기능)으로 구분할 수 있다. 가족의 기능이란 가족구조의 정서적 차원인 가족 응집성과 조직적인 권력 차원인 가족 적응성을 말하는 것으로 적절한 수준의 응집성은 개인의 개별성과 가족의 결속감에 균형을 이루어 가장 기능적인 가족체계를 유지하고 개인의 발전에도 최적의 수준을 제공하게 된다(Olson et al., 1985). 적응성은 가족체계가 대내 · 외적인 스트레스 상황에 유연하게 대처할 수 있는 능력을 말한다. 가족집단이 수행하는 역할 및 행위를 의미하는 가족기능은 시대, 문화, 그리고 지역에 따라 다르게 나타난다(김경은 외, 2020).

가족의 기능은 사회와 시대에 따라 끊임없이 변화하고 있으며, 사회학, 가족학 등 가족의 기능을 연구하는 학문 분야에 따라 다양하게 정의되고 있다. 전통적 가족기능론에서는 가족의 기능을 고유기능, 기초기능, 부차적 기능 등으로 구분한다. 고유기능에는 애정, 성, 생식과 양육의 기능, 성적 통제와 종족보존의 기능 등이 있고, 기초기능은 대내적으로는 생산과 소비, 사회적으로는 노동력 제공과 경제질서의 유지기능 등을 포함하며, 그리고 부차적(파생적) 기능에는 교육, 보호, 휴식, 오락, 종교의 기능 등을 포함한다.

전통적으로 가족이 수행해 왔던 기능은 성적 기능, 자녀출산의 기능, 생산과 소비를 함께하는 경제적 기능, 양육(보호)의 기능, 교육(사회화)의 기능, 부양의 기능, 휴식과 오락의 기능 및 종교적 기능 등이다. 가족의 기능을 **그림 1-1**과 같이 고유기능, 기초기능, 부차적 기능 및 종교적 기능으로 구분하여 살펴보면 다음과 같다.

그림 1-1 가족의 기능

가족집단만이 수행하여 오던 고유한 가족의 중심 기능에는, 첫째, 대표적으로 성(性)과 애정의 기능 그리고 자녀출산에 따른 양육기능이 있다(양옥경 외, 2000). 가족은 본능적 의지에 의해 결합된 집단으로 대부분의 사회에서는 결혼이라는 제도적 통로를 통해 성적 질서유지 기능을 하게 된다. 즉, 성적 욕구를 충족하면서 사회적으로는 성행위를 제도적으로 통제하고 규제하는 대외적 기능을 하는 것이다. 이러한 일차적 기능들은 다른 집단이 대신할 수 없는 가족 고유의 기능으로 사회존속과 인류 종족 보존의 기능을 동시에 가진다.

둘째, 생산과 소비의 경제생활을 통해 기초적인 생활유지가 가능하도록 하는 기초기능으로 전통 농경사회에서는 자급자족의 생산단위로서 가족이 생산기능의 주체였다. 그러나 현대사회에서는 공사 영역의 분리로 가족은 소비기능의 주체로 변화하였다. 즉, 기업이나 공장에서 대량 생산한 물자를 구입해서 사용하는 소비 공동체로 기능이 바뀌면서 생산단위로서의 가족의 기능이 축소되고 소비기능이 강화되었다. 생활양식도 산업 적응적 모델로 바뀌어 오늘날에는 가족이 독자적으로 담당했던 전통적 기능들이 사회로 많이 이전되었다.

셋째, 부차적 기능은 기초기능과 고유기능으로부터 파생된 기능으로 자녀의 교육, 즉 자녀들에게 그 사회의 가치와 규범을 가르치는 사회화의 기능과 휴식, 오락, 종교 등으로 심리적 · 신체적 사회의 안정화와 문화전달의 대외적 기능이다.

넷째, 종교적 기능은 종교적 의례나 형식만을 의미하는 것이 아니라 매일의 생활에 감사하고 삶의 진리를 깨달으며, 인간 능력의 한계를 겸허하게 인정하고 기도하는 자세로 살아가는 생활태도를 의미한다. 이러한 기능들이 어떻게 수행되느냐에 따라 가족의 질적 수준이 달라지며, 시간적 조건, 지역과 문화배경에 따라 다르게 나타난다.

전통사회에서는 의 · 식 · 주 해결, 자녀양육, 노인 부양 등 대부분의 기능을 가족이 수행하였다. 그러나 산업화, 도시화로 인하여 그 기능의 일부가 전문화된 기관과 조직체 등 다른 제도에 흡수되어 그 기능이 점차 축소되고 있으며, 가치관의 급속한 변화와 자본주의 사회 · 경제적 문제가 복합적으로 결합되어 가족의 생산기능은 공장으로, 교육기능은 학교로, 종교기능은 종교단체로, 오락기능은 극장으로, 의료기능은 병원 등으로 기능이 분화되어 가면서 가족의 기능을 상실해 가고 있다. 따라서 이러한 가족기능의 변화는 사회변화에 민감한 가족체계와 사회의 역동적 관계에서 파생되는 다양한 결과로서, 미래의 가족기능은 출산이나 양육의 기능, 교육이나 사회화의 기능보다 정서적 기능이 중요하게 부각될 것으로 전망되고 있다(양옥경 외, 2000).

4) 가족의 유형

가족의 유형은 가족구성원의 수와 혈연관계에 따른 분류, 가장권과 권위에 따른 분류 및 결합 형태에 따른 분류로 구분할 수 있는데, 이러한 가족유형에 대해 구체적으로 살펴보면 다음과 같다(박귀영 외, 2023).

(1) 가족구성원의 수와 혈연관계에 따른 분류

가족구성원의 범위를 따져서 가족의 유형을 분류하는 가장 기본적인 방법은 소가족과 대가족[1], 핵가족(nuclear family)과 확대가족(extended family)으로 구분하는 것이다. 가족구성원의 수와 혈연관계에 따른 분류의 특징을 살펴보면 표 1-2와 같다(박귀영 외, 2023).

1) 소가족과 대가족의 개념을 살펴보면, 대소의 구별이 단순히 식구 수의 많고 적음을 의미하기도 하지만 혈연관계의 범위와 관련지어 사용되기도 한다.

표 1-2 가족구성원의 수와 혈연관계에 따른 분류의 특성

구분	내용
소가족	가족구성원의 수를 기준으로 5인 이하를 의미하며, 일반적으로 소가족이란 부부와 그들의 자녀로 구성된 가족을 의미한다.
대가족	가족구성원의 수를 기준으로 6인 이상을 대가족이라고 하고, 대가족이란 부부와 친자 이외에 근친자 등이 포함되어 보통 가족원 수가 많은 가족을 의미한다.
핵가족	핵가족은 부부와 그들의 미혼 직계 자녀들로 구성된 가족으로서, 자녀들은 결혼 후 부모의 집을 떠나 새살림을 시작하는 것이 원칙이다. 그러므로 가족 구성은 2세대로 한정되며, 이런 핵가족을 부부가 중심이 된다고 하여 부부가족(conjugal family)이라고도 하고 또는 확대가족을 구성하는 요소라고 하여 요소가족(elementary family)이라고 한다.
확대가족	확대가족은 핵가족이 종적 또는 횡적으로 연결되어 형성되는 것으로서, 자녀가 결혼 후에도 그들의 부모와 동거하는 가족형을 말한다. 먼저 가족이 종적으로 확대된 가족을 직계가족(stem family)이라고 하며, 이때 맏아들만 본가에 남아서 부모를 모시고 가계를 계승하며, 그 이외의 아들들은 분가하게 된다. 또한 가족이 횡적으로 확대된 가족을 방계가족(collateral family)이라고 하며, 형제들이 결혼 후에도 그들의 부모와 동거하는 가족이다.

(2) 가장권과 권위에 따른 분류

가정 내에서도 가족을 대표하기 위해 가장권이 주어지고, 가족을 대표하려면 권위를 가져야 하는데, 가장권이란 사회가 법적으로나 관습상 인정하는 가장의 공적 권리로 가장과 가족구성원은 지배와 복종의 관계가 된다. 그리고 가장권은 가족의 대외적 관계에서의 대표권과 대내적 관계에서의 지배권 및 결정권으로 이루어지는데, 이것이 부부 중 어느 편에 속하느냐에 따라서 가족을 분류한다. 즉, 가장의 권위가 부계에 속하면 가부장제(patriarchalism)라고 하고, 모계에 속하면 모권제(matriarchalism), 양계에 공동으로 속하면 동권제(equalitarianism)라고 한다. 가장권과 권위에 따른 분류의 특성을 살펴보면 **표 1-3**과 같다(박귀영 외, 2023).

표 1-3 가장권과 권위에 따른 분류의 특성

구분	내용
가부장제	가부장제는 역사적으로 가장 발달해 온 제도로서, 가장 많은 사회의 가족유형으로 나타나고 있다. 가부장권은 대부분 가명(家名) 및 가산(家産)의 장남상속권과 함께 계승되었는데, 부자의 혈통에 따라 가명이 전해지고, 장남이나 아들 한 사람에게만 가산이 상속되는 단일 상속권 등이 동반되는 경우이다.
모권제	모권제는 가장의 권위가 모계를 통해 이어지지만 부계만큼 절대적이지 않다. 즉, 모계 사회에서는 가족의 혈통 계승과 가산의 상속이 모계를 중심으로 이루어지고 여자들이 가족의 통솔권을 가지나 대외권을 갖지 않는다. 부계사회에서는 재산권을 가진 아버지가 대외권도 함께 갖는 것에 비하여, 모계사회에서는 어머니의 남자 형제, 즉 외삼촌이 대외권을 가지고 집 밖의 일을 처리하고 남자아이(조카)의 교육을 맡는다. 이를 숙부권이라 하며, 부자 관계는 하나의 인정(人情)이며 사적인 성질을 가지고 있을 뿐 실질적인 권리와 권한을 갖지 않는 형태로 주로 원시사회에서 나타난 유형이다.

(3) 결합 형태에 따른 분류

가족의 유형은 가족의 구성 범위 및 가장권의 소재와 함께 결혼 형태도 중요한 요인으로 작용하게 된다. 결혼 형태는 다시 사회적으로 용인되는 배우자의 수, 결혼 후의 거주 형태, 가계의 계승 방법에 따라서 여러 가지 양상을 보이게 되는데, 이것을 항목별로 살펴보면 표 1-4와 같다(박귀영 외, 2023).

표 1-4 결합 형태에 따른 분류의 특성

구분	내용
배우자의 수	부부의 결합은 남자와 여자가 1대 1로 이루어지는 것이 원칙이지만 사회에 따라서는 부부 중 어느 한쪽이 단수이고 상대방이 복수로 되어 있다. 부부가 각각 1인으로 되어 있는 형태를 단혼제 또는 일부일처제(monogamy)라고 하고, 남편이나 아내가 동시에 한 사람 이상의 배우자와 결혼생활을 할 수 있는 제도를 복혼제(polygamy)라고 한다. 복혼제는 다시 남자가 1인이고 여자가 다수인 일부다처제(polygyny)와 여자가 1인이고 남자가 다수인 일처다부제(polyandry)로 나눈다.

구분	내용
가계의 계승	가족은 명예와 족보를 유지하여 오는데, 가명과 친족의 계보가 부의 혈통에 따라 계승될 때 이를 부계제(patrilineal system)라 하고, 모의 혈통을 따를 때 모계제(matrilineal system)라 한다. 또한 어느 한 혈통에만 치우치지 않고 가보에서 차지하는 친척의 범위와 비중이 양계 동격이거나, 가명이나 가산의 상속이 혈통보다 개인 위주로 형편에 따라 양계 어느 쪽에서나 계승자를 택할 수 있는 경우 이것을 양계제(bilineal system)라고 한다. 그러나 문두구모(Mundugamor) 사회에서는 아들은 모계를, 딸은 부계를 따르며, 브라질의 아피나예(Apinaye)족은 그와 정반대로 아들이 부계를, 딸은 모계를 각각 따르도록 하고 있어 이중적인 계승제도를 볼 수 있는 사회도 있다.
거주제	결혼 후 부부가 어디서 사느냐에 따라서 가족의 유형이 구별되는데, 즉 거주제는 가족제도에 따라 다르게 나타난다. 주로 시가살이 또는 부거제(patrilocal)와 처가살이 또는 모거제(matrilocal) 및 단가살이 또는 신거제(neolocal) 등 세 가지로 구분한다.

2. 가족복지의 이해

1) 가족복지의 개념

가족복지의 개념을 살펴보기 전에 먼저 복지에 대한 개념부터 살펴보면, 웹스터 사전에 의하면 복지라는 용어는 welfare로서 "행운 · 건강 · 번영 · 행복 등의 상태(state or condition with regard to good fortune, health, prosperity, happiness ect)"로 정의되어 있다. 이처럼 복지란 well-being의 상태로 만족스러운 상태를 의미하고 있다. 따라서 복지는 행복, 건강, 만족, 번영의 뜻을 모두 포함하는 아주 좋은 상태라고 할 수 있다.

이러한 복지의 개념을 바탕으로 가족복지에 대해 정의를 내리면, 조화로운 가족관계를 활성화하고, 가족생활이 지닌 적극적 가치를 강화함으로써 가족구성원 개개인의 건전한 인격 발달과 사회인으로의 기능을 수행할 수 있도록 제도적으로 원조하는 모든 사회적 서비스를 포함하는 활동이라고 말할 수 있다. 가족복지의 정의를 구체적으로 살펴보면 표 1-5와 같다(박귀영 외, 2023).

표 1-5 가족복지의 협의 및 광의적 의미

구분	내용
협의적 의미	가족복지는 가족복지사업(Family Social Work, Family Social Welfare, Family Service)이라고 할 수 있는데, 가족의 현재 생활에 있어 곤란, 즉 빈곤, 질병, 실업, 가족관계의 붕괴, 행동상의 문제, 정신적 또는 신체적 장애 등으로 인해 가족 개개인의 존엄성이 상실되고 가족생활에 중대한 위기를 직면하면서 겪는 가족의 문제를 해결하고 가족생활을 강화하기 위해 행하는 조직적 활동을 의미한다.
광의적 의미	가족구성원의 만족스러운 생활에 관한 이상적 상태의 달성을 위하여 가족구성원 개개인뿐만 아니라 가족 전체 자체를 대상으로 하여, 보다 통합적이고 예방적인 서비스를 제공하는 공사(公社) 차원의 사회 공동체적인 개입 노력 또는 활동이라고 말할 수 있다. 즉, 전체로서의 가족의 욕구와 문제에 대응하는 것으로 가족 문제의 해결 및 예방, 인간의 상호적 기능수행의 활성화, 삶의 질적 향상 등에 직접적인 관심을 가지고 가족의 욕구를 자력으로 충족시킬 수 있도록 잠재력을 개발시키거나 전문적인 지식과 기술을 동원한 제도적·정책적·기술적 서비스를 제공하는 것을 의미한다.

이러한 관점에서 가족복지는 요보호 가족을 우선하되 결국에는 모든 가족이 국가나 사회로부터 인간의 존엄성과 인간다운 생활을 할 권리를 보장받음으로써 가족구성원 전체가 만족스러운 삶을 살 수 있도록 하는 것이며, 가족복지서비스 측면에서 요보호 상태에 있는 가족들의 보호 및 재활, 자립 기반의 조성은 물론 이들의 지위 향상과 권익옹호, 그리고 능력의 개발을 위해 제공되는 일련의 사회복지서비스를 총칭하는 것이라고 정의할 수 있다.

따라서 문제를 가지고 있는 개인을 대상으로 하는 일반 사회복지와는 달리 조화로운 가족관계를 형성하고 가족생활이 갖는 긍정적인 가치를 강화하며 건전한 인격의 발달과 사회인으로 기능을 촉진하는 것이 가족복지서비스의 목적이라고 할 때 이는 가족의 속성, 기능, 가족 문제 발생원인, 서비스의 효과성 등에 관한 가치를 전제로 만들어진 것으로 개인과 가족을 원조의 대상으로 하며, 가족 전체를 서비스의 대상으로 삼는다는 것이 차이점이라고 말할 수 있다.

2) 가족복지의 필요성

현대사회의 사회·문화적 환경과 산업화 그리고 도시화 등 다양한 요인들에 의해 가족변화를 가져오게 되었다. 특히 산업화는 가족에게도 급속한 변화를 가져왔으며, 산업화 이후 현대까지의 사회변동 중 하나는 정보화사회 환경이며, 이는 사회관계와 가족관계에도 많은 변화를 가져오고 있다. 이러한 시대적 흐름 속에 가족복지의 필요성이 증대되고 있다고 할 수 있다. 가족복지의 필요성에 대해 구체적으로 살펴보면 표 1-6과 같다(박귀영 외, 2023).

표 1-6 가족복지의 필요성

구분	내용
가족과 사회관계에 대한 시각의 변화	현대 가족은 과거 가족이 지닌 주요 기능이 약화되고, 스스로의 힘으로는 해결할 수 없는 많은 문제를 안고 있는 한편 가족에 대한 책임이 더 강조되고 있다. 따라서 가족기능은 약화되면서 책임은 오히려 증가되는 가운데 가족의 책임을 잘 수행할 수 있도록 다양한 가족복지서비스가 제공되어야 한다.
가족에 대한 개입 관점의 변화	1980년대 이전까지 자유주의 국가에서는 가족구성원의 보호는 가족의 책임으로 간주하여 국가의 가족에 대한 개입을 최소화하고자 하였다. 특히 기혼여성의 취업 증가는 가족에 대한 국가개입을 꺼리는 보수적 입장을 취하고 있는 국가에서조차 가족에 적극 개입하는 계기를 마련해 주었다.
다양한 가족 형태의 등장과 욕구의 다양화	우리나라에서 맞벌이 가족, 독신가구와 1세대 부부가족, 이혼과 재혼가족의 증가와 소년소녀가장 가족, 동거가족, 동성애 가족, 공동체 가족 등의 증가는 다양한 가족의 욕구를 분출시키게 되었고, 여러 이유에서 이러한 다양한 가족들의 욕구를 충족시켜 주는 가족복지 대책이 필요하게 되었다.

구분	내용
사회문제 해결 단위로서 가족의 유용성	가족은 인간과 사회의 문제를 해결하는 데 있어서 필수 불가결한 제도이다. 국가 정책적인 측면에서 가족의 존재를 부인한 사회주의 국가가 그 대표적인 예라고 할 수 있다. 가족을 부정하였던 사회주의 국가에서는 가족이 사회체계의 핵심적 단위이자 문제해결을 위한 효과적 단위임을 인정하였다. 인간의 문제를 해결하고자 하는 접근방법으로 개인을 대상으로 한 개별적인 접근보다 가족을 단위로 한 접근이 보다 효과적이다.

3. 가족정책적 접근방법

1) 가족정책

가족정책은 정부가 가족을 위해 시행하는 모든 활동을 의미하며, 가족정책 용어의 의미로서 소득재분배(예: 가족수당), 인구계획, 부적응가족(결손, 장애, 빈곤가족 등), 아동의 인권옹호 및 주부를 위한 정책 등이 있다. 이러한 가족정책은 명시적 가족정책과 묵시적 가족정책으로 구분할 수 있는데, 명시적 가족정책은 특정 정책을 만들 때 그것이 가족과 분명하게 관련되는 정책으로 가족을 위한 목표가 정책에 명백히 제시되어 있는 정책(예: 보육관련 정책, 가족계획, 건강가정관련 정책 등)을 의미한다. 이에 비해 묵시적 가족정책은 독자적 영역을 규정하기보다는 가족에 영향을 미치는 모든 정책과 정책의 목표가 직접 가족과 관여되는 정책은 아니지만 간접적으로 가족생활에 영향을 주는 정책(예: 조세정책, 주택정책, 관세조정, 이민정책 등)을 의미한다(김성철 외, 2020).

2) 가족과 사회복지실천

가족은 사회복지실천의 중요한 기본단위로 간주되어 왔다. 가족복지실천은 가족구성원 개개인에게 초점을 맞추는 것이 아니라 한 단위로서의 가족 전체에 주목하면서 가족의 보호, 보장, 강화를 도모하는 조직적 제반 활동이다. 따라서 가족이라는 복합성 혹은 포괄성 때문에 가족복지실천은 사회복지의 다른 분야인 아동문제, 노인문제, 장애인문제, 여성문제 등의 분야와 중첩된다. 그러나 가족복지실천이 다른 사회복지 분야와의 차이점은 아동복지, 노인복지, 여성복지 등은 그 대상으로 특정인을 취급하는 데 비하여 가족복지는 가족구성원 개개인은 물론 가족 전체를 취급하는 것이라고 할 수 있다. 가족복지실천의 주요 대상이 될 수 있는 가족은 한부모가족, 배우자학대가족, 장애인가족, 비행청소년가족, 알코올중독자가족, 치매노인가족 등이다. 가족복지실천의 접근방법은 표 1-7과 같이 크게 거시적 접근방법과 미시적 접근방법으로 구분할 수 있다(조흥식 외, 2017).

표 1-7 가족복지실천의 접근방법

구분	내용
거시적 접근방법	거시적 접근방법은 가족문제를 사회 전체의 문제로서, 즉 가족이 전체 사회의 제도적 구조와의 관계에서 보다 잘 존속할 수 있는 조건 혹은 환경을 조성하는 접근방법으로서 직접적으로 가족과의 만남 속에서 이루어지기보다는 간접적 정책의 차원에서 이루어진다. 거시적 접근방법의 대표적인 것은 가족정책이다. 가족정책은 문제가족에 대하여 사회복귀적 처우라기보다는 예방적 처우라는 관점을 갖고서 사회의 구조적 문제에 대하여 제도적·환경적·거시적으로 접근하는 것이다. 그러므로 가족정책은 정부가 가족을 위하여 시행하는 모든 활동을 의미한다. 가족정책은 가족에 대한 소득보장, 인구정책, 부적응 가족에 대한 원조대책 등을 중심으로 전개되어 왔으며, 최근에는 아동의 인권옹호 및 주부를 위한 정책, 특히 취업모를 위한 시책으로서의 가족정책을 강조하고 있다.
미시적 접근방법	미시적 접근방법은 문제 혹은 장애로 고통을 당하고 있는 가족에게 직접적으로 접근하는 방법으로서 서비스의 차원에서 논의될 수 있는 방법이다. 미시적 접근방법으로서의 가족복지서비스는 특수한 욕구를 가진 가족구성원의 특별한 문제를 취급하는 가족복지기관의 서비스 활동으로 다분히 가족복지의 제도적 개념을 보완하는 잔여적 성격을 가지고 있다. 가

구분	내용
	족복지기관의 목표는 가족 내의 개인 및 그 구성원이 가족생활에서 원만한 인간관계를 갖도록 하는 것이다. 가족복지서비스의 대표적 프로그램에는 가정생활교육, 가족계획사업, 가족보존과 가정기반 서비스, 가족치료, 가족옹호 등이 포함된다.

3) 가족복지서비스적 접근방법

가족복지서비스적 접근방법으로는 가정생활교육, 가족사업계획, 가족보존과 가정기반서비스, 가족치료 및 가족옹호로 구분할 수 있는데, 구체적인 내용은 표 1-8과 같다(김성철 외, 2020; 박귀영 외, 2023).

표 1-8 가족복지서비스적 접근방법의 구분과 내용

구분	내용
가정생활교육	최근 가족복지기관에서는 가족구성원들의 관계, 그들의 상호 간 애정 및 협동심을 강화시키기 위한 과정으로 교육적 성격을 강조하고 있다. 가정생활교육(family life education)은 집단역학의 학습 과정을 통해서 가족 및 개인들의 사회적 기능을 함양 및 향상시키기 위한 서비스이다. 구체적으로 가정생활교육은 가족구성원 간의 관계, 그들의 상호 간 애정을 강화시키기 위한 교육이며 대인관계 향상, 위기상황 예방 등이 있다(예: 부모역할 훈련 프로그램, 예비부부를 위한 가정생활교육, 노년기 부부교육).
가족계획사업	가족계획사업은 재생산적 건강 보호 서비스의 일종으로 임신 전 위험 사정, 임신중절, 성병에 대한 보호, 영양, 자녀 수에 대한 계획, 임신을 위한 서비스 등을 제공함으로써 건강한 가족생활을 하도록 한다. 또한 예방성과 치료성을 가진 혼전, 혼후 상담 서비스가 있는데, 이는 훈련을 받은 전문가가 혼전, 혼후에 파생되는 여러 가지 문제를 해결하고자 하는 과정에 참여하여 행복한 결혼을 대비하게 하고 만족한 부부관계를 유지하도록 하기 위한 일종의 치료적 상담이다.
가족보존과 가정기반 서비스	가족복지기관들은 다양한 가족의 욕구 충족과 가족 보존을 위하여 여러 가지 가족 보존과 가정 기반 서비스(family preservation and home-based services)를 개발하고 있다. 즉, 여러 가지 가족의 욕구(needs) 충족과 가족보존을 돕기 위한 서비스이다. 예를 들어, 노인돌보미 파견과 가정부 서비스 그리고 형제자매결연 서비스와 가정법률상담 등 많은 가정기반 서비스 프로그램 등이 있다.

구분	내용
가족치료	가족치료(family therapy)는 가족을 중심으로 하는 사회사업과 치료 및 상담의 방법을 절충하여 가족복지기관과 사회복지와 관련된 분야에서 진행되고 있다. 즉, 아이들의 정서적 · 행동적 문제와 학교부적응 문제, 우울증과 불안증, 가족구성원 간의 의사소통문제와 폭력 및 강한 적개심 등의 분노 조절 문제, 결혼 및 가정생활에 대한 지속적인 불만족의 문제, 그리고 가족생활주기상의 변화에 따른 적응상의 문제와 결혼이나 가정생활의 향상을 원하는 것 등의 다양한 범주가 모두 가족치료의 대상이다.
가족옹호	가족옹호(family advocacy)는 가족욕구에 대하여 직접적이며 전문적인 지식을 통하여 가족의 생활조건을 향상시키도록 계획된 전문적 서비스이다. 이러한 가족옹호는 지역사회 내의 많은 가족들에게 영향을 미치는 약물중독, 알코올 중독, 지적장애 및 인권의 남용과 같은 공통의 문제해결을 위해 협동적 사회행동을 하도록 하는 데 목표를 두고 있다. 가족옹호 서비스의 우선순위는 인종차별, 인간차별, 빈곤, 불의 그리고 기회의 불평등으로부터 파격적인 악영향을 받고 있는 가장 위험한 상태의 가족들, 이웃 및 지역사회에 주어져야만 한다. 이것은 일종의 프로그램 전략으로 여러 가족 서비스 기관들이 협력하여 어떤 이유로 필요한 경제 · 사회적 서비스의 수혜를 받지 못하는 가족들을 대신하여 직접적 개입을 통하여 서비스를 확보하거나 또는 그런 서비스를 개발하도록 상호 유도하는 데 그 의의가 있다.

02

Chapter

가족체계와 가족생활주기

배울 내용

1. 가족체계이론
2. 가족생활교육
3. 가족생활주기

학습목표

1. 가족체계의 구조적 특성, 기능 및 진화적 특성을 설명할 수 있다.
2. 가족생활교육의 개념 및 교육의 접근을 파악한다.
3. 가족생활주기의 개념과 주요 가족생활 발달주기를 설명할 수 있다.

1. 가족체계이론

체계이론은 일반체계이론이라고도 한다. 일반체계이론은 생물학자인 베르탈란피(Bertalanffy, 1969)가 처음으로 제시한 이론으로, 체계를 구성하는 요소들의 상호작용과 복잡한 체계의 특성을 이해하기 위해 개발하였다. 체계이론을 통해서 개인과 사회문제를 직선적 원인론이 아닌 상호연결된 전체로 이해하고 파악한다. 즉, 개인과 환경은 일방적으로 어느 한쪽에 영향을 미치는 것이 아니라 둘 다 원인인 동시에 결과로서 상호적 원인관계로 형성된 전체로 이해하는 순환적 원인론으로 설명한다. 이 이론에서 체계는 유사한 관계의 성격을 지니고 있다고 인식하기 때문에 모든 형태의 사회 및 조직 그리고 체계에 적용될 수 있다. 또한 체계이론에서는 '환경 속 인간' 관점을 가지고 있어, 인간을 외부환경 · 체계와 끊임없이 상호작용하는 상호의존적 존재로 이해하고 설명하고 있다. 따라서 개인은 자신의 욕구에 맞는 환경을 수정 혹은 환경의 요구에 맞게 행동을 수정하는 능력을 지닌 존재로 인식한다(Bertalanffy, 1969).

체계를 구성하는 단위들은 상호의존적인 동시에 상호작용하기 때문에 체계의 한 부분의 변화는 다른 체계와 전체로서의 체계에 영향을 미친다. 체계의 구조적 특성을 살펴보면 위계(Hierarchy)를 가지고 있어 대상체계, 하위체계 그리고 상위체계가 존재한다. 또한 홀론(holon)이라고 하여 한 체계는 상위체계에 속한 하위체계이면서 동시의 다른 체계를 포함한 상위체계가 된다는 개념이 존재한다(Koestler, 1969).

이러한 체계이론에 따르면 한 가족구성원에게 영향을 미치는 사건은 모든 가족구성원에게 영향을 미친다. 예를 들어, 가장의 실직과 건강의 취약함은 가족 전체에게 영향을 미치게 된다. 따라서 가족체계는 보다 큰 체계가 가족에게 어떤 영향을 미치는지를 사정하는 데 도움이 된다. 가족체계의 특징은 가족구성원이 상호 의존하는 관계성에 의미를 둔다. 그리고 체계 내 상호작용과 교류에 영향을 미치는 요소들에는 대상과 속성, 관계, 환경이 있다. 가족의 체계 접근은 가족사정 및 문제해결에 매우 효과적이다(김용환 외, 2019).

가족을 이해하는 관점은 크게 두 가지로 언급된다. 첫째, 가족체계이론(Family System Theory)인데, 이 이론은 가족생활을 가족구성원들의 행동의 단순한 합으로 보는 것이 아니라 가족 간의 상호작용으로 본다. 그래서 가족 내 사건을 중요시 여긴다. 이 관점에 따르면 개인은 그들이 맺고 있는 관계 맥락 속에서 파악된다. 둘째, 가족발달이론(Family Developmental Theory)인데, 이 이론은 가족을 자연적 생활주기 단계를 거치면서 발달하는 것으로 본다.

1) 가족체계의 구조적 특성

(1) 경계

경계는 체계의 외부와 내부 또는 한 체계와 다른 체계를 구분 짓는 구획, 선 혹은 침투성을 지닌 테두리로, 경계선은 체계 내부로의 에너지 흐름(투입)과 외부로의 에너지 유출(산출)을 규제한다. 예를 들어, 가족의 경계는 명확하면서도 융통성이 있는 것이 바람직하며, 경계가 지나치게 경직 또는 혼란스러운 경우는 가족 내 문제가 발생할 가능성이 높다. 가족경계의 유형을 살펴보면 표 2-1과 같다(강세현 외, 2020).

표 2-1 가족경계의 유형

구분	내용
명확한 가족경계	명확한 가족경계는 가족구성원 간이나 가족 하위체계 간 혹은 가족과 외부체계 간에 독립성과 자율성이 인정되면서도 동시에 상호 융통성 있는 의사소통이 이루어질 수 있다. 비유를 하자면, 가족 간에 언어적·비언어적 소통이 원활한 가운데 질서정연한 커튼 정도가 쳐 있는 상태라고 할 수 있다. 예를 들어, 부부가 서로 배려하고 존중하며 지낸다면 명확한 경계를 가졌다고 할 수 있다.

구분	내용
경직된 가족경계	경직된 가족경계는 체계들이 상호분리, 고립(disengaged boundary)되어 있어 융통성 있는 의사소통이 어렵고 다른 체계에 대한 관심과 지지가 이루어지지 못한다. 비유를 하자면, 가족 간에 두꺼운 커튼이 쳐 있는 것처럼 언어적으로나 비언어적으로 소통이 없는 상태라고 할 수 있다. 예를 들어, 부부간 대화가 단절되어 있고 교류가 없이 별거 중이라면 경직된 경계를 가졌다고 할 수 있다.
혼돈된 가족경계	혼돈된 가족경계는 가족구성원 및 가족의 하위체계 간에 독립성과 자율성이 결핍되어 지나친 밀착상태(enmeshed boundary)에 있어 체계 간 경계를 구분하기 어려운 경우이다. 비유를 하자면, 가족 간에 아무 커튼도 쳐 있지 않아서 지나치게 무질서한 상태라고 할 수 있다. 예를 들어, 자녀가 부모 침실에 수시로 들어와 자거나 부모의 대화에 거리낌 없이 끼어드는 경우가 해당될 것이다.

(2) 체계

체계란 개념은 나름의 독특한 특성을 가지고 있다. 첫째, 체계란 상호의존적이고 상호작용하는 각각의 부분들로 구성된 전체, 즉 부분들 간의 관계를 맺고 있는 일련의 단위들로 정의된다. 둘째, 체계의 한 부분에 미치는 영향은 체계를 구성하는 다른 요소에 전해지며, 반대로 체계의 다른 구성요소에 미치는 영향이 체계의 한 부분에 영향을 미치기도 한다. 셋째, 체계는 스스로 규정한 안정상태를 유지하려는 경향을 가지는데, 이것을 항상성이라고 한다. 넷째, 체계는 외부 혹은 내적인 영향에 대해 적응적인 방법 혹은 비적응적인 방법으로 안정상태를 회복하려는 경향, 즉 항상성의 원리에 의해 작용한다. 체계의 특성은 **표 2-2**와 같다(강세현 외, 2020).

표 2-2 체계의 특성

구분	내용
개방체계	경계의 투과성을 지닌 체계로서 체계 내에서 정보와 자원을 자유롭게 교환하고, 체계 내·외부로부터 성장 및 발달에 필요한 정보나 에너지를 자유롭게 교환하고 받아들임으로써 체계 자체의 기능을 유지·발전시킬 수 있다. 예를 들어, 입회와 탈퇴가 자유로운 단체가 여기에 해당된다.

구분	내용
폐쇄체계	다른 체계와 상호작용하지 않아 고립되어 있는 체계로서 정보나 에너지의 투입(input) 또는 산출(output)이 거의 없다. 폐쇄체계를 구성하고 있는 부분들은 시간이 지남에 따라 구성원들 사이의 구별이 거의 없어지게 되며 점차 동일성을 가지게 된다. 따라서 체계 내의 조직구성 및 그 기능이 쇠퇴하게 된다. 예를 들어, 가족이나 특별한 자격을 가진 사람만을 회원으로 하는 조직들이 여기에 해당된다.
대상체계	분석 대상이 되는 체계로서, 예를 들어 어떤 가족의 갈등이 관심사라면 이 가족이 대상체계이다.
상위체계	대상체계 외부에 있으면서 그 체계에 기능적으로 영향을 미치는 사회단위로서, 예를 들어 어떤 가족이 다니는 종교기관(교회, 성당, 사원, 사찰 등)은 대상체계의 상위체계이다.
하위체계	2차적, 종속적 체계로 큰 체계 속에 있는 작은 체계를 말한다. 대상체계 내부에 있으면서 내부의 다른 하위체계들과 상호작용하면서 체계를 구성하는 것으로, 예를 들어 어떤 가족의 하위체계에는 부부체계, 부모자녀 체계(부자체계, 모자체계, 부녀체계, 모녀체계), 형제자매 체계 등 매우 다양한 체계가 있다.

2) 가족체계의 기능

가족체계의 기능에는 문제해결능력, 가족원의 의사소통, 가족역할, 가족 간의 정서적 반응, 가족 간의 감정이입, 가족의 행동조절 및 가족의 영적 기능을 가지고 있는데, 이를 구체적으로 살펴보면 표 2-3과 같다(김성철 외, 2020).

표 2-3 가족체계의 기능

구분	내용
문제해결 능력	일반적으로 가족체계 기능의 첫 번째 강조점은 효과적인 가족기능을 유지하기 위해 가족문제를 얼마나 잘 해결할 수 있는가이다. 광의적으로 볼 때 가족문제는 경제적 문제나 일상생활 문제와 같은 기능적인 문제들과 감정이나 애정적인 갈등 문제들로 구분할 수 있다.
가족원의 의사소통	가족구성원 간에 어떻게 정보를 교환하고 받아들이는가의 차원을 말한다. 역기능적 가족은 가족 간에 문제를 명료화하는 데 종종 실패한다. 왜냐하면 자신의 감정과 생각이 잘 전달되지 않기 때문이다. 또한 가족 간에 의사소통은 가족 탄력성에도 영향을 준다.

구분	내용
가족역할	가족역할은 가족기능을 수행하기 위한 가족구성원의 반복적인 생활상의 행동패턴을 의미한다. 여기에는 가족체계를 경영하고 유지하는 역할, 의식주와 같은 자원들을 공급하는 역할, 양육하고 지원하는 역할, 부모의 성적 만족 혹은 부모 역할의 형태들, 생활기술들의 발달 등이 고려된다.
가족 간의 정서적 반응	정서적인 반응은 가족구성원들이 각각 관계 속에서 어떻게 정서적인 반응들을 보이는가의 문제이다. 감정을 표현하는 데는 두 가지의 주요형태가 있다. 첫째, 사랑 · 온화함 · 동정심 · 행복감 · 즐거움들과 같은 감정들로, 이러한 감정들은 '행복한 감정들'이며 긍정적인 감정이라고 부른다. 둘째, 두려움, 공포, 분노, 실망 등과 같은 부정적인 감정들이다. 이러한 감정들을 '위급한 감정들'이라고 부른다.
가족 간의 감정이입	가족 간의 감정이입은 가족구성원들 간에 서로의 감정들에 어떻게 반응하고 이입하는가의 문제이다. 상태에 따라 공감적 감정이입(empathy) 상태를 가장 기능적이라고 할 수 있다. 가족과의 융화를 이루기 위한 수많은 정신작용은 서로를 발전시키고 성장시키기도 하지만 종종 좌절시키기도 한다.
가족의 행동조절	가족체계 안에는 충동적인 역동들이 작용될 수 있다. 그럴 때 가족구성원들이 신체적으로 위험한 행동들의 한계를 어떻게 설정하는가는 매우 중요한 문제가 된다. 행동의 조절은 자녀들에게만 적용되는 것이 아니라 성인들에게도 적용된다. 가장 기능적인 경우는 유연성이 있는 경우이다. 그리고 가족규칙과 가족역할이 가족행동조절에도 크게 작용한다고 본다.
가족의 영적 기능	영적 기능은 한 가족의 영적 상태를 평가하는 것이 된다. 피체트(Fichett)는 'Assessing Spiritual Needs'에서 전인적 치유를 위한 사정(Holistic Assesment)모델로서 영적 진단의 7×7모델을 제시하였다. 이는 전인적 차원(의학적 차원 · 철학적, 심리학적 차원 · 정서적, 심리 · 사회적 차원, 인종적 · 문화적 차원, 사회적 문제의 차원, 영적 차원)과 영적인 차원(신념과 의지, 소명과 결과, 경험과 감정, 의식과 습관, 용기와 성장, 공동체, 권위와 지도) 일곱 가지이다. '내담자를 돌볼 때 이러한 차원들이 어떻게 연결되는가?'라고 질문하는 것이 영적 사정 도구의 중요한 차원으로 제시된다.

3) 가족체계의 진화적 특성

(1) 엔트로피와 역엔트로피

엔트로피(entropy)는 가족체계가 해체하는 방향으로 진행하는 경향을 의미한다. 어떤 것도 영원히 존재할 수 없다. 사람은 나이를 먹고 결국 죽는다. 가족도 시간이 흐르면서 바뀌고 자녀들도 자신의 가족을 이루기 위해 떠난다. 시간이 흐르면서 오래된 기관이나 체계들은 결국 새로운 것으로 대체한다.

역엔트로피(inverse entropy)는 엔트로피의 반대말로 체계가 성장하고 발달하는 방향으로 진행하는 과정이다. 인간은 성장하면서 신체적, 지적, 정서적으로 발달한다. 사회서비스 기관도 발전하며 새로운 프로그램과 서비스 대상을 확대한다.

(2) 항상성

비교적 안정적으로 지속적인 균형 상태를 유지하기 위한 체계의 경향성을 의미한다. 만약 체계의 균형을 깨뜨리려는 것이 있다면 체계는 적응하기 이전의 안정성을 회복하려 한다. 즉, 체계는 지속적으로 변화의 상태에 놓여 있는 동시에 역동적 균형상태를 유지해야 한다는 것이다. 그러나 단지 현상유지만을 의미하는 것이므로 효과적으로 기능한다는 의미는 아니다. 때때로 이 현상유지가 비효과적이거나 비효율적이면 심각한 문제가 될 수도 있다. 현재의 상태가 좋든 나쁘든 간에 현 상태를 유지하려는 체계의 특성을 말한다. 예를 들어, 부부가 심각한 갈등을 반복하면서 지내 오다가 자녀가 아프게 되면 자녀를 치료하는 동안 잠시 덮어 두었다가 자녀가 퇴원하여 집에 오면 예전과 같이 갈등상태에 돌입하게 되는 경우이다.

(3) 균형

균형은 외부환경으로부터 새로운 에너지의 투입이 없는 폐쇄체계에서 주로 나타나며, 주위 환경과 수직적 상호작용을 하기보다는 체계 내 수평적 상호작용을 하면서 현상을 유지하려는 체계의 속성을 말한다.

(4) 안정상태

부부간 관계를 유지하고 붕괴되지 않도록 에너지를 계속 사용하는 상태를 말한다. 환경과 교환할 뿐 아니라 변하는 여건에 적응하기 위해 구조를 변경할 수 있는 개방체계에 존재한다. 예를 들어, 가정에서 자녀가 어릴 때 행사하던 부모의 권위를 질풍노도의 시기인 청소년기에는 다소 융통성 있게 대처함으로써 권위를 긍정적으로 유지하는 경우이다.

2. 가족생활교육

1) 가족생활교육의 개념

(1) 가족생활교육의 정의

'가족생활교육(family life education)'이란 유아에서 노인까지 개인과 가족의 전반적인 삶의 질을 높이고, 행복한 가정을 만들기 위한 통합적인 가정교육으로, 평생교육을 의미한다. 따라서 가족 및 사회에서 나타나는 다양한 문제를 해결하기 위한 사회적 노력으로 개인의 잠재력을 개발하고 강화시키는 평생교육이다.

현대사회에서 대두되는 가족 문제는 개인의 성장 발달에 많은 영향을 미칠 뿐만 아니라 사회의 안녕과 질서유지에 중요한 영향요인이 되고 있다. 따라서 가족 문제 발생에 대한 대책이 시급하며 이에 대한 가족생활교육이 필요하게 되었다.

이러한 필요성 때문에 가족생활교육은 가족 문제를 예방하는 차원에서 개인의 성장 · 발달을 도모하고 가족생활을 윤택하게 하기 위하여 가정과 관련된 제반 기술과 지식을 교육하는 것을 말한다.

가족복지의 측면에서 강조하면, 가족생활교육은 가족구성원으로서 개인과 가족 전체가 행복한 삶을 영위할 수 있는 삶의 터전과 능력을 배양함으로써 변화하는 사회에서 경험할 수 있는 가족 문제를 사전에 예방하기 위한 모든 교육적 활동을 의미한다.

(2) 가족생활교육의 영역과 내용

가족생활교육은 크게 보면 세 가지 목표인 문제해결, 문제예방 그리고 잠재력 개발에 초점을 두고 발달해 왔다. 이 중 어느 것이 더 우위를 차지하는지는 프로그램에 따라 다르지만 프로그램 개발 초기에는 문제해결에 더 중점을 둔 반면, 최근에는 문제예방과 잠재력 개발을 강조하는 경향이 있다. 그 내용 또한 가족 문제 예방 프로그램이든 가족생활 향상 프로그램이든 또는 치료 프로그램이든 간에 모든 가족생활교육 프로그램은 공통된 목적을 가지고 있는 것으로 보인다. 즉, 하나의 체계로서의 가족의 능력을 향상시키고 가족 체계의 각 구성원의 심리적 안녕을 증진하는 것이 공통 목적이다. 이러한 가족생활교육 프로그램이 효과적이기 위한 조건은 표 2-4와 같다.

표 2-4 가족생활교육 프로그램의 조건

- 건강한 가족 체계의 기능을 증진시켜야 한다.
- 가족 안에 있는 독특한 사회적 · 문화적 맥락을 잘 포함하고, 이를 지지해야 한다.
- 가족의 자발적인 참여와 노력이 있어야 한다.
- 내용적으로 가족생활주기와 다양한 인생 경험 및 교육이 지속되어야 한다.
- 치료보다는 예방에 초점을 두고 미래지향적인 실천 프로그램을 제공해야 한다.
- 개인의 변화와 행동 · 태도 변화를 강조하는 학습 과정이 제시되어야 한다.
- 계속적인 강화를 위해(추후 활동을 포함해서) 교육은 15~18시간 정도 운영되어야 한다.
- 다양한 학습 스타일을 위한 학습활동이 포괄적으로 제시되어야 한다.
- 연습을 통한 학습강화계획이 제시되어야 한다(반영을 통한 행동).

- 개인의 삶의 경험에 대한 정보를 이용할 수 있어야 한다.
- 학습자의 경험, 문화와 개인의 가치지향을 존중하고 실천적이어야 한다.
- 기술에 대한 모델을 보여 주고 토론과 의견을 낼 수 있는 환경을 제공해야 한다.
- 잘 계획되고, 최근의 데이터(자료)를 활용해야 한다.
- 집단의 요구도 조사에 기초하여 프로그램이 개발, 제시되어야 한다.
- 교육 내용에 대한 분석별 평가를 통해 보완·발전되어야 한다.

2) 가족생활교육의 접근

가족생활교육의 접근은 크게 평생 발달적 접근, 주제 중심적 접근 및 통합적 접근으로 구분할 수 있는데, 구체적인 내용은 표 2-5와 같다.

표 2-5 가족생활교육의 접근

구분	내용
평생 발달적 접근	평생 발달적 접근은 평생 과업을 달성하는 목표로, 첫째, 가족생활교육에 대한 폭넓은 개념을 반영하고 주제영역이 주는 중요한 개념을 놓치지 않고 그 구조를 운영할 수 있게 한정 짓고 있다. 둘째, 각각의 내용 영역에서 학습할 지식, 태도, 기술 등을 구체적으로 진술하고 있다. 셋째, 각각의 주제영역은 행복한 가정에 대한 초점과 중심 개념을 발달단계에 따라 진술하고 있다.
주제 중심적 접근	주제 중심적 접근은 가족발달주기 단계에서 이루어져야 할 특정한 내용으로 가족생활교육의 일반적인 주요 관심 영역이다. 가족관계 형성을 위한 결혼 준비 교육, 가족관계 향상을 위한 의사소통 교육, 성교육, 부모 자녀의 관계 향상을 위한 부모교육, 자녀교육, 고부교육, 치매노인 부양가족 교육 등은 적절한 주제 중심 접근 가족생활교육 내용에 포함된다. 이 외에도 참가 대상들의 필요와 요구에 따라 가족생활교육 내용의 주제는 다양해질 수 있다.
통합적 접근	가족생활주기의 통합적 접근은 가족발달단계 접근과 주제 중심 접근을 통합한 것이다. 가족생활주기의 발달단계에 따라 꼭 성취되어야 할 주제를 중심으로 구성된다. 통합적 접근의 특성은, 첫째, 가족발달단계 접근과 주제 중심적 접근을 통합하여 각 가족생활주기에서 학습되어야 할 지식, 태도, 기술과 성취개념을 체계적으로 진술한다. 둘째, 각 가족발달단계에서 꼭 필요한 중심 주제에 대하여 연속성 있게 강조한다. 셋째, 가족발달단계에서 나타나는 특이 가족의 형태에 대한 중심 개념이 진술되어야 한다.

3. 가족생활주기

1) 가족생활주기의 개념

가족생활주기는 시간의 흐름 위에 가족의 형태가 변하는 것에 초점을 두고 있으며, 세대 간 반복되어 일어나는 연속이나 완전한 원을 의미하므로 주기(cycle)라는 용어를 사용한다. 가족은 인간환경에서 전해져 오는 일정한 관계와 형태에 따라 발전하며, 사회적, 정서적 및 경제적 요구에 따라 변화된다. 그러므로 가족생활주기는 대부분의 가족들이 일생 동안 거치는 중요한 단계들의 연속이라는 뜻으로 오랫동안 사용되어 온 용어이다. 개인과 마찬가지로 가족 또한 출생에서 죽음에 이르는 과정을 경험하게 되는데, 각 과정을 통과하는 모습은 가족마다 다르며, 이것은 가족의 개별성을 드러내는 것이다.

가족생활주기(family life cycle)는 남녀가 결혼으로 새로운 가족을 형성하고 자녀를 갖게 되면서 가족은 확대되고, 그 자녀들은 성장한 후 결혼하여 자신들이 자라 온 가족을 떠나게 되면서 가족은 축소하기 시작하여, 노부부가 사망함으로써 소멸된다. 이러한 가족의 변화 과정을 가족주기(가족생활주기)라고 정의한다. 즉, 사람이 가족생활에서 경험하는 결혼 · 출산 · 육아 · 노후의 각 단계에 걸친 시간적 연속을 말한다.

가족생활주기는 시간의 경과에 따른 가족 내의 발달적인 경향을 묘사하기 위하여 일반적으로 사용하는 용어이다(Carter & McGoldrick, 1997). 모든 가족은 가족생활주기의 단계를 반드시 거치게 되며, 각 단계에서 다음 단계로 넘어갈 때 적응상의 문제가 발생하게 된다. 삶의 주기는 순서가 있지만 꾸준하고 지속적인 과정이 아니라 평평한 곳과 변화를 요구하는 장애물이 있는 단계를 따라 진행한다. 성장과 변화의 시기 다음에는 변화가 견고해지는 비교적 안정적인 시기가 이어진다.

2) 주요 가족생활발달주기

가족생활주기는 가족치료이론 중에서 발달이론에 가장 근접하며, 구조적이고 전략적인 접근법을 설명하기 위하여 사회학으로부터 빌려 온 개념이다. 일반적으로 가족생활주기에 관한 대표적인 학자로서, 힐(Reuben Hill)과 두발(Evelyn Duvall), 카터(Betty Carter)와 맥골드릭(McGoldrick)을 들 수 있다.

1940년대 후반에 사회학자 두발과 힐은 가족생활에서의 규칙성을 설명하기 위하여 처음으로 가족연구를 위한 발달의 준거틀을 제안하였다. 이 두 학자는 가족구성원의 팽창과 그 이후의 축소로 인한 가족구성원의 크기에 따른 변화, 장남이나 장녀의 연령에 입각한 연령구성에 있어서의 변화, 그리고 가장의 일하는 신분에서의 변화에 그들의 이론적인 모델을 구축하였고, 청소년, 성인, 노년의 3세대의 발달과제가 서로 어떻게 관계를 맺고 있느냐에 주요한 관심을 가졌다. 1950년대 듀발은 가족생활주기를 2세대 핵가족 중심으로 8단계로 나누었는데 결혼, 출산, 자녀의 성장, 사망 등으로 가족구성원이 늘어나거나 줄어드는 것을 축으로 단계를 나누었다.

카터와 맥골드릭은 결혼한 성인자녀를 부모세대와 자녀세대를 연결하는 3세대 중심의 6단계 가족생활주기뿐만 아니라 이혼, 재혼가족의 발달단계를 제시하였다.

그리고 우리나라의 경우, 한국인구보건원에서 세계보건기구(WHO, 1978) 모형에 기초하여 2세대를 기준으로 부부의 결혼연령, 첫 자녀 출산, 단산, 막내 자녀의 결혼, 배우자의 사망의 요인으로 구분하고 있다. 대표 연구자별 가족생활주기를 비교 요약하면 표 2-6과 같다(고일한, 2009).

표 2-6 **연구자별 가족생활주기의 비교**

구분	Duvall & Hill		Carter & McGoldrick			한국인구보건연구원	
세대	2세대		3세대			2세대	
단계		발달과업	단계		발달과업	단계	
			1	미혼 청년	• 원가족과의 관계로부터 분화 • 친밀한 이성관계의 발달 • 일과 재정적 독립 측면에서 자신을 확립		
1	결혼 부부	• 서로 만족스러운 부부관계 확립 • 임신과 부모가 되는 것에 적응 • 친족관계에 참여	2	결혼을 통한 가족의 합류	• 부부체계의 형성 • 배우자가 포함되도록 확대가족, 친구와의 관계 재정비	1	형성기: 결혼–첫 자녀 출생
2	자녀 출산	• 유아가 발달하도록 환경을 조성하고 그에 적응하고 격려 • 부모와 유아에게 만족스런 가정 만들기	3	어린 자녀가 있는 가족	• 부부체계에 자녀를 위한 공간 만들기 • 자녀양육, 재정, 가사에 공동 참여 • 부모, 조부모 역할이 포함되도록 확대 가족과의 관계 재정비	2	확대기: 첫 자녀 출생–막내 출생
3	학령전 아동 가족	• 성장을 촉진하는 방법으로 학령전 아동이 가지고 있는 욕구나 흥미에 적응 • 에너지의 고갈이나 사생활이 줄어드는 것에 대해 적응					
4	아동기 자녀 가족	• 학령기 가족들의 공동체에 참여 • 아이가 학업부분에서 성취할 수 있도록 격려					
5	청소년 자녀 가족	• 자유와 책임의 균형유지 • 부모의 관심과 경력형성	4	청소년 자녀를 둔 가족	• 청소년 자녀가 가족체계에서 출입이 자유롭도록 부모–자녀 관계를 변화 • 중년기 부부의 결혼 및 진로 문제에 재초점	3	확대완료기: 막내 출생–자녀결혼시작

					• 노인 세대를 돌보기 위한 준비시작		
6	청년 자녀 떠나 보내기	• 청년을 적절한 예식과 도움을 주면서 떠나 보내기 • 지지적인 가족의 토대를 유지	5	자녀를 떠나 보내고 계속 나아감	• 부부체계를 2인 관계로 재조정 • 성장한 자녀와 부모와의 관계를 성인 대 성인의 관계로 발전 • 부모 또는 조부모의 무능력과 죽음에 대처	4	축소기: 자녀결혼시작 – 자녀결혼 완성
7	중년기 부모	• 결혼관계를 다시 확립 • 나이 든 세대와 젊은 세대와 친족관계 유지					
8	노년기 가족	• 사별과 혼자 사는 것에 적응 • 가정을 종료하거나 노령에 적응 • 퇴직에 적응	6	말년의 가족	• 신체적 쇠퇴에 직면하면서 자신과 부부의 기능과 관심사를 유지 • 다음 세대가 중추적 역할을 하도록 지원 • 연장자가 할 수 있는 일을 대신하지 않으면서 자신의 지혜와 경험이 활동될 수 있는 여지를 마련 • 배우자, 형제, 친구의 죽음에 대처하면서 자신의 죽음을 대비하며 삶을 되돌아보고 통합	5	축소완료기: 자녀결혼완료 –배우자 사망
						6	침체기

출처: 고일한(2009). 가족생활주기이론으로 본 목회자의 탈진 예방. 장로회신학대학교 대학원 석사학위논문.

3) 카터와 맥골드릭의 가족생활주기

표 2-6에서 보는 것과 같이, 다른 가족생활주기 모델들은 대부분 결혼을 단계의 시작으로 보고 있지만 카터와 맥골드릭은 결혼전기(unattached young adult)에서 시작하고 있다. 왜냐하면 청년의 원가족과 함께하는 기초적인 과업의 성취 여부가 새로운 생활주기의 성공적인 단계와 어떻게, 언제, 누구와 결혼하는지에 깊이 영향을 미치기 때문이다. 뿐만 아니라 청년(young adult)이 원가족의 정서적 프로그램으로부터 자신을 분

화시킬 때 새로운 가족생활주기를 통하여 수직적 스트레스가 그를 따라 가기 때문이다. 즉, 가족생활주기는 사이클(cycle)이다. 두 배우자의 죽음으로 끝나는 것이 아니다. 이런 방법으로 본다면, 이 단계는 가족생활주기의 초석(coner stone)이라고 할 수 있다. 또한 이 단계는 개인의 삶의 목표를 형성하는 기간이며, 새로운 가족 하위체계 형성을 위해 또 다른 사람과 연합하기 전의 자아(self)가 만들어지는 기간이기도 한 것이다.

그리고 카터와 맥골드릭은 **그림 2-1**과 같이, 가족생활주기의 단계변화에 따라 야기되는 긴장에 대해 수직적 스트레스(vertical stressors)와 수평적 스트레스(horizontal stressors)로 구분하였다.

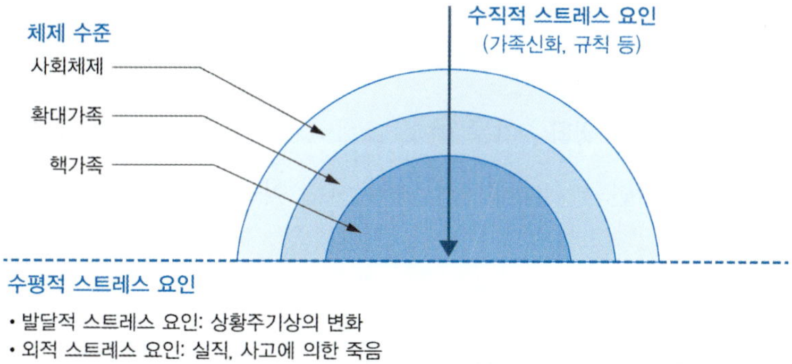

그림 2-1 **가족의 수직적 스트레스 요인과 수평적 스트레스 요인**

수직적 스트레스는 가족의 태도, 금기사항, 기대치, 명칭, 그리고 성장하면서 갖게 되는 많은 사건들을 포함하며, 이러한 요인들은 스트레스의 요인이 된다. 수평적 스트레스는 가족이 시간의 흐름에 따라 느끼는 스트레스에 의해서 야기된 불안을 포함한다. 수평적 스트레스는 예측 가능한 발달상의 스트레스와 예측 불가능한 사건들로 이루어지는데, 이것들은 생활주기의 과정을 방해할 수 있다. 즉, 때 이른 죽음, 장애아 출산, 만성질환, 전쟁 등등 수평축에 많은 스트레스를 받게 되면 어떤 가족이든 극도로 기능장애를 일으키게 될 가능성이 높다. 또한 카터와 맥골드릭은 수평적(발달상의) 스트레스가 수직적(초세대적) 스트레스와 교차할 때는 가족근심의 양적 도약이 발생한다는 점을 관찰하였다. 그래서 수평과 수직이 합류하는 지점에서 이 양자의 스트레스가 일으키는 근심의 정도는, 그 가족이 자신의 생활주기변화를 얼마나 잘 이겨 나갈 수 있는지를 보여 주는 주된 척도가 된다고 보았다. 즉, 가족이 가족생활주기의 변천을 얼마나 잘 다루는가를 기능적 가족을 결정하는 중요한 요소로 보았던 것이다.

그리고 카터와 맥골드릭은 이러한 가족생활주기 행로는 시간에 걸친 구성원들의 이동과 관련이 있으며, 다른 사람과 관련된 가족구성원들의 위치변화와 관계가 있다고 보았다. 역기능적 가족은 위치, 존재, 기능에 있어서 이동에 혼란을 겪으며, 이것은 가족성원들의 위치나 역할을 넘어 실제 가지는 것보다 더 많은 힘(power)을 가짐으로 발생한다고 보았다.

카터와 맥골드릭은 가족생활주기를 여섯 단계로 구분하며, 여섯 단계에 따른 발달과업과 발달을 위한 체계변화에 대해 언급하였는데, 이를 구체적으로 살펴보면 다음과 같다(고일한, 2009).

(1) 제1단계: 독립된 젊은 성인 단계

가족의 생활주기에서 독립된 젊은 성인 단계는 아직 결혼하지 않은 자녀가 원가족을 떠나 결혼을 하고 자녀를 낳아 자신의 가족을 형성하기 이전까지의 기간을 말한다. 이 시기는 일종의 전환기로 가족치료자들이 간과해 왔던 시기이다. 결혼전기는 가족생활주기 중 가장 개인적인 시기이므로 문제의 해결을 위해 원가족(부모, 형제자매, 친족)의 문제를 살펴보아야 한다.

원가족에서 독립하여 직업세계나 이성 관계에서 이룩한 협상의 정도와 질, 특징, 그리고 완성도가 결정적인 요소가 되기 때문이다. 이 단계에는 지리적으로 원가족과 떨어져 살고 있고(단시간 집에서 머무는 경우가 있더라도), 유학 또는 입대 중이거나,

만 21세 미만으로 직업이 있으나 부모와 떨어져 살고 있으며, 대부분 경제적으로 독립한 20대가 대상이 된다. 그 외에 일찍이 결혼을 하였거나 1~2년 후 이혼한 사람과 결혼하지 않고 동거 중인 사람이 포함된다.

이 단계에서는 개인적인 삶의 목표를 설정하고 새로운 가족하위체계를 형성하기 위하여 다른 삶과 관련을 맺기 전에 "자기화"가 되어야 될 때이기도 하다. 이 단계에서 젊은 성인이 자신의 원가족과 정서적으로 분화를 잘하면 할수록 가족생활주기를 통한 세대 전환적 긴장을 더 줄일 수 있다.

핵가족의 주요 과업은 이전의 의존적인 관계에서 나타난 힘과 통제를 점차 완화시키는 과정이다. 청소년기에서 성인기로의 전환에 있어서는 재정적인 지원이 하나의 중요한 측면이다. 자녀가 직업을 갖는 것은 가족 체계에 대한 도전이며, 성공적인 해결을 위해 필요한 개입을 얼마나 잘하느냐에 달려 있다. 이 시기에 자녀의 친구선택이나 생활양식에 대한 부모와 자녀의 반응이 가족 외 체계에 대한 애착과 부모-자녀의 친밀감의 균형을 맞추기 위한 세대 간의 싸움으로 악화되면 이는 무시해 버릴 수 없는 문제가 된다. 부모가 자신의 원가족에서 자아정체성에 관한 분리, 친밀감 그리고 자율성을 적절히 해결한다면 이 시기를 보다 쉽게 대처해 나갈 수 있을 것이다.

따라서 독립된 젊은 성인단계에서는 무엇보다 원가족으로부터 자기분화의식을 가지는 것이 중요하며, 둘째, 자아실현이 가능한 적절한 직업을 선택하고 그 속에서 동료와 친밀한 관계를 발전시켜 가는 능력을 몸에 익혀야 한다. 그리고 일과 경제적인 독립성에 대해 자신을 확립해야 한다.

(2) 제2단계: 신혼부부단계(결혼을 통한 가족으로의 합류)

부부가 된다는 것은 가족생활주기 중에서 가장 복잡하고 힘든 전환 중의 하나이다. 결혼은 서로 적응하는 어려운 과업을 요구하며 결혼생활이 개선되기 위해서 부부의 의도적인 노력이 필요한 기간이기도 하다. 따라서 각각의 배우자 가족으로부터 분화하고 새로운 결집력 있는 부부단위로 전환을 하는 데 있어서 가장 중요한 것은 부부간의 협력이며, 중요하게 대두되는 문제는 부부간의 적응문제이다. 적응이란 자아실현을 이룩함과 아울러 환경을 고려하고 사회의 기대에 맞추어 나가는 과정이라고 할 수 있는데, 이러한 적응의 본질에 비추어 볼 때 부부간의 적응이란 부부 쌍방 간의 적응에만 국한된 것이 아니고 여러 가지 외적, 즉 경제적 · 인간적 환경에 대한 적응도 포함된다. 부부간의 적응대상은 고정된 사물이 아니고 항상 변화하고 성장하는 개체 또는 사항들이므로, 부부간의 적응자체도 변화 · 성장하게 되는 것이다. 그러므로 신혼부부는 결혼의 만족도를 높이기 위해 끊임없이 노력해야 하는데, 이러한 노력이 상호 간의 적응의 측면에서 이루어질 때 부부관계는 비로소 질서와 안정을 찾게 되며, 이것이 전 가족의 행복과도 직결되는 것이다.

이 시기의 과업은 부부간에 이루어야 할 과업과 부부와 확대가족, 확대가족이 이루어야 할 과업으로 분류된다. 먼저, 부부체계의 과업을 보면 원가족에서 갖고 있던 지위, 역할, 기대 등이 결혼으로 남편과 아내의 관계로 바뀌게 되므로 새로운 생활에 적응해야 하고 사소한 일까지 재협상해야 한다. 뿐만 아니라, 부부는 상호 만족할 만한 규칙(행동 유형 등)을 발전시켜야 한다. 이렇게 함으로써 발전에 필요한 체계변화(부부체계형성)가 이루어진다. 그리고 결혼에 의한 가족의 결합을 축으로 하기에 두 사람은 서로에 대한 헌신이 필요하며, 그 결과 새로운 부부 체계가 형성되어야 한다. 특히 부부는 커플로서의 충분한 기능을 수행하기 위해서 기본적인 규칙과 유형을 만들어 갈 필요가 있다. 이러한 규칙은 상대의 욕구에 맞추는 것, 의견이나 사고의 차이를 조정하는 것, 집안일이나 수입과 지출 등의 일상생활을 하는 데 필요한 여러 가지 활동을 어떻게 조화시킬지에 대한 합의를 포함한다. 시간이 점차 지나면서 부부의 관계를 강화시키는 중요한 요소는 상호독립성을 늘리는 것과 결혼생활에서 겪는 다양한 사건들을 어떻게 해석하는가 하는 점이다. 개인의 독자성을 손상시키지 않으면서 부부로서의 일체감을 느낄 수 있어야 하며, 동시에 명확한 경계를 만드는 것이 필요하다.

다음으로 적응의 관점에서 가장 어려운 관계는 확대가족(in-laws)과의 관계이다. 결혼이란 모든 가족구성원들과 모든 세대의 지위 변화를 의미하기에 커플은 부부로서 부모, 형제자매, 조부모, 그리고 조카들과 같은 다양한 하위체계와 함께 새로운 관계를 협상해 나가야 한다. 따라서 확대가족이나 친구 사이에 생기는 관계를 적절히 조절할 수 있어야 한다. '부부의 친구들'은 융합을 강조하며 각 배우자의 개인적 흥미와 취향을 용납하지 않기 때문에 배우자들이 각자의 친구관계를 유지하도록 격려해야 한다. 또한 부부들이 유지하기를 원하는 자신들의 확대가족과 어느 정도의 친밀감과 거리감을 둘 것인지에 대해서도 결정할 필요가 있다.

새로운 성원의 유입은 가족 형태에 깊은 영향을 준다. 새로운 구성원의 유입은 그 자체가 수평적 스트레스로 작용하며, 두 사람의 결합은 수직적 스트레스가 이 단계에서 유입된다는 것을 의미한다. 이런 것이 스트레스로 작용하는 이유는 가족구성원에게 위협적이거나 기존의 역할이 변화해야 하기 때문이다. 부모체계는 새로운 체계를 인정해야 하는 과업이 있다.

(3) 제3단계: 어린 자녀가 있는 가족 단계

부모가 된다는 것은 하나의 생물학적인 사건이면서 동시에 심리적이고 사회적인 변화를 초래하며, 두 세대 간의 결속 이상의 의미를 지닌다. 부부가 부모가 되는 것과 함께, 가족은 처음으로 영구적인 하나의 삼인조체계가 된다. 가족생활주기의 이 단계는 성인들에게 한 세대 위로 변화되는 것과 젊은 세대를 돌보는 세대가 되어야 한다는 것을 요구한다.

이 시기는 첫 자녀가 출생하면서 시작되며 자녀가 성장하여 독립하기 전까지의 단계이다. 자녀의 출생은 가족생활주기의 중요한 전환기가 되는데, 이는 출산이 가족생활주기 형태를 결정하는 주요 요인이 되기 때문이다. 카터와 맥골드릭은 아기가 태어나는 때만큼 핵가족과 확대가족 체계에 본질적인 변화와 도전을 가져오는 시기는 없다고 주장하였다. 거대한 사회 변화의 맥락에서 새로운 가족구성원, 즉 아기의 출생은 하나의 도전으로서 재검토될 필요가 있다. 두 사람이 한번만 결혼하여 자녀를 낳아 부모가 되고, 함께 한 집에서 산다는 가족개념은 보편적인 것이 아니라, 관계형성에 극단적 변화와 도전의 시기로 처음으로 부모가 된 부부와 어린 자녀가 초점이 된다.

이 시기의 발달단계의 과업은 각자가 자신을 더 잘 분화시키고, 친밀감과 상호의존성이 존재하는 가운데 양육능력을 더 잘 발달시키는 것이다. 확대가족에서는 가족구성원의 대부분이 아이를 공동의 책임으로 여기며, 아이가 태어남에 따라 가족구성원의 관계 체계는 변화를 겪는다. 이 변화는 발전적이든 기능적이든 간에 확대가족의 핵심적인 변화는 새로운 가족을 위해 적극적인 자원이 되어 주는 것이다.

(4) 제4단계: 사춘기(청소년) 자녀를 둔 단계

이 단계는 보통 첫 자녀가 13세에 이를 때부터 그 자녀가 성인으로서 결혼과 직장 등의 이유로 독립하거나 군대에 가게 되는 시기까지를 포함하고 있다. 이 시기는 전형적으로 6~7년이 걸린다. 10대의 아이로 시작해서 이 단계 끝부분에 도달하면 자율적인 인간으로서의 삶을 시작하는 성인에 이르게 된다. 이 단계의 가족구성원은 매우 다양한데, 부모, 부부, 10대 자녀, 좀 더 어린 자녀, 성인이 되어 가는 자녀 등으로 한 가족이 구성된다. 가족의 위치는 남편-아버지, 아내-어머니, 형제-아들, 자매-딸 등으로 볼 수 있다. 예전에는 10대 중반이면 남성인 경우 나가서 일을 하거나 여성들은 집안일을 하였다. 그러나 현대에는 20대 초반까지 교육을 받고 있으므로 청년의 시기가 연장된다. 따라서 과거보다 사춘기는 빨리 오고 성인기는 나중에 이르게 되어 현대의 젊은이는 연장된 청년기(prolonged adolescence) 시기를 거치는 것이 특징이다.

자녀가 아동기와 성인기 사이의 사춘기가 되면 가족은 어린 자녀를 양육하고 보호하던 역할에서 벗어나 성인의 주된 역할이 되는 책임감을 가질 수 있도록 가족의 구조와 조직을 변화시켜야 한다. 이 시기는 세대 간의 가족관계에 전체적인 변화가 나타나는 때이기도 하다. 부부관계의 중심 사건은 개인적인 경력을 추구하면서, 결혼생활에 만족과 불만족을 가진 한 사람의 배우자나 혹은 두 사람의 배우자 모두에게 나타나는 '중년기 위기'이다. 이 시기는 결혼생활을 재협상하거나 이혼을 결정하는 시기이다. 이러한 10대의 자녀를 둔 가정의 가족발달 과업을 구체적으로 살펴보면 표 2-7과 같다.

표 2-7 10대의 자녀를 둔 가정의 가족발달 과업

- 가족구성원의 각각 다른 요구들을 미리 준비하여 공급하는 일이다. 10대 자녀들은 사생활을 갖고 싶어 하는 반면, 다른 가족구성원들은 10대 자녀의 소란스런 행동들로부터 보호될 필요가 있다. 그리고 그 밖의 가정환경, 충분한 식사와 의복, 부모들의 건강관리 등도 필요하다.
- 각 구성원들의 요구에 따라 가족의 자원을 할당하는 것이다. 즉, 10대 가족구성원의 변화무쌍한 비용, 공간이나 편의 시설, 그리고 주변 환경 등의 사용을 적절하게 나누는 일이 필요하다.
- 가정생활과 관련해서 책임을 나누는 것이다. 가족구성원들이 자신의 능력이나 시간, 관심에 따라서 집안일에 참여하도록 격려해야 한다. 그러나 이것은 민주적이고 자주적인 방법에 의해 결정되어야 한다.
- 결혼 관계를 확실하게 지키는 것이다. 지금까지 결혼 생활을 해 온 부부는 더 이상 그들의 삶에서 결혼이 중심 위치에 놓여 있지 않음을 깨닫게 된다. 그들이 몰두하는 것은 부모된 책임 때문이다. 남편은 그의 일과 직업에만 열중한다. 따라서 가정과 아이들을 향한 중요한 책임을 견디어 내는 아내는 마치 늪에 빠진 것과 같이 지쳐 있음을 느끼게 된다. 또한 각종 책들이 그렇게 매혹적으로 묘사했던 결혼의 매력이 없음을 느끼게 된다. 아마도 부부가 결혼에 대해 분명하게 되짚어 보는 것은 이 단계에서 매우 중요한 가족발달 과업일 것이다.
- 세대 간의 의사소통의 차이를 연결하는 것이다. 부모와 10대 자녀 사이, 남편과 아내 사이에 실제 감정에 대해 편안하게 표현할 수 있는 환경이 마련되어야 한다. 10대 자녀와 부모의 의사소통을 가능하게 하는 두 가지 요소는, 기꺼이 듣는 것과 수용과 애정의 계속이다.
- 친척들과의 접촉을 계속 유지하는 것이다. 일가 친척들은 10대 자녀들에게 맹목적인 사랑의 대상이 될 수 있다. 그러므로 이들은 10대 자녀들의 발달에 상당히 기여를 한다. 물론 자녀가 10대일 때보다 10대가 아닐 때에 친척들을 향한 비중도가 오히려 높긴 하지만, 그럼에도 불구하고 그들의 위치는 실재적이고 중요하다.
- 10대 자녀와 부모의 범위를 확장하는 것이다. 10대 자녀들은 많은 다양한 그룹의 일원이 되기를 원한다. 그룹 생활은 성인이 되기 위한 필수적인 과정이다. 이러한 사실을 뒷받침하듯, 많은 10대들이 더 다양한 조직에 소속되기를 원하며, 안정적인 분위기보다는 보다 더 활동적인 것에 빠져들고 싶어 한다. 뭔가를 위해 새로운 길을 탐구하고 평가하는 젊은 사람들과 함께할 수 있는 가족은 현대사회가 요구하는 융통성을 얻을 수 있는 장점이 있다.
- 건전한 윤리적 · 도덕적 가치관을 유지하는 것이다. 젊은 자녀들은 부모보다 자기 만족에 더 가치관을 두고 생활한다. 이와는 다르게 부모들은 돈을 모으고 열심히 일하는 것에 가치를 둔다. 가족은 가정에

충실이라는 틀 안에서 가족의 중심 가치관을 유지할 필요가 있다. 가족은 그들의 10대들에게 그들을 믿는 것을 통해 믿음을 가르치고 그들을 가치 있게 하는 것을 통해 가치를 가르치며, 그들을 사랑하는 것을 통해 사랑을 가르쳐야 한다.

(5) 제5단계: 자녀를 떠나 보내고 계속 나아가는 단계

이 시기에 자녀는 부모의 품으로부터 떠나 독립된 사람으로서 자율성을 확립하는 시기이다. 부모는 일상생활의 중심이 되었던 자녀가 떠나가면서 정도의 차이는 있지만 슬픔을 경험한다. 이러한 상태를 '빈둥지증후군(empty nest syndrome)'이라고 부른다. 이 시기는 가족구성원들이 가정에 많이 들어오고 나간다는 것이 특징이다. 성장한 자녀가 집을 떠나는 것으로 시작하여 자녀의 배우자와 자녀들이 유입되고, 더 나이 든 부모들은 종종 아프거나 사망하는 때이기도 하다. 이 단계는 가장 새롭고 가장 긴 단계이며, 여러 가지 면에서 모든 단계 중에서 가장 문제가 많은 단계이다.

이 단계는 한 가정에 최소한 세 명 이상의 구성원이 존재하는 단계이다. 가정에서 부부의 위치는 남편-아버지-할아버지, 아내-어머니-할머니로의 확장이 가능한 단계이다. 자녀 역시 아들-형제-삼촌, 딸-자매-이모·고모로 확장된다. 이 시기는 부모로서의 책임이 더 이상 필요하지 않은 부부관계로 재구조화하는 것이 필요하다.

자녀들이 떠나기 시작할 때 가족의 구성에 있어 정서적 변화가 나타난다. 그래서 부모들은 재원과 육체적 능력을 재분배해야 하며 성장한 자녀, 성장하는 자녀에 대한 책임감 재분배, 자신의 결혼 관계의 갱신이 필요하다. 자녀를 매개로 하여 부부관계를 유지해 왔던 부부들은 자녀들이 독립해 나가는 중년기 문제가 악화되어 이혼하는 수가 있다. 따라서 이 단계에서의 젊은 성인은 개인으로서 자율성을 확립하고 생의 방향을 계획해야 하는 과업들이 있다. 또한 적당한 교육을 받고 직업을 선정해야 하며, 사랑과 성적 감정을 평가하고 사랑의 관계를 만들어 나가야 한다. 이어서 결혼 배우자를 선택하고 약혼과 결혼을 해야 하는 과업들을 가지고 있다. 이 과업들의 성공과 실패에는 개인의 삶과 자신을 향한 만족과 실망이라는 보상과 도전이 주어지게 된다.

이 단계의 가정에는 자율적인 성인으로서의 모습을 갖추기 위해 바쁜 첫 자녀가 있는 반면에, 발달과업을 이루기 위해 애쓰는 더 어린 자녀도 있게 된다. 따라서 가족의 발달과업 안에는 젊은 성인 자녀가 자율성을 얻도록 도와주는 것뿐만 아니라, 남아 있는 다른 가족구성원이 성장할 수 있도록 가정의 기초를 유지하는 것도 포함되어야 한다.

(6) 제6단계: 노년기 단계

이 단계는 마지막 자녀가 분가해서 부부만이 남게 되는 것으로 시작해 은퇴 생활이나 배우자의 죽음으로 끝난다. 따라서 이 단계에 있어서 가족구성원의 수는 한 명 내지 두 명이 된다. 자녀가 늦게 분가를 하거나 가정의 남편이 일찍 퇴직하는 경우, 이 기간은 불과 몇 개월 내지 몇 년밖에 안 될 수도 있다.

중년을 지나면서 부부는 핵가족으로 남게 되고 중심적인 대인관계로서 부부간의 상호작용을 유지해 나간다. 이 시기에는 각각 가정 내에서 다양한 역할을 가지는 여러 위치에 있게 된다. 예를 들어, 남편, 아버지, 시아버지, 장인, 할아버지 그리고 아내, 어머니, 시어머니, 장모, 할머니 등이 바로 그것이다. 따라서 중년의 부모는 젊은 가족구성원들과 보다 더 나이 많은 구성원들의 건강을 돌보고 지원해 주면서 세대 간의 다리 역할을 한다. 요즘은 자녀의 수가 적고 인간수명이 늘어남으로 말미암아 이 빈 둥지에 머무르는 기간 또한 길어지는 추세이다.

이 단계는 은퇴로 시작이 되며 한 배우자가 사망함으로 본인 중심의 가족생활주기는 끝이 난다. 대부분의 부부는 조부모가 된다. 이것은 부모로서의 책임 없이 성인 자녀 및 손자녀와 아주 가까운 관계를 형성할 수 있는 기회가 된다. 이는 자신의 자녀양육 경험을 재활용할 수 있게 해 주며, 부모로서의 만족 성취, 실망과 좌절에 대한 회상과 새로운 견해는 자신의 삶을 되돌아보고 현실을 수용하는 데 도움이 된다.

이 단계에서 일어나는 문제는 지위변화에 따르는 가족구조 내의 힘이나 결정권을 이양하지 못하는 데서 발생한다. 이것은 한국에서 고부관계 갈등의 주요한 요인 중 하나로 작용한다. 이 시기에 야기되는 것들은 자녀의 분가로 인한 상실감, 은퇴로 인한 일로부터의 소외와 재정의 감소, 한 배우자의 상실로 혼자되는 경우, 조부모 세대가 되는 것, 질병과 노쇠로 인한 의존성 증가 등이다.

이것들 중 가장 큰 스트레스를 주는 사건은 배우자의 상실이다. 그 이유는 배우자와 함께 오랫동안 유지해 온 부부체계를 혼자서 재조직해야 하기 때문이다. 가족생활주기의 초기단계의 좌절이나 갈등은 이 시기에 세대 간 단절이나 관계의 어려움을 가져온다. 또한 그들에게는 새로운 관심이나 사회생활을 만들어 갈 필요가 생겨난다. 이러한 노년기의 특징은 사회적 활동의 감소라고 볼 수 있는데, 이러한 현상에 대한 설명에서 분리이론과 활동이론은 대조적이다. 분리이론에 의하면, 노인의 사회적 후퇴는 사회의 요구에 반응하는 것이라기보다는 본질적이고 발달적인 속성을 지닌다. 즉, 감소된 사회적 상호작용은 사회와 노인이 서로 후퇴하는 일종의 상호적 과정으로 노인은 사회적 활동의 축소에 대해 수용적이고 나아가서 그것을 소망하는 것으로 보인다.

다시 말해, 사회적 후퇴는 자신에 대한 몰두의 증가, 환경에 존재하는 대상에 대한 정서적 관심의 감소와 같은 노년기의 발달적 성향에 동반하거나 뒤따라 일어난다는 것이다. 이러한 설명에 따르면 노인의 사회적 활동으로부터의 분리는 사회에 의해서 강요된 과정이라기보다는 자연스러운 현상이다. 그러므로 심리적으로 만족을 느끼는 노인은 주위 사람들로부터 증가된 심리적 거리, 감소된 사회적 상호작용을 특징으로 하는 새로운 심리적 균형에 도달한 사람인 것이다.

PART 2

가족복지정책과 법

03

Chapter

가족복지정책

배울 내용

1. 가족복지정책의 이해
2. 가족복지정책의 유형
3. 가족복지정책의 전달 체계

학습목표

1. 사회복지정책, 가족복지의 개념 및 필요성, 가족정책에 대해 이해한다.
2. 가족복지정책의 유형을 설명할 수 있다.
3. 가족복지정책의 전달 체계를 숙지한다.

1. 가족복지정책

1) 사회복지정책의 정의 및 개념

사회복지정책의 개념 규정 또는 정의는 각 시대와 국가에 따라 그리고 개념 규정자의 입장에 따라 다양하게 나타나지만 일반적으로 정의를 내리면, 사회복지정책은 '사회복지'와 '정책'이라는 두 용어의 합성으로써 정책이란 권위 있는 공공기관이 정책목표(공익 및 사회적 형평의 실현, 사회문제의 해결)를 달성하기 위하여 정치적 · 행정적 과정을 거치거나 단위성에 입각하여 공식적 · 의도적으로 선택한 미래의 행동지침으로 여기에 사회복지가 포함되는 것이라고 할 수 있다.

이러한 정책론의 정의를 바탕으로 마셜(Marshall)은 "사회정책이란 시민들에게 그들의 복지에 직접적인 영향을 줄 뿐 아니라 서비스 혹은 소득을 제공함으로써 사람들의 복지에 직접적인 영향을 미치는 정부의 정책"이라고 정의하고 있으며, 티트머스(Titmuss)는 "사회정책이란 일정의 물질적 · 사회적 욕구에 관하여 시장이 충족되지 못하거나 충족시킬 수 없는 특정의 사람(사회적 약자)에게 부여하는 정부의 행위"라고 정의하고 있다.

이렇게 볼 때 사회복지정책이란 사회복지 프로그램이나 제반 문제에 대한 의사결정을 위하여 정부 또는 공공기관에 의하여 작성된 지침으로서 구체적인 프로그램, 법제, 우선순위를 제시하는 암시적 혹은 명시적 원칙이라고 개념 지을 수 있다. 이러한 사회복지정책은 무엇보다도 소득의 재분배를 구현할 수 있도록 수립되어야 하며, 시장경제의 자기규제가 기능하지 못하거나 고령, 장애 등으로 인하여 자유 시장에 제대로 적응하지 못하는 사람들을 위해 정부가 시장에 개입할 수 있도록 검토되어야 할 뿐 아니라, 사회 공공재의 증진을 위해, 그리고 분배적 평등을 통한 사회정의 실현을 위해 기능할 수 있어야 한다(황재희, 2005).

2) 가족복지의 개념 및 필요성

사회복지란 모든 국민의 인간다운 삶을 보장하기 위해서, 사회문제나 사회적 욕구에 조직적이고 체계적으로 대처하는 실천 활동을 의미한다. 사회복지의 출발은 가족에서부터 시작하였으며, 사회복지의 역사는 전통적인 가족 기능을 보완하고 대행해 주는 대체물로 성장해 왔다. 가족은 개인의 기본적 · 일상적인 욕구를 충족시키면서 개인의 복지와 발전을 뒷받침하는 동시에 개인을 사회의 구성원으로 성장시켜 사회를 유지 · 발전시키는 데에 도움을 준다.

사회복지에 있어서 가족에 대한 개입이 중요한 이유는, 사회복지에서 관심을 갖는 대상과 욕구, 문제가 가족 내에 복합적으로 존재하고, 가족이 변화의 대상인 동시에 변화의 원인이 되기 때문이다.

가족복지란 가족의 생존과 복지를 보장해 주는 기능을 수행하는 과정으로써 가족의 안녕(well-being)과 행복을 위한 총체적인 노력을 의미한다. 이러한 가족복지의 대상을 광의와 협의로 나누어 살펴보면, 광의적인 개념의 가족복지 대상은 모든 유형의 다양한 가족이 포함되고 협의에 의한 가족복지 대상은 결손가족, 해체가족 등 가족생활의 문제에 봉착하고 있는 위기가족으로 볼 수 있다.

또한 가족복지의 거시적 차원의 접근법은 가족복지를 개인의 문제가 아닌 사회 전체의 과제로 삼고, 가족이 사회의 제도적 구조 내에서 유지되고 발전할 수 있는 조건과 환경을 만들어 가는 접근방법이고, 미시적 차원의 접근법은 위기를 겪고 있는 가족에게 직접적이고 개별적으로 필요한 자원을 제공하는 접근방법을 말한다. 이 두 접근법은 가족의 사회적인 기능 향상 및 행복을 도모한다는 점에서 상호보완적인 관계에 있다고 할 수 있다.

오늘날 우리 사회의 가족은 사회·경제적인 변화와 함께 가족의 기능, 구조나 관계, 역할, 가치관을 비롯한 가족생활 전반에 걸쳐 다양한 변화를 경험하고 있다. 이러한 상황 속에서 그동안 가족이 수행하던 기능 중에 상당 부분이 축소되었고, 이를 가족복지서비스가 대체하고 보완하게끔 되어 가족복지가 더욱 필요하게 되었다. 가족복지의 필요성을 구체적으로 살펴보면 다음과 같다(신혜정, 2021).

표 3-1 가족복지의 필요성

- 가족과 사회 관계의 변화이다. 현대사회에서는 소가족화, 취업모의 증가, 비용 절감 정책, 탈시설화 정책 등의 이유로 가족구성원의 복지에 대한 가족의 책임이 예전보다 강조되는 부분도 있지만, 전반적으로 가족의 주요 기능이 약화됨에 따라 가족 스스로의 힘으로는 결코 해결하지 못하는 많은 문제들을 안고 있다. 따라서 가족의 역할과 책임을 잘 수행해 나가기 위한 다양한 가족복지서비스의 제공이 필요하다.
- 가족에 대한 개입 관점의 변화이다. 1980년대 이전에는 가족구성원의 보호는 가족의 책임으로 간주되어 국가의 개입이 오히려 문제가 될 수 있다는 상황이었다. 하지만 현재는 국가에서 개입하여 가족제도를 강화할 수 있는 가족복지 프로그램을 집중적으로 지원하는 경향으로 관점이 변화되었다.
- 다양한 가족 형태의 등장과 욕구의 변화이다. 독신가족, 맞벌이가족, 노인단독가족, 한부모가족, 공동체가족, 소년소녀가장가족 등 다양한 가족의 형태가 등장하고 보편화됨에 따라 기존의 가족복지정책으로는 이러한 가족의 욕구를 충족시키기 어렵게 되었다. 따라서 가족 형태에 따라 요구되는 다양한 욕구를 충족시켜 주는 가족복지서비스가 필요해졌다.
- 가족 문제에 대한 가족 단위 접근의 변화이다. 인간의 문제를 해결하는 접근방법으로 개인을 대상으로 접근하기보다 한 가족을 단위로 한 가족치료가 문제를 해결하는 데 더욱 효과적이라는 사실이 강조되고 있다.

3) 가족정책의 이해

현대사회에서 발생하는 가족 문제는 개별가정의 범주를 벗어나 사회문제와 연결된 경우가 많다. 즉, 여성의 맞벌이와 관련된 저출산과 보육 문제, 여성의 의식 수준과 경제력이 향상됨에 따른 이혼율 증가, 실직과 관련된 가족관계 악화, 노인 부양 등 개별가족이 감당할 수 없는 수준의 문제들이 많으며, 이를 해결하기 위해서는 사회와 국가의 제도적인 지원이 필요하다.

가족정책이란 국가가 가족복지를 향상시키기 위해 시행하는 모든 정부의 복지 정책을 의미한다. 가족정책의 개념은 이혼 · 재혼 · 동거 인구의 증가, 가족 구조의 변화, 출산율의 감소, 한부모가정의 증가, 여성의 노동시장 참여 등 가족의 인구통계학적인 변화와 그 맥락을 같이 한다.

과거의 사회복지정책은 빈곤을 구제하고 예방하는 것에 목적을 두었다. 현대사회에서는 여성 · 청소년 · 노인 · 장애 등 전 계층에서 다양한 사회문제가 발생하고 있으며, 이러한 문제는 국민 대다수의 삶에 영향을 미치고 있다는 점을 감안할 때, 지금까지의 시설수용 위주의 사회복지정책은 이러한 사회문제를 해결하기에는 이미 한계에 도달했다고 보여진다. 선진 외국에서도 사회복지정책의 기본 방향을 취약계층을 중심으로 이루어진 선별적 서비스에서 일반 국민 중심의 보편적인 서비스로, 시설보호에서 재가보호로, 사후 치료적인 서비스에서 사전 예방적 서비스로 전환하고 있다(신혜정, 2021).

이로 인해 「건강가정기본법」이 2004년 2월에 제정되었으며, 2005년 1월에 이 법에 기초하여 전국에 건강가정지원센터가 설립되어 운영되고 있다. 또한 정부에서는 2006년 관계부처의 합동으로 '제1차 건강가정 기본계획'을 발표하였다. 이것은 한국의 가족정책 기반을 마련하였다는 데 그 의미가 있고, 우리나라 가족정책의 최초의 종합적인 보고서로서 의의가 있다. 이와 같은 흐름은 지금까지 가정의 문제가 사적인 영역으로 인식되어 가정 자체적으로 해결해 나가야 한다는 소극적이고 방관적인 입장에서 벗어나, 국가가 가족의 문제해결과 예방을 위해 적극적인 역할을 해야 한다는 패러다임에서의 큰 변화를 의미한다.

한국 가족정책의 특성은 「건강가정기본법」에 의해 상당 부분 규정되어 있다. 「건강가정기본법」 제1조에 의하면, 이 법의 목적은 "건강한 가정생활의 영위와 가족의 유지 및 발전을 위한 국민의 권리, 의무와 국가 및 지방자치단체 등의 책임을 명백하게 하고, 가정 문제의 적절한 해결방안을 강구하면서, 가족구성원의 복지 증진에 이바지할 수 있는 지원정책을 강화함으로써 건강가정 구현에 기여함"으로 명시되어 있다. 따라서 가족정책은 건강한 가정생활을 위한 국민의 권리, 의무에 기초한, 가족구성원의 복지증진에 기여하는 모든 지원정책을 의미하며 국가 및 지방자치단체의 책임을 다하기 위한 정책 수단으로 이해할 수 있다.

2. 가족복지정책의 유형

가족복지정책의 유형을 케머만과 칸(Kamerman & Kahn)의 유형화, 하딩(Harding)의 유형화, 에스핑 안데르센(Asping Anderson)의 유형화 및 고티어(Gauthier)의 유형화로 구분하여 살펴보면 다음과 같다(박귀영 외, 2023; 황재희, 2005).

1) 케머만과 칸의 유형화

케머만과 칸(1978)의 유형화는 가장 널리 사용되며 가족복지정책 유형화의 기본 모델로 평가되고 있다. 케머만과 칸(1978)은 서구 14개국의 가족복지 관련 정책을 비교분석하여 명시적 가족정책(explict family policy)과 묵시적 가족정책(implict family policy)으로 분류하였다. 명시적이고 포괄적인 가족정책이란 정부 또는 행정기관이 특정한 기획과 정책을 행할 때 그것이 가족에게 분명하게 관계되는 것으로 가족에 대한 분명한 합의를 전제로 하고 있다고 볼 수 있으며, 스웨덴, 노르웨이, 체코슬로바키아, 헝가리, 프랑스 등의 가족정책이 여기에 속한다. 이에 비해 묵시적 가족정책은 다른 정책영역에서 취해진 조치들이 가족에게 영향을 주는 것으로, 공장설치, 도로와 건물배치, 조세조정, 이민정책 등이 해당되며, 여기에는 영국, 캐나다, 미국, 이스라엘 등의 가족정책이 해당된다. 이들 국가들의 가족정책은 사회통제를 위한 수단으로 가족을 고려하는 성격이 강하다.

2) 하딩의 유형화

하딩(1996)은 '가족의 책임에 대해 국가가 어떤 방식으로 통제, 지원하는가? 또는 그 수준은 어느 정도인가?' 등에 따라 권위주의적 모델(Authoritarian model), 자유방임 모델(Laissez faire model), 중간개입 모델(Internefiate model)로 구분하였다. 권위주의적 모델은 국가가 선호하는 행동양식은 가족형태를 강화하기 위한 정책과 법적 조치를 지향한다. 자유방임 모델에서 국가는 가족불간섭을 원칙으로 하며 특별히 선호되는 가족형태는 존재하지 않는다. 중간개입 모델은 국가통제방법에 따라 특정한 분야의 책임을 강화하는 유형, 동기유인형(manipulation of incentive), 특정 가족형태에 대한 가정(assumption)에 근거한 상호작용형, 가족지원, 가족대체형, 욕구반응형으로 다양하게 제시하고 있다. 이 유형화는 가족의 책임 범위를 놓고 국가와 가족 간에 발생하는 상호작용에 초점을 두고 있다. 따라서 케머만과 칸의 유형이 정책목표를 놓고 접근한 분류라고 한다면, 하딩의 모델은 정책목표 내면에 존재하는 특성을 국가와 가족의 역할분담이라는 측면에서 더 구체적으로 파악할 수 있는 틀을 제공해 준다.

3) 에스핑 안데르센의 유형화

복지국가 체재를 탈상품화(decommokification) 정도에 따라 자유주의, 조합주의, 사회민주주의로 유형화하여 국가 간 비교연구를 수행한 에스핑 안데르센은 연구에서 가족 관련 정책을 변수로 설정하여 자신의 복지체제 유형화가 여전히 유효하다고 주장하였다. 그는 사회복지정책이 가족중심의 책임을 강조하면 가족주의(familialism), 가족에 대한 사회적 책임을 강조하면 탈가족화(de-familization)라고 규정하였다. 가족 스스로의 책임과 가족의 기능을 강조하는 국가는 카톨릭의 정서를 강하게 반영하고 있는 남부유럽과 독일의 경우가 해당된다. 그 가운데서 남부유럽은 가족 책임을 최대한 강조하므로 가족의 책임 수행이 어려울 때, 국가가 개입하는 것을 원칙으로 하고, 독일은 국가가 상당부분에 개입하지만 여성의 보호 양육 역할을 강화하는 방향으로 가족복지정책을 실시하고 있다. 반면에 탈가족주의적 가족복지정책을 실시하는 국가들은 덴마크, 스웨덴을 비롯한 노르웨이, 필란드, 벨기에, 프랑스 등을 들 수 있는데, 이들 국가는 가족에게 부양과 책임을 전가하지 않는 것을 원칙으로 한다. 에스팅 안데르센의 유형은 가족복지정책을 한 분야로 고려했을 때, 가족복지정책이 다른 사회복지 이념, 사회를 구성하는 계급과 계층 간의 역동적인 관계에 의해 연금과 같은 소득보장정책, 노동정책 등이 규제받듯이 가족복지정책과 유사한 규제를 받는다는 것을 시사함으로써 가족복지정책을 거시적인 시각에서 조망할 수 있도록 해 준다. 에스핑 안데르센의 유형을 토대로 하여 가족복지정책의 국가별 유형을 분류해 보면, 가족 · 친족 책임주의적 가족복지정책 국가, 특정 가족의 기능을 강화하는 가족복지정책 국가, 가족 친화적 가족복지정책 국가로 구분할 수 있다.

(1) 가족과 친족 책임주의 가족복지정책 국가

가족과 친족 책임주의 가족복지정책의 특성은 가족구성원에 대한 양육과 부양 및 기능을 가족이나 친족이 우선적으로 책임지고, 국가는 최소한의 책임을 진다는 잔여적(residual) 정책을 지향한다는 것이다. 대표적으로 남부유럽과 우리나라를 포함한 동아시아 국가들이 여기에 해당되며, 이 국가들은 이혼율과 동거율도 낮은 편이어서 사회나 국가가 핵가족이나 혹은 3세대 가족과 같은 가족형태를 선호하는 경향이 매우 강하다. 그렇지만 여성의 노동시장 참여율이 증가함에 따라 결혼연령의 지연, 낮은 출산율 등이 또 다른 사회문제가 되고 있는 것도 사실이다.

(2) 특정 가족의 기능을 보완하는 가족복지정책 국가

특정 가족의 기능을 보완하는 가족복지정책은 기준이 되는 가족 형태를 정하여 이에 해당되지 않는 많은 가족들을 '특정 가족형태'로서 보호해야 할 가족으로 인식하고 그 가족기능을 지원하는 것이다. 이러한 정책적 접근은 기준이 되지 못하는 가족에 대해 사회적 편견이나 낙인감이 있을 수 있다. 대표적인 국가로는 아일랜드, 네덜란드, 영국, 한국을 들 수 있다.

(3) 가족 친화적 가족복지정책 국가

가족 친화적(family friendly) 가족복지정책이란 다양한 가족형태를 인정하고 양성 평등한 부부관계에 기초하며, 가족의 전체성에 개입하고, 가족 문제의 예방과 해결에 있어 국가가 적극적으로 개입하는 정책 접근을 의미한다. 이에 해당하는 국가들은 일인당 국민소득이 높다는 점에서 공통점을 가지고 있으나 각 국가의 문화적 배경과 가치관에 따라 정책 내용은 조금씩 차이를 보인다. 스웨덴, 노르웨이, 덴마크 등 북구 국가들은 아동을 포함한 개인의 권리를 적극적으로 추구하면서 가사와 아동양육을 공유할 수 있도록 가족을 지원하고 있으며, 이들은 아동 개인의 욕구뿐만 아니라 일하고자 하는 부모의 욕구에도 민감하게 대처하면서 부모들이 아동을 양육할 수 있도록 해 준다.

4) 고티어의 유형화

고티어(1996)는 출산율의 하락과 같은 인구학적 변화에 대응하여 OECD 22개 선진국가들의 가족복지정책을 현금급여(가족수당, 자산조사의 소득지원, 아동에 대한 조세감면), 취업지원급여(모성휴가, 육아휴직), 아동보육제도, 피임과 낙태에 관한 법률 등을 중심으로 분석하여 표 3-2와 같이 가족친화 · 출산장려주의 모델(pro-family · pro-natalist model), 전통주의 모델(pro-traditional model), 성평등주의 모델(pro-egalitarian model), 가족친화적 · 비개입주의 모델(pro-family but non interventionist model)로 유형화하였다(성정현 외, 2017).

표 3-2 고티어의 가족복지정책 유형

유형	특징	국가
가족친화 · 출산장려주의 모델	• 출산장려정책 • 저출산 문제는 국가의 책임 • 취업모 지지, 낙태에 대해 관대 • 자녀수당, 모성휴가, 높은 보육서비스	프랑스
전통주의 모델	• 전통적 남성부양가족제도 지지 • 중간 정도의 국가개입 • 아동 양육을 위한 휴가급여 선호 • 아동 보육정책 미진	독일
성평등주의 모델	• 남녀평등 증진 • 취업부모에 대한 국가의 공적 지원 • 모성휴가보다는 부모휴가가 주요 정책 • 낙태에 대해 관대	덴마크, 스웨덴
가족친화적 · 비개입주의 모델	• 전통적 가족유형을 선호 • 일 · 가정양립을 위한 최소한 국가개입 • 국가 책임 인정, 단 요보호 가족 중심 개입	미국, 영국

3. 가족복지정책의 전달 체계

서구에 비해 늦게 시작된 한국의 가족복지정책을 추진하는 체계는 공공 전달 체계와 민간 전달 체계로 구분해 볼 수 있다. 즉, 공공정책을 집행하는 중앙과 지방자치단체, 국가로부터 위탁받은 민간 차원의 추친 체계로 구분할 수 있다(박귀영 외, 2023; 신혜정, 2021).

1) 공공 전달 체계

(1) 중앙부처

중앙의 가족복지 담당 행정기구는 업무별, 부처 간 잦은 이동을 반복하면서 변화를 가져왔다. 즉, 2000년까지는 보건복지부가 주관해 왔다고 볼 수 있으나 2001년 여성부가 신설되면서 여성 관련 정책이 가족정책에서 분리되어 이관되었고 이후 2004년에는 보육 정책, 2005년 7월에는 가족복지정책이 여성부로 이관됨으로써 가족복지정책을 주관하는 중앙부서는 여성가족부가 되었다. 그러나 새로운 정권이 들어서면서 2008년부터는 여성부에서 보건복지부로 이관되어 가족복지정책을 주관하는 중앙부서는 보건복지가족부가 되었다. 따라서 가족 관련 정책들이 보건복지가족부, 여성부, 노동부 등 여러 부처에서 '가족복지'라는 통합적 시간이 결여된 채 다소 분립적 형태로 생성되는 실정이었다. 그러나 저출산 · 고령화 사회로 접어들면서 전통적 가족구조와 역할이 변화하고 가족 문제가 심각해졌으며, 이에 가족 문제를 예방하고 새로 등장하는 다양한 가족이 가족공동체로서 역할을 다할 수 있도록 지원하는 일이 시급해짐에 따라 2010년

3월부터는 정부조직법을 개정하여 기존의 보건복지가족부가 수행하는 업무가 다시 여성부로 이관되어 가족정책을 수립 · 조정 · 지원하는 기능을 수행하고 있다.

현재는 중앙부서인 보건복지부, 여성가족부, 노동부의 가족복지정책은 국가 공무원인 행정공무원이 주로 담당하고 있으며, 전문 분야에 따라서 담당 팀장 및 국장급을 외부 전문 인력으로 배치하고 있다.

보건복지부에서는 일반 행정직과 함께 사회복지 직열을 두고 있어서 사회복지 서기보, 서기, 주사보, 주사, 사회복지사무관 직제를 가지고 복지업무의 전문화를 지향하고 있다. 그러나 실제 업무를 담당할 때에는 직렬과 관계없이 업무를 맡을 수 있게 되어 있고 잦은 순환보직으로 인하여 전문직의 특성을 발휘하기가 힘든 상황이라고 볼 수 있다.

(2) 지방자치단체

중앙에서 수립된 가족 관련 정책을 집행하고 서비스를 제공하는 지방자치단체의 담당 부서는 주로 보육, 아동 · 청소년, 한부모가족을 담당하는 팀, 국(局) 단위의 기구이며, 이러한 업무를 수행하는 공무원들로 구성된다. 중앙부처에서는 각기 다른 부서에서 정책이 입안되고 관장되지만 지방전달체로 내려오면 업무가 같은 조직 내에서 이루어지므로 실질적 정책집행자가 된다. 따라서 지방의 가족정책 관련 조직과 담당 인력의 전문성은 가족복지정책의 효과적 집행을 위해 매우 중요한 요소가 된다.

가족복지정책을 관장하는 지방자치단체의 조직은 광역시 · 도 단위에서는 여성정책국, 보건복지여성국 등의 명칭으로 구성되어 보건복지부, 여성가족부의 직무를 국(局) 내에서 다루고 있으며, 시 · 군 · 구 단위에서는 지자체별로 문화복지과, 사회복지과, 여성정책과 또는 가정복지과 등의 명칭으로 다양하게 조직이 운영되고 있다. 읍 · 면 · 동 사무소에서는 국민기초생활보장 업무와 함께 아동, 노인, 장애인, 한부모가족 등에 대한 사회복지서비스 업무를 모두 관장하며 종합적 복지행정 서비스를 제공하고 있다.

2) 민간 전달 체계

민간 전달 체계를 건강가정 · 다문화가족지원센터와 위기가정통합지원센터로 구분하여 살펴보면 다음과 같다(신혜정, 2021).

(1) 건강가정 · 다문화가족지원센터

현재 가족정책은 여성가족부-광역자치단체-기초자치단체-한국건강가정진흥원이라는 행정체계를 통해 서비스가 전달되고 있다. 가족정책의 대표적인 전달 체계는 건강가정지원센터와 다문화가족지원센터이다. 구체적으로 건강가정지원센터는 「건강가정기본법」에 근거하여 2005년부터 본격적으로 설치 · 운영되었고, 다문화가족지원센터는 2008년부터 시행된 「다문화가족지원법」에 근거하여 설치 · 확대되고 있다.

그리고 여성가족부는 2014년도에 건강가정 · 다문화가족지원센터의 통합서비스를 시범 운영하였다. 9개 센터에서 시작하여 2021년 현재 203개의 센터가 통합서비스를 제공하고 있으며 향후 통합센터로의 전환이 지속될 것으로 보인다.

① 건강가정지원센터

건강가정지원센터는 건강한 가정을 유지하기 위한 프로그램 개발, 상담 및 치료, 가정 문제의 예방, 가정과 관련된 정보 및 자료 제공, 가족문화운동의 전개 등의 기능을 수행함으로써 다양한 가정의 욕구 충족, 가정기능 강화, 가정의 잠재력 개발, 가족공동체 문화 조성, 가정과 사회의 통합을 지향하는 사업 전달체라고 할 수 있다.

건강가정지원센터는 「건강가정법」 제35조에 근거하여 중앙과 시 · 도 그리고 시 · 군 · 구 등에 설치되며, 건강가정사가 배치되어 건강가정사업을 수행한다. 또한 미혼모가정, 모부자가정, 장애인가정, 노인단독가정, 자활공동체, 공동생활가정 등 사회적인 보호가 필요한 가정에 대해 적극적인 지원을 한다. 그리고 영 · 유아에서 노인에 이르기까지 생애주기에 따른 가족구성원의 건강증진(제24조)을 추구함으로써 모든 연령층의 가족구성원을 대상으로 가족 단위의 지원을 하고 있다.

가족 전체를 대상으로 하여 생애주기에 따른 보편적인 가족들의 건강가정을 구현하기 위해 예방적 차원에서 사업을 운영하는 것은 타 유사 기관과는 구별되는 건강가정지원센터만의 특징이다.

건강가정지원센터는 2004년도에 3개소의 시범사업을 시작으로, 2005년 「건강가정기본법」이 시행됨에 따라 본격적으로 설치 · 확대되었다. 건강가정지원센터는 시 · 군 · 구청장이 직접 운영하거나 민간에 위탁할 수 있다. 「고등교육법」에 의한 학교와 사회복지법인 등이 위탁을 받을 수 있으며, 보통 학교법인과 사회복지법인 그리고 사단법인이 주로 수탁하고 있다. 건강가정지원센터의 사업내용을 정리하면 표 3-3과 같다.

표 3-3 시 · 군 · 구 건강가정지원센터 공통사업

구분	시 · 군 · 구 센터 공통사업	내용
가족돌봄 나눔 (세 가지 사업 중 두 가지 선택)	모두가족 봉사단	• 기존의 가족봉사단의 활동 내용을 '돌봄'을 주제로 전환하여 운영
	모두가족 품앗이	• 전업주부와 맞벌이 주부가 함께 운영하는 품앗이, 남성이 참여하는 품앗이 등 다양한 그룹 운영
	아버지-자녀가 함께하는 돌봄 프로그램	• 1일 2시간, 연간 24시간 이상
가족교육	생애주기별 가족교육	• 가족대상 생애주기별 다양한 교육 • 예비/신혼기 · 중년기 · 노년기 부부교육 • 예비부모교육, 영유아기 · 아동기 · 청소년기 자녀를 둔 부모교육 등
	남성대상 교육	• 아버지교육, 찾아가는 아버지교육, 남성대상 자기돌봄 교육 등, 연간 20시간 이상

구분	시 · 군 · 구 센터 공통사업	내용
가족상담	가족(집단) 상담	• 생애주기에 따라 발생되는 가족 내 다양한 갈등과 문제의 해결을 위한 상담사업 • 개인을 대상으로 하는 개별적 접근과 가족구성원이 함께 참여하는 가족단위의 통합적 접근을 포함 • 가족단위의 면접 상담 유도 • 연간 상담 실적이 100명 이하인 센터는 가족집단 상담을 연간 2건 이상 반드시 포함
가족문화	가족사랑의 날	• 월 1회, 수요일, 연간 20시간 이상(※ 참가자 상황 고려 요일 변경 가능)
	가족친화문화 프로그램	• 가족캠프, 가족축제, 가족체험활동 등
지역사회 연계	지역사회 협의체 참여 협약 및 연계사업	• 지역사회 협의체, 유관 기관 네트워크 활용 및 참여

건강가정지원센터에서 운영하고 있는 사업을 크게 7가지로 분류하여 살펴보면 표 3-4와 같다.

표 3-4 건강가정지원센터의 사업 내용

구분	내용
가족교육	부모, 자녀, 부부, 조부모 등을 대상으로 의사소통 방법, 가족관계 향상, 역할 지원 등 가족구성원의 역량 강화를 위한 생애주기별 교육을 운영하고 있다. 더불어, 가족생활의 남성 참여를 활성화하고 일 · 가정의 양립을 위하여 남성을 대상으로 하는 육아 교육도 진행된다.
가족상담	임신과 출산, 양육에 따른 갈등 상담, 부모 · 자녀 상담, 부부 상담, 이혼 전 · 후 갈등상담 등 생애주기에 따라 발생되는 가족의 다양한 문제와 갈등에 대해 상담한다. 이로 인해 가족구성원 간의 불화와 갈등을 지혜롭게 극복할 수 있도록 도움을 준다.
가족돌봄나눔	이웃 또는 사회의 돌봄이 필요한 가족들에게 인적 · 물적 자원의 나눔을 실천하는 사업으로써 평소 함께 하기 어려운 가족들을 위해 한자리에 모일 수 있는 기회를 제공하는 '가족 사랑의 날'과 가족 단위로 봉사하는 '모두가족봉사단'을 운영한다.

구분	내용
다양한 가족지원	1인가구, 한부모가족, 다문화가족, 군인가족, 일탈청소년가족, 북한이탈주민 가족 등 다양한 가족 유형 중에 지역적 특성에 맞는 가족을 선정하여 교육 · 상담 · 문화가 포함된 통합 맞춤형 서비스를 제공한다.
가족역량강화 지원	위기가족, 취약가족 등 다양한 가족을 대상으로 하는 가족 단위 맞춤형 서비스 사업이다. 키움보듬이, 배움지도사, 지역사회 자원연계, 지지리더 파견 등을 통하여 지속적으로 사례관리를 제공하고 가족 기능의 회복과 역량 강화를 위해 돕는다.
공동육아나눔터 운영	부모 등 양육자들이 모여 자녀를 함께 돌보고 양육과 관련된 정보를 공유할 수 있도록 공간을 마련하고 제공하는 사업이다. 이웃과의 소통과 가족 품앗이 활동을 통해 육아 부담을 덜 수 있는 지역사회의 열린 공동체 공간이다.
아이돌봄지원 사업	아동의 질병 또는 부모의 야근, 출장 등으로 인해 일시적으로 발생하는 양육 공백에 탄력적으로 대응하여 시설 보육의 한계점을 보완하고 자녀의 건강과 안전한 양육을 위해 개별보육을 선호하는 취업 부모에게 12세 이하 아동을 대상으로 돌봄서비스를 제공한다.

② 다문화가족지원센터

다문화가족지원센터는 다문화가족을 대상으로 가족 및 자녀 교육, 상담, 한국어 교육, 역량강화지원, 통 · 번역 및 취업정보 등 종합적인 서비스를 제공하여 한국 사회의 안정적인 조기 적응을 지원하고 사회적 · 경제적인 자립 지원을 도모하기 위하여 설치되었다.

다문화가족지원센터는 2008년에 제정된 「다문화가족지원법」 제12조에 근거하여 설치되어 운영되고 있는 시 · 군 · 구 단위의 센터를 말한다. 센터 이용 대상자는 결혼이민자(혼인귀화자 포함), 자녀(중도 입국자녀 포함), 배우자, 시부모, 친인척, 일반귀화자, 외국인유학생, 외국인근로자, 북한이탈주민 등이 해당된다.

다문화가족지원센터의 사업은 가족통합교육, 한국어교육, 상담, 취업연계 및 교육지원 등의 기본사업과 통번역서비스사업, 언어발달지원사업, 다문화인식개선사업, 자조모임 등 특화사업들이 있다. 최근에는 가족생활교육사 파견사업, 사례관리사업 등으로 확장하여 실시되고 있는데, 다문화가족지원센터의 기본사업을 살펴보면 표 3-5와 같다.

표 3-5 다문화가족지원센터 기본사업의 주요 내용

구분	공통필수	선택(예시)	비고
가족	• 다문화가족 이중언어 환경조성 프로그램 • 다문화가족 학령기 자녀입학 및 입시 정보 제공	• 가족 의사소통 프로그램 • 가족 관계향상 프로그램 • 결혼과 가족의 이해 • 가족의 의미와 역할 • 아버지 교육 • 부모-자녀 관계 및 자긍심 향상 프로그램 • 자녀교육 프로그램 • 부모역할교육, 자녀건강지도	연간 필수 20시간, 선택 26시간 이상 (이중언어코치 배치 센터는 공통 필수 중 이중언어 환경조성 프로그램 160시간 이상)
성 평등	• 배우자 부부교육	• 이주여성 대상 프로그램 • 이주여성과 한국인 배우자 대상 프로그램 등	10시간 이상 실시
인권	• 다문화이해 교육 • 인권감수성 향상 교육	• 다문화가족 관련 법과 제도 • 이주민과 인권 등	10시간 이상 실시
사회통합	• 취업기초소양교육 • 구직자 발굴 시 e새일시스템과 연계된 워크넷 등록 및 새일센터로 적극 연계 • 새일센터의 결혼이민자 대상 직업교육훈련 개설 시 적극협조 (교육과정 설계 · 모집 등) • 다문화가족 나눔봉사단 소양교육(4시간 이상) • 다문화가족 나눔봉사단 활동	• 한국사회 적응 교육 • 소비자 경제 교육 • 학업지원반 운영 및 연계 • 다문화가족 자조모임 • 다문화 인식개선 • 결혼이민자 멘토링 프로그램 • 결혼이민자 정착 단계 지원 패키지 등 미래설계 프로그램 중 선택	e새일시스템과 연계된 워크넷 등록 및 새일센터로 연계(10건 이상) 15시간 이상 실시 (봉사자 소양교육 필수 4시간 포함)
상담	• 가족상담	• 개인상담 • 집단상담 • 사례관리 • 위기가족 긴급지원 • 외부상담기관 연계 등	연간 80회기 이상
홍보 및 자원 연계	• 지역사회 홍보 • 지역사회 네트워크 • 홈페이지 운영 등		센터 홈페이지 프로그램 안내 게시판에 익월 프로그램에 대한 안내글 게시(매월 30일까지)

③ 건강가정 · 다문화가족지원 통합서비스센터

우리나라의 가족을 대상으로 하는 대표적인 전달 체계에는 건강가정지원센터와 다문화가족지원센터가 있다. 가족정책 전달 체계가 이원화되어 발전된 것은 국제결혼이 급격히 증가한 2000년대 이후, 다문화가족의 안정적 정착과 결혼이주여성의 한국 사회 적응이 중요한 사회적 이슈로 대두되었기 때문이다. 이에 따라 다문화가족 지원 서비스를 확대하고 다문화가족에 집중하여 이를 위한 전달 체계를 독립적으로 발전시켰다. 이는 다문화가족의 초기적응에 매우 효과적으로 대처한 것으로 평가할 수 있지만, 다문화가족만 별도로 분리하여 서비스를 제공하는 방식으로 인하여 다양한 문제점이 나타나게 되었다. 구체적으로 다문화가족에게 집중되는 서비스의 지원과 사회적 관심으로 인해 상대적으로 다른 가족이 느끼는 박탈감과 지원 대상을 분리함에 따라 사회통합에 미치는 부정적인 영향뿐만 아니라 다문화주의에 반대하는 분위기가 형성되는 등 새로운 현상이 발생하게 된 것이다.

이에 2014년도에 건강가정지원센터와 다문화가족지원센터의 통합서비스 시범사업을 시작으로 2016년도부터는 본격적인 통합서비스가 실시되었다. 통합서비스센터는 가족 유형별로 이원화되어 있는 가족지원서비스를 가족 유형에 상관없이 보편 · 포괄적인 서비스를 한 곳에서 제공하는 데 목적이 있다. 건강가정 · 다문화가족지원 통합서비스센터는 기본사업으로 가족돌봄, 가족관계, 가족생활, 가족과 함께하는 지역공동체 등을 제공하며, 4개 영역의 사업을 모두 수행해야 한다. 건강가정 · 다문화가족 통합서비스센터의 영역별 기본사업을 살펴보면 표 3-6과 같다.

표 3-6 건강가정 · 다문화가족 통합서비스센터의 영역별 기본사업

구분	내용	비고
가족관계	• 부모 역할 지원(임신출산(부모) 지원, 영유아기 부모지원, 학부모 지원, 혼례가치교육) • 노년기 부부 지원 • 아버지 역할 지원 • 부부갈등해결 지원 • 이혼위기가족 지원 • 다문화가족관계 향상 지원 • 다문화가족 이중언어 가족환경 조성 • 다문화가족 자녀성장 지원	교육, 상담(정보제공 및 초기 상담), 문화 프로그램 등
가족돌봄	• 가족역량강화 지원 • 긴급돌봄 및 자녀돌봄 지원 • 다문화가족자녀성장 지원 • 다문화가족 방문서비스	교육, 상담(정보제공+초기상담 → 전문상담) 돌보미 파견, 사례관리 등
가족생활	• 맞벌이가정 일 · 가정 양립 지원 • 다문화가족 초기 정착 지원 • 다문화가족생활 지원 • 결혼이민자 통번역 지원	교육, 상담, 정보 제공, 문화 프로그램 등
가족과 함께하는 지역 공동체	• 가족봉사단(다문화가족 나눔봉사단) • 가족품앗이 • 공동육아나눔터 • 아버지 모임 • 가족사랑의 날 • 결혼이민자 취업지원 • 결혼이민자 정착 단계별 지원 패키지	모임, 활동, 문화 프로그램 등

* 필수 사업: 밑줄의 9개 사업

가족관계 사업 영역은 가족관계 개선, 가족 의사소통, 부모역할 강화, 가족구성원의 역량강화를 위한 맞춤형 서비스 지원, 가족 형태 · 문제유형 · 생애주기별 가족갈등과 문제해결, 성평등 · 인권의식 고취를 위한 교육과 문화 프로그램 등을 운영함으로써 기존의 교육, 가족상담, 문화영역을 일부 연계하여 운영하도록 하고 있다.

또한 가족돌봄 사업 영역은 상황적인 위기, 가족구성원의 일시적 또는 장기적인 부재 등으로 가족의 기능이 약화된 취약가족에 대한 돌봄서비스를 지원하고, 가족 유형의 특성에 따라 맞춤형 가족 기능 강화 서비스를 운영함으로써 미혼모가족, 한부모가족, 조손가족, 북한이탈가족 및 긴급위기가족 등 보다 다양한 가족들을 위한 역량강화 사업과 함께 사례관리 영역을 확대하였다.

가족생활 영역은 가족의 특성에 따른 생활정보 제공, 초기정착지원, 고충 상담 등 맞춤형 가족생활 프로그램을 운영함으로써 다문화가족의 초기정착 및 취업교육, 통번역을 지원함은 물론, 맞벌이 가정의 일 · 가정의 양립을 위해 지원하고 있다.

마지막으로, 가족과 함께하는 지역공동체 영역은 가족 친화 사회 환경조성, 양성 평등한 가족문화, 다문화 인식개선, 지역사회 공동체 문화 등 가족과 지역사회의 연계프로그램으로 공동체 의식 및 인식개선을 위한 사업을 운영하고 있다.

처음에는 건강가정지원센터와 다문화가족지원센터가 별도로 설립되어 운영되었으나, 현재는 많은 시 · 군 · 구에서 건강가정지원센터와 다문화가족지원센터가 통합서비스센터로 함께 운영되고 있다. 하지만 지금까지도 통합하지 않은 채 각각 운영되고 있는 곳도 있다.

(2) 위기가정통합지원센터

서울시여성가족재단은 '돌봄위기가구 방문 사업'을 통해 서울시 내에서 발생하는 아동학대와 가정폭력을 근절하기 위한 노력을 지속해 왔다. 구체적으로 가정폭력과 아동학대 피해가구를 대상으로 사회복지직 공무원이 방문하여 모니터링하고 학대 및 폭력 상황이 발생하면 신고의무자로서 역할을 할 수 있도록 시스템화 하였다. 이 시스템이 운영된 지 3년 차에 서울시와 서울지방경찰청이 '위기가정통합지원센터'를 설치함으로써 폭력가족에 대한 선제적인 돌봄 체계를 완성하게 되었다.

2018년 9월에 10개의 시범운영 자치구를 선정하여 운영하였으며, 2019년에 15개 자치구로 확대 · 운영되고 있다. 위기가정통합지원센터를 통해 발견되어 신고된 위기가정에 대해 초기상담부터 통합적인 사례관리, 서비스 연계를 통한 복지서비스 제공, 사후관리까지 원스톱으로 전담한다. 서울시의 '찾아가는 동주민센터' 서비스, 서울지방경찰청의 '학대예방경찰관(APO:Anti-abuse police officer)'제도, 자치구의 '통합사례관리사업'을 결합해 위기가정통합지원센터를 구축하였다.

센터는 구청이나 관내 적정 공간에 설치된다. 기존 25개의 자치구별로 운영 중인 통합사례관리사(1명)와 경찰서별로 배치되어 있는 학대예방경찰관(1~2명), 상담사(2~3명) 등 총 4~6명이 한 공간에서 상주하며 위기가정을 지원한다. 통합사례관리사는 위기가구를 직접 방문하여 상담한 후 전문가 개입이 필요한지 진단한다. 그리고 피해자에게 필요한 맞춤형 복지서비스를 연계하고 사후 모니터링까지 담당한다.

학대예방경찰관(APO)은 아동 · 노인학대, 가정폭력 등 가정 내에서 발생하는 범죄를 조기 적발하고 예방하기 위해 2016년에 경찰청이 도입한 제도이다. 학대 의심 신고가 접수되면 조사와 상담을 하고 피해자를 지속적으로 모니터링하여 심리적 · 경제적으로 지원 · 연계한다. 경찰에게 위기가정이 신고되면 학대예방경찰관(APO)이 통합지원센터에 관련 정보를 공유한다.

상담사는 초기 전화 상담을 통해 위기가정의 기본실태를 파악하며 통합사례관리사는 초기상담 정보를 토대로 각 가정을 방문하여 문제를 진단하고 해결방안을 논의한다. 그리고 위기가정으로 판단될 시에는 아동보호전문기관이나 정신건강복지센터 등 전문기관을 연결해 주거나 복지 · 교육 · 의료 · 가정폭력 피해 전문상담, 법률상담 등 서울시에서 제공하는 다양한 복지 서비스 및 민간 전문기관을 연계하여 지원해 준다. 또한 '찾아가는 동주민센터'와 함께 위기가정 내 문제가 재발되는 일이 없도록 모니터링과 사후관리를 진행한다.

04
Chapter

한국과 외국의 가족복지정책

배울 내용

1. 한국의 가족복지정책
2. 외국의 가족복지정책

학습목표

1. 한국의 가족복지정책을 구체적으로 이해하고 정책방향을 숙지한다.
2. 외국의 가족복지정책을 이해하고 함의점을 설명할 수 있다.

1. 한국의 가족복지정책

우리나라는 「건강가정기본법」 제15조에 의거하여 「건강가정기본계획」을 5년마다 수립하여 시행해 오고 있다. 즉, 제1차(2006~2010), 제2차(2011~2015), 제3차 건강가정기본계획(2016~2020)을 수립하여 운영하였으며(그림 4-1), 그 동안의 가족정책 성과를 기반으로 하면서 가족 변화 등 정책 환경에 따라 제4차 「건강가정기본계획(2021~2025)」을 수립하여 시행하고 있다.

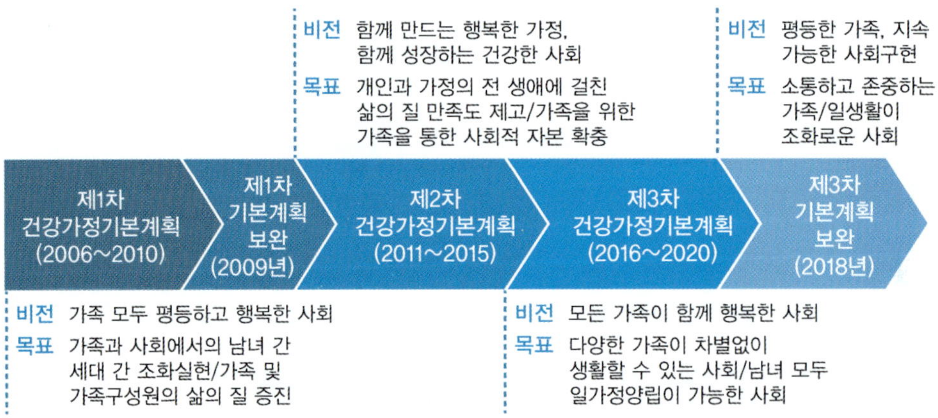

그림 4-1 제1~3차 기본계획의 구조

출처: 여성가족부(2021). 2025 세상모든가족함께: 제4차 건강가정기본계획 건강가정기본계획(2021~2025).

제4차 기본계획("2025 세상모든가족함께")은 그림 4-2와 같이 '모든 가족, 모든 가족구성원을 존중하는 사회' 구현이라는 비전 아래 '가족다양성 인정'과 '평등하게 돌보는 사회'을 목표로 설정하고, 세상 모든 가족을 포용하는 사회기반 구축, 모든 가족의 안정적 생활 여건 보장, 가족다양성에 대응하는 사회적 돌봄체계 강화, 함께 일하고 돌보는 사회환경 조성의 4개 영역별 추진계획을 마련하고 있는데, 이를 구체적으로 살펴보면 다음과 같다.

비전: "2025 세상모든가족함께"
모든 가족, 모든 가족구성원을 존중하는 사회

목표: 가족 다양성 인정 / 평등하게 돌보는 사회

영역별 과제

영역 (4개)	정책과제 (11개)
1. 세상 모든 가족을 포용하는 사회기반 구축	① 가족 다양성을 수용하는 법 · 제도 마련 ② 가족 다양성 인식과 평등한 가족문화 확산 ③ 가정폭력 대응 강화 등 가족 구성원 인권 보호
2. 모든 가족의 안정적 생활 여건 보장	① 가족 변화에 대응하는 경제적 기반 강화 ② 가족 특성을 고려한 자녀양육 여건 조성 ③ 지역 중심의 통합적 가족서비스 체계 구축
3. 가족 다양성에 대응하는 사회적 돌봄 체계 강화	① 지역 기반 다양한 가족의 돌봄지원 확대 ② 안전하고 촘촘한 돌봄 체계 구축 ③ 가족 돌봄 지원의 양적 · 질적 강화
4. 함께 일하고 돌보는 사회 환경 조성	① 남녀 모두의 일하면서 돌볼 수 있는 권리 보장 ② 성평등 돌봄 정착 및 돌봄 친화적 지역사회 조성

그림 4-2 제4차 기본계획 정책 체계

1) 세상 모든 가족을 포용하는 사회기반 구축

가족구성이 다양해지고 가족개념에 대한 인식이 확장되고 있지만 가족형태에 따른 차별과 편견은 여전히 존재하고 있다. 그리고 가부장적 · 위계적 가족문화와 이로 인한 가족 내 갈등, 폭력, 아동학대 등 가족구성원의 인권 침해 문제 등이 지속적으로 발생하고 있는 실정이다. 따라서 세상 모든 가족을 포용하는 사회기반 구축에 대한 정책 방향은 표 4-1과 같다.

표 4-1 세상 모든 가족을 포용하는 사회기반 구축의 정책 방향

구분	내용
가족구성 다양성 보장을 위한 관련 제도 개선	• 법률혼 · 혈연 중심으로 규정된 가족 관련법의 가족 정의에 대한 규정 개정 및 가족유형에 따른 차별금지 · 예방을 위한 법적 근거 마련 • 결혼제도 밖의 다양한 가족구성을 보장하고, 친밀성과 돌봄기반의 대안적 관계(비혼 · 노년동거 등)에서 생활, 재산 등 권리 보호방안 마련
가족다양성에 대한 사회적 감수성 제고 및 평등한 가족문화 확산	• 공무원 등 대상별 가족다양성 교육 운영, 정부간행물 등에 대한 반편견 모니터링 실시 및 매체 홍보 등 가족다양성 인식 확산 • 성불평등한 가족의례 · 문화를 발굴 · 개선하고 다양한 가족의 구성원 간 상호 존중하는 가족관계 확립 지원 • 가족 내 위계에 기반한 폭력, 아동학대 등 예방 및 피해자 보호강화로 가족구성원의 안전과 인권 보장

(1) 가족다양성을 수용하는 법 · 제도 마련

가족 유형에 따른 차별적 제도를 발굴 · 정비하고, 「건강가정기본법」, 「민법」 등 개정을 통해 가족의 범위를 확대하고, 대안적 가족공동체 등 가족구성에 대한 선택권 존중 및 보호를 위한 제도적 방안을 마련하려고 노력하고 있다. 가족다양성을 수용하는 법 · 제도 마련에 대한 구체적인 계획은 표 4-2와 같다.

표 4-2 가족다양성을 수용하는 법 · 제도 마련에 대한 추진계획

구분	항목	내용
가족유형에 따른 차별 해소를 위한 법제도 개선	가족유형에 따라 자녀를 차별하는 제도 발굴 · 정비	• 자택 출산, 미혼부 자녀 등의 복지사각지대 해소를 위해 출생신고 관련 절차에 대한 법률 지원 및 제도 개선(법무부, 법원행정처, 여성가족부) • 국가에서 출생신고와 병행 대조하여 모든 아동이 빠짐없이 신속한 출생신고가 되도록 '의료기관 출생통보제' 도입(법무부, 보건복지부, 여성가족부, 법원행정처) • 다양한 가족 자녀에게 차별 · 불편을 야기하는 현행 자녀의 성(姓) 결정 방식 개선 필요성 검토(법무부) • 자녀를 부모의 혼인 여부에 따라 혼인 중 출생자와 혼인 외 출생자로 구별하여 차별적 인식을 야기하는 현행 친자 관계 법령 정비 필요성 검토(법무부, 법원행정처)
	가족의 개념 확대 등 법령 제 · 개정	• 「건강가정기본법」의 가족 정의 및 '건강가정' 용어 등을 다양한 가족을 포용할 수 있도록 개정(여성가족부) • 특정 가족 유형에 대한 정책적 차별과 편견을 유발할 수 있는 「민법」상 가족의 범위 규정(법 제779조) 개정 필요성 검토(법무부)
다양한 가족 구성에 대한 정책적 지원 방안 마련	가족 구성 선택권에 대한 정책방향 검토	• 생활영역에서 혼인 · 혈연가족 위주의 관행 · 문화 등으로 인해 다양한 가족구성원들이 겪는 불편 사례 발굴 및 개선을 위한 논의 추진(여성가족부) • 보조생식술 이용 비혼 단독 출산의 정책방향 설정을 위한 연구 및 사회적 논의 추진(보건복지부, 여성가족부)
	함께 생활하고 돌보는 공동체를 위한 제도 활용 지원	• 대안적 가족 공동체가 활용할 수 있도록 유언 · 신탁제도 등 발굴 · 홍보(여성가족부, 법무부) • 서로 돌보는 대안적 가족관계의 권리 보호를 위한 제도 마련 검토 및 논의 추진(여성가족부, 고용노동부, 기획재정부)

(2) 가족다양성 인식과 평등한 가족 문화 확산

가족다양성에 대한 사회적 감수성을 높이기 위해 공무원 등 대상별 교육을 실시하고, 대중매체 · 정부간행물 등에 대한 반편견 모니터링 실시 및 홍보를 강화하며, 평등한 가족의례와 문화 확산을 위한 홍보 · 캠페인 및 상호 존중하는 가족관계 확립을 위

한 교육·상담 등 프로그램을 운영하고 있다. 가족다양성 인식과 평등한 가족 문화 확산에 대한 구체적인 계획은 표 4-3과 같다.

표 4-3 가족다양성 인식과 평등한 가족 문화 확산에 대한 계획

구분	항목	내용
가족다양성에 대한 사회적 감수성 제고	가족다양성 교육 운영 체계 구축 및 확대	• 가족 변화에 대한 수용성과 차별 감수성 제고를 위해 대상별(시설 종사자, 공무원, 보육교사, 부모 등) 교육 추진방안 마련 및 확대(여성가족부) • 다문화 수용성 제고를 위한 교육 확대 및 차별표현 금지 근거 마련(여성가족부, 지방자치단체)
	가족다양성 관점의 반편견 모니터링 실시 및 홍보 활성화	• 정부·공공기관 간행물, 대중매체 등에 대한 가족다양성 관점에서의 반편견 모니터링 체계 구축(여성가족부) • 기업의 사회공헌 사업, 민간단체와 연계, 가족다양성을 주제로 한 협력사업 추진(여성가족부) • 가족다양성 관련 통계 구축 및 국민 수용도 측정을 위한 정기적 조사 실시(여성가족부, 통계청) • 다양한 가족의 삶과 가족다양성에 대한 이해를 높일 수 있는 국민참여형 캠페인 및 매체 홍보 활성화(여성가족부, 지방자치단체)
가족과 개인이 공존하는 평등한 가족 문화 조성	성평등한 가족의례 및 문화 확산	• 가족의례에서의 성불평등 사례 발굴과 개선(여성가족부, 지방자치단체) • 성별 비대칭적·위계적 가족호칭 개선 캠페인 실시(여성가족부)
	상호 존중하는 가족관계 확립을 위한 교육·상담 등 지원	• 가족구성원의 상호 존중을 중심으로 하는 가족 교육 프로그램 개발·운영(여성가족부, 지방자치단체) • 성별·세대 간 소통을 지원하기 위한 프로그램 운영(여성가족부, 지방자치단체) • 일상에서 체감할 수 있는 양성평등교육 확산 지원(교육부, 여성가족부, 지방자치단체)

(3) 가정폭력 대응 강화 등 가족구성원 인권 보호

다양한 가족 내의 폭력 피해를 포괄하도록 「가정폭력처벌법」 개정 등 가족구성원

안전 보장을 위한 법제를 정비하고, 가정폭력, 아동학대 사례의 조기 발견 및 신속대응 → 가해자 분리 등 현장 대응 → 피해자 보호 및 재발방지 등 통합적 지원체계를 구축하고자 노력하고 있다. 가정폭력 대응 강화 등 가족구성원 인권 보호에 대한 구체적인 계획은 표 4-4와 같다.

표 4-4 가정폭력 대응 강화 등 가족구성원 인권 보호에 대한 추진계획

구분	항목	내용
가족구성원 안전 보장을 위한 법률 정비	가족다양성을 반영하는 「가정폭력처벌법」 등 개정	• 법률혼 · 사실혼이 아닌 다양한 가족 내 친밀한 관계에서 폭력피해를 포괄하도록 「가정폭력범죄의 처벌 등에 관한 특례법」 등에서의 배우자에 대한 정의 규정 개정의 중장기적 검토(법무부, 여성가족부)
	가족 내 폭력 · 학대 발생 및 재발 방지를 위한 법제 개선	• 아동학대 방지를 위한 「민법」상 징계권 개정 • 가정폭력 범죄에 대한 '반의사불벌죄' 폐지 검토 및 '상담조건부 기소유예' 개선 추진(법무부)
가정폭력아동학대 사건 발견 및 대응 강화	가정폭력 · 아동학대 사건의 조기 발견 체계 구축	• 여성긴급전화(1366) 및 다누리콜센터(1577-1366)를 활용한 가정폭력 피해 상담 및 긴급지원 제공 강화(여성가족부, 경찰청, 지방자치단체) • 지역단위의 아동학대 조기 발견 시스템 운영(보건복지부, 교육부, 여성가족부, 지방자치단체)
	가정폭력 · 아동학대 사건현장 대응력 제고	• 가정폭력 · 아동학대 사건 시 피해자 분리 조치 강화(경찰청, 보건복지부) • 가정폭력 · 아동학대 사건 대응 역량 제고(경찰청, 보건복지부) • 가정폭력 · 아동학대 사건 출동 · 대응을 위한 협업 체계 구축(경찰청, 보건복지부, 여성가족부, 지방자치단체)
가정폭력아동학대 피해에 대한 통합 지원 강화	가정폭력 · 아동학대 등 피해자 보호 및 지원 강화	• 가정폭력 피해자의 폭력으로부터의 안전, 인권보호 및 자립을 위한 지원 강화(여성가족부, 지방자치단체) • 아동보호전문기관 및 학대피해아동쉼터 등 설치 확대 검토(보건복지부, 지방자치단체)
	아동학대 발생 가족에 대한 개입 강화	• 양육환경 위험도가 높은 아동의 가구에 대한 사전개입 확대(보건복지부, 여성가족부, 지방자치단체) • 아동학대 사건 행위자에 대한 강력하고 적극적인 사례관리 시행(보건복지부)

구분	항목	내용
	결혼이민자에 대한 인권보호 강화	• 국제결혼 중개과정에서부터 예비 결혼이민자 인권보호를 위한 법령(결혼중개업법) 근거 마련(여성가족부) • 가정폭력 예방을 위한 결혼이민자 가족구성원(배우자, 배우자의 부모 등) 인권보호 인식 강화 프로그램 운영 확대(여성가족부, 지방자치단체) • 이주여성 상담소(2020년 9개소) 및 다국어 상담 확대 추진(여성가족부, 지방자치단체)

2) 모든 가족의 안정적 생활 여건 보장

가족유형별 소득 격차, 자녀 세대 기회의 불평등 지속 및 코로나 19 확산 등에 따라 가족의 기본적 삶의 여건을 보장하는 정책이 중요하게 부각되고 있으며, 한부모 등의 안정적 자녀양육을 위한 복합적 지원의 강화가 필요하다. 또한 결혼지연, 자녀출산 기피 등 취업-결혼-출산으로 이어지던 개인과 가족의 생애주기가 변화하고 다각화가 이루어지고 있으며, 자녀양육기 중심, 저소득한부모 등 특정 가족 형태에 집중한 가족서비스는 가족의 생애주기 변화 대응에 한계가 있는 실정이다. 따라서 모든 가족의 안정적 생활 여건 보장에 대한 정책 방향은 표 4-5와 같다.

표 4-5 모든 가족의 안정적 생활 여건 보장에 대한 정책 방향

구분	내용
모든 가족의 기본적 생활보장과 자녀양육 여건 마련을 위한 지원 확대	• 어떤 가족 유형이든 기본생활을 유지할 수 있도록 생계 · 주거지원을 강화하고, 아동 양육 가구를 위한 경제적 지원 지속 확대 • 아동 · 청소년이 가족 유형에 따른 차별적인 양육환경에 놓이지 않도록 한부모, 다문화 등 가족 특성을 고려한 맞춤형 양육 지원을 확대
보편적 가족서비스 확대 및 지역사회 기반의 통합적 지원체계 구축	• 복합적 가족문제 해결과 안정적인 가족생활 지원을 위해 가족서비스의 접근성을 제고하고, 교육 · 상담, 사례관리 등 지원 확대 • 특히, 재난 · 재해, 감염병 확산 등에 따른 위기 · 취약가족 발굴 및 지원을 위한 체계 강화

구분	내용
	• 지역사회를 기반으로 한 통합적 가족서비스 제공, 세대 · 이웃 간 교류와 소통 활성화를 위해 가족서비스 전달체계 강화 및 가족센터(생활 SOC) 확대 추진

(1) 가족 변화에 대응하는 경제적 기반 강화

가족 변화를 반영한 복지급여 확대 및 개편, 아동수당 등 아동양육 가구를 위한 경제적 지원의 단계적 확대를 검토하고, 청소년한부모, 결혼이민자 등 가족특성별 자립지원을 확대하고, 아동 양육가구 중심의 주거지원을 강화하려고 노력하고 있다. 가족 변화에 대응하는 경제적 기반 강화 정책에 대한 구체적인 추진계획은 표 4-6과 같다.

표 4-6 가족 변화에 대응하는 경제적 기반 강화 정책에 대한 추진계획

구분	항목	내용
가족 변화를 반영한 생계비 등 급여 확대	가족 유형을 반영한 기초생활보장제도 등 복지급여 개선	• 기초생활보장제도의 생계급여 부양의무자 기준을 노인 · 한부모 가구부터(2021년) 단계적 폐지(보건복지부) • 가족유형에 따른 기초생활보장제도 적정성 분석 및 평가(여성가족부, 보건복지부)
	긴급복지 급여 확대 및 가족변화를 반영한 지급단위 개선 검토	• 긴급복지 생계지원[1] 규모 확대(보건복지부) • 가족다양성, 개인화 등 가족변화를 반영한 지급단위 기준 등 평가 · 분석 연구 추진(여성가족부)
아동양육 가족에 대한 경제적 지원 강화	아동 관련 수당 등 자녀양육 가족에 지원 확대 방안 마련	• 제도 목적(양육부담 경감, 국가책임 확대, 아동권리 증진 등), 해외사례[2] 등을 고려, 사업 성과평가 사회적 논의를 통해 아동수당 확대 방안 마련(보건복지부) • 만 0~1세의 집중 돌봄을 위해 보육료와 양육수당의 차등화된 지원을 통합한 영아수당[3] 도입 추진(보건복지부) • 정부, 지자체의 각종 아동 관련 수당, 급여 등이 가족의 돌봄 부담 및 성역할 분담 등에 미치는 통합적 효과 분석을 위한 연구 추진(여성가족부) • 국민연금 출산 크레딧 제도의 운영성과 및 평가를 토대로 제도 내실화 및 확대 여부 등 검토(보건복지부)

구분	항목	내용
	한부모가족 아동양육비 지원 확대	• 한부모가족 지원사업 내실화 추진(여성가족부, 기획재정부) • 한부모가족 복지급여 지원범위 확대(여성가족부, 기획재정부)
	가족특성별 자립 지원 강화	• '청소년한부모 자립지원 사업' 확대 및 내실화 추진(여성가족부) • 결혼이민자 취업 등 자립 여건 확보를 위한 지원(여성가족부, 고용노동부) • '국민취업지원제도(2021. 1. 1. 시행)' 등 직업훈련 · 취업 연계 지원 사업에 가족사유 반영(고용노동부)
가족수요에 맞는 주거 지원	한부모가족 주거지원 대상 및 지원 확대	• 지역사회 한부모가족 주거 안정을 위한 종합적 정책방안 마련(여성가족부) • 한부모가족 매입 임대주택 확보 및 입주 대상자 확대(국토교통부, 여성가족부) • 공공주택 입주자격의 한부모가족 지원 • 한부모 주택자금대여 지원사업 추진(금융위원회, 국토교통부)
	취약계층 가족 주거지원 확대	• 공공임대주택의 질적 변화와 저소득층 주거지원 강화(국토교통부) • 환경오염 피해에 상대적으로 취약한 한부모가족 등 아동양육가구 대상 환경복지서비스 제공(환경부)

(2) 가족 특성을 고려한 자녀양육 여건 조성

한부모가족 자녀의 안정적 양육을 위한 이혼 전 · 후 상담 및 비양육 부 · 모-자녀 간 지속적 관계 맺음 등의 지원을 강화하고, 비양육 부 · 모의 자녀양육비 지급 이행 확보를 위한 종합서비스 및 관련 제도의 재정비 및 다문화가족 자녀, 취약 · 위기아동 · 청소년 등의 균등한 성장과 자립을 위한 맞춤형 지원을 강화하고 있다. 가족 특성을 고려한 자녀양육 여건 조성에 대한 구체적인 추진계획은 **표 4-7**과 같다.

1) 긴급복지 생계지원: 갑작스러운 위기 상황에 처하여 도움이 필요한 경우 신속하게 현금급여 선지원(위기상황: 주소득자 사망 · 행방불명, 가구구성원으로부터 방임 · 학대 · 폭력, 주소득자 또는 부소득자의 휴업 · 폐업 또는 실직, 주소득자와 이혼 등), 지원금액 474,600원(1인가구), 1,266,900원(4인가구) 수준

2) 유엔아동권리협약(CRC)의 아동은 18세 미만이고 OECD 32개국 중 15세 이상까지 지급하는 국가는 29개국임

3) 아동수당 도입(2018년), 영아수당 도입(2022년 예정) 등에 따라 양육수당 등 기존 아동 관련 수당 제도의 합리적 확대 방안 검토

표 4-7 가족 특성을 고려한 자녀양육 여건 조성에 대한 추진계획

구분	항목	내용
한부모가족 자녀의 안정적 성장발달을 위한 지원 및 제도 강화	자녀의 안정적 성장환경 조성을 위한 이혼 전 · 후 지원 강화	• 이혼 전 · 후 자녀의 심리 · 정서 지원을 위한 상담 강화(여성가족부) • 이혼 과정에서 양육비[4] 등 관련 가정법원의 역할 확대(법원행정처) • 한부모 · 조손가족 등 아동청소년의 학습 · 정서 등 지원을 위한 사례관리 수행기관 및 지원 대상 지속 확대(여성가족부, 지방자치단체)
한부모가족 자녀의 안정적 성장발달을 위한 지원 및 제도 강화	비양육 부 · 모와 자녀 간 지속적 만남 · 교류 확보 및 지원	• 비양육 부 · 모의 면접교섭 권리 보호 방안 검토(법무부, 법원행정처) • 비양육 부 · 모와 미성년자녀의 관계 맺음 지원(여성가족부, 지방자치단체)
양육비 이행 실효성 제고를 위한 체계 정비	양육 한부모에 대한 상담 · 법률 지원 강화	• 미성년 자녀가 성년 도달까지 상담, 합의, 소송, 추심, 불이행 시 제재조치, 모니터링, 면접교섭서비스 등 양육 부 · 모 또는 양육비 채권자 욕구에 맞는 맞춤형서비스 지원 강화(여성가족부) 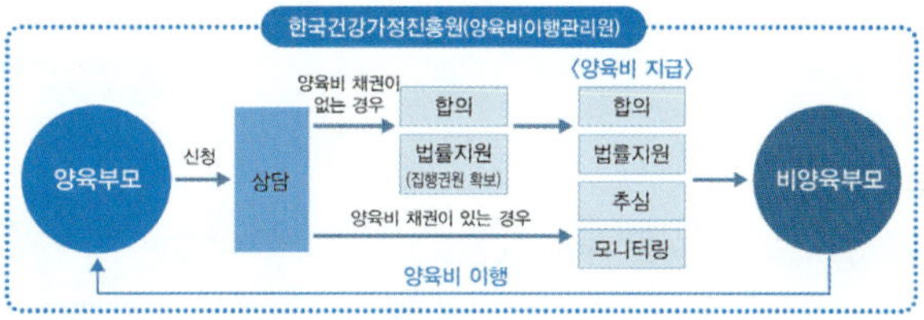 • 양육비 채무자 동의 없이도 소득 · 재산 조회 등 양육비 이행관리원 기능 강화(여성가족부)
양육비 이행 실효성 제고를 위한 체계 정비	양육비 지급 이행의 실효성 확보 및 부 · 모의 자녀양육 책임에 대한 법적 근거 강화	• 양육비 지급 불이행에 대한 감치신청 요건 완화(법무부, 법원행정처, 여성가족부) • 감치 명령 등 제도개선(법무부, 법원행정처, 여성가족부) • 양육비 청구에 대해 송달 방법 특례 조항 신설(「양육비 이행확보 및 지원에 관한 법률」 추진(여성가족부, 법원행정처) • 양육비 미이행에 따른 아동 보호를 위한 한시적 양육비 긴급지원 확대 필요성 등 검토(여성가족부) • 부 · 모의 자녀양육 의무 등에 대한 사회적 이슈를 감안하여 자녀양육 의무의 불이행 시 상속에서 배제시키는 내용의 「민법」상 상속 제도 등 검토(법무부)

<table>
<tr><th>구분</th><th>항목</th><th>내용</th></tr>
<tr><td rowspan="3">다문화가족 자녀의 동등한 출발점 보장</td><td>다문화가족 아동 · 청소년 언어역량 개발 등 맞춤형 지원 확대</td><td>• 방문교육(자녀생활 지원, 부모교육), 언어발달 지원, 이중언어 환경조성 등 영유아기 · 학령기 다문화가족 아동 지원(여성가족부, 지방자치단체)
• 다문화가족 청소년의 이중언어 역량 개발 지원(여성가족부, 지방자치단체)
• 다문화가족 자녀의 교육격차 해소를 위해 학업 동기 부여 및 진로 컨설팅, 진학 · 진로 관련 정보제공 강화(여성가족부, 지방자치단체)</td></tr>
<tr><td>중도입국 청소년의 안정적 정착 및 성장 지원</td><td>• 중도입국 자녀 등 다문화 청소년의 안정적 정착을 위한 지역 자원 연계 종합서비스 지원 모델 마련 및 확산 검토(여성가족부)
• 중도입국 학생의 학교 조기 적응을 위한 지원 확대(교육부)</td></tr>
<tr><td>다양성이 공존하는 학교 환경 조성</td><td>• 교원의 다문화 교육역량 강화 등 학교 내 다문화 수용성 제고(교육부)
• 외국인 밀집지역의 다문화학생 지원을 위한 지자체 협업체계 마련(교육부, 지방자치단체)</td></tr>
<tr><td rowspan="2">위기 · 취약 아동 · 청소년의 보호 및 자립 지원</td><td>위기청소년 발굴 및 보호 · 지원 체계 강화</td><td>• 위기청소년 발굴 · 정보 공유 및 서비스 연계를 위한 관련기관 간 '위기청소년 통합정보시스템' 구축 · 운영 추진(여성가족부, 지방자치단체)
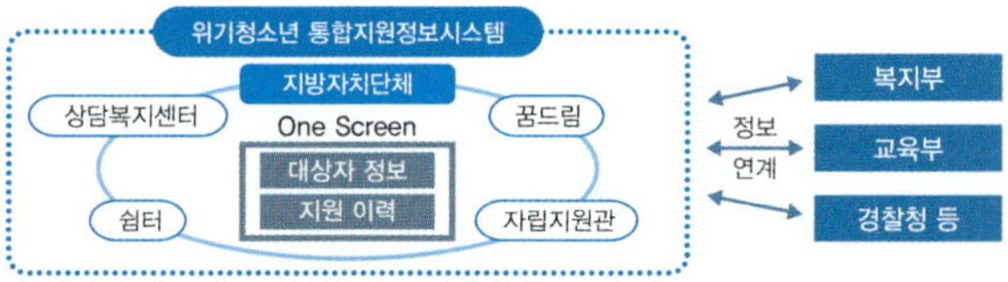

• 자살 · 비행 · 우울 등 고위기청소년 지원 대응력 강화(여성가족부)
• 원가정 분리 아동 · 청소년의 가족기능 지원을 위하여 가정위탁지원센터와 연계하여 상담 제공(여성가족부, 보건복지부, 지방자치단체)
• 위기청소년 지원 체계의 공공성 강화를 위해 지방자치단체에 위기청소년 지원 전담기구 설치 확대 추진(여성가족부, 지방자치단체)</td></tr>
<tr><td>취약 아동 · 청소년의 안정적 사회적응 및 자립 지원</td><td>• 청소년쉼터 입소 청소년 자립 지원을 위하여 자립 활동비 지원(연 50만 원 이내) 및 퇴소 시 자립지원 수당(월 30만 원) 지원(여성가족부, 지방자치단체)
• 학교 밖 청소년 지원의 사각지대 해소(여성가족부, 지방자치단체)</td></tr>
</table>

구분	항목	내용
	청소년 부모의 임신 · 출산에 대한 의료 지원 확대 및 자녀양육 등 지원 방안 마련	• 청소년 부모 통계 확보 방안 마련 및 실태와 정책욕구 파악을 위한 조사 추진(여성가족부) • 건강 관리에 소홀하기 쉬운 청소년 산모의 임신 · 출산 의료비 지원 확대[5](보건복지부) • 청소년 부모의 자녀양육, 학업 지속 및 생활안정을 위한 종합적 지원방안 마련(여성가족부, 교육부)

(3) 지역 중심의 통합적 가족서비스 체계 구축

건강가정 · 다문화가족지원센터 기능 강화 및 지역 수요를 반영한 가족센터(생활SOC)를 확대하고, 지역센터의 교육, 상담 기능 확대 및 서비스 접근성과 활용을 제고하며, 지역사회 위기 · 취약가족에 대한 맞춤형 사례관리 등의 지원을 확대하려고 노력하고 있다. 지역 중심의 통합적 가족서비스 체계 구축에 대한 구체적인 추진계획은 표 4-8과 같다.

표 4-8 지역 중심의 통합적 가족서비스 체계 구축에 대한 추진계획

구분	항목	내용
통합적 가족서비스 기반 조성	지역 건강가정 · 다문화가족지원센터의 기능 강화	• 건강가정 · 다문화가족지원센터 기능을 확대하여 가족센터로 전환(여성가족부, 지방자치단체) 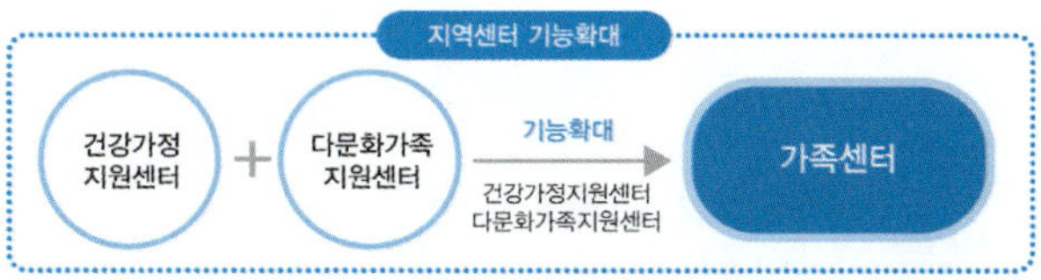 • 가족서비스 관련 유관기관 지역협의체 구성 · 운영(여성가족부, 지방자치단체)

4) 양육책임 및 양육비 지급 의무에 대한 인식 및 합의 없이 혼인관계 해소 비율이 높고, 법원의 주요 판결도 자녀의 복리에 대한 고려 미흡 ⇒ 이혼 후 친권 양육권이 없는 비양육 부 · 모의 부모로서 권리와 의무에 대한 인식 개선 실천 및 법원의 판결 과정에 대한 개입 필요

5) 만 18세 이하에서 19세 이하로 확대(2021년) → 「청소년기본법」상 "청소년" 연령인 24세 이하 청소년 산모까지 점진적으로 확대

<table>
<tr><th>구분</th><th>항목</th><th>내용</th></tr>
<tr><td rowspan="3"></td><td>지역 서비스 수요 등을 반영한 가족센터(생활SOC) 설치 및 확대</td><td>• 가족상담 · 교육 · 돌봄 등 가족서비스에 대한 지역 주민 접근성을 높이고, 세대 · 이웃 간 교류 소통 공간 조성을 위한 가족센터(생활soc) 단계적 확대(여성가족부, 지방자치단체)
• 지역 맞춤형, 주민 참여형 공간 조성 및 운영을 위한 협력체계 구축(지방자치단체)
• 가족서비스 공간 조성 및 운영 우수사례 발굴 · 확산(여성가족부)</td></tr>
<tr><td>가족서비스 종사자 역량강화 등을 통한 서비스 질 제고</td><td>• 가족서비스 종사자 자격관리 체계 마련(여성가족부)
• 가족서비스 종사자 비대면(온라인) 교육 확대 및 전담인력(현행, 건강가정사)에 대한 보수교육 실시(여성가족부)
• 통합적 가족서비스 제공을 위한 지역센터 업무 매뉴얼 마련 및 평가 강화(여성가족부)</td></tr>
<tr><td>시 · 도 가족정책위원회 구성 · 운영</td><td>• 가족 변화에 효과적으로 대응하고 지역 수요와 특성에 맞는 가족정책 수립 · 추진을 위해 시 · 도지사를 위원장으로 구성(「건강가정기본법」에 근거 마련)(여성가족부, 지방자치단체)
• 가족정책 추진에 대한 지방자치단체의 책무성과 역량을 높이고, 중앙–지방 간 거버넌스 체계 구축(여성가족부, 지방자치단체)</td></tr>
<tr><td>보편적 가족서비스 확대</td><td>가족상담전화 확대 및 기능 강화</td><td>• 한부모, 양육비 이행, 임신 · 출산 갈등 상담을 통합한 가족상담전화(1644–6621)의 운영 및 기능 확대(여성가족부)
<table>
<tr><th>구분</th><th>양육비상담</th><th>한부모상담</th><th>임신출산갈등상담</th><th>심리·정서상담</th></tr>
<tr><td>지원 내용</td><td>• 양육비 이행 확보 지원
• 양육지원(면접교섭)
• 추심지원
• 사건진행사항
• 법률지원
• 한시적 양육비 긴급지원 등</td><td>• 미혼모 · 부 초기 상담
• 한부모지원 서비스
• 정부 지원 자격 안내
• 출산 및 양육
• 시설 안내
• 기관 연계 등</td><td>• 초기 정보 제공
• 심리 · 정서 상담
• 기관 연계 등</td><td>• 심리·정서 상담
• 코로나 대응 정부 지원 및 가족 서비스 종합 정보 제공 등</td></tr>
<tr><td>이용 시간</td><td>평일 9~18시</td><td>365일 8~22시</td><td>365일 24시간</td><td>365일 8~22시</td></tr>
</table>
• 다누리콜센터(1577–1366)[6], 건강가정 · 다문화가족지원센터 통번역사 등을 통한 다국어 가족상담 강화(여성가족부)</td></tr>
</table>

구분	항목	내용
	가족교육 · 상담 등 서비스 확대	• 건강가정 · 다문화가족센터의 가족상담 서비스 확대(여성가족부, 지방자치단체) • 가족관계 개선, 가족 내 의사소통 및 폭력 예방 등을 위한 가족교육 확대(여성가족부, 지방자치단체)
	가족서비스에 대한 정보 제공 및 비대면 서비스 활성화	• 가족서비스에 대한 수요자 접근성 제고를 위한 정보 제공 및 홍보 강화(여성가족부, 지방자치단체) • ICT 활용한 건강가정 · 다문화가족지원센터 비대면서비스 전환을 위한 연구 및 컨텐츠 개발(여성가족부) • 비대면 서비스 수요 증가에 따른 통합적 가족서비스 지원시스템 구축 검토(여성가족부)
지역사회 기반 취약 · 위기 가족 지원 강화	다양한 가족문제에 대한 맞춤형 사례관리 지원	• 미혼모 · 부, 한부모의 특성과 상황을 고려하여 사례관리 등 맞춤형 지원(여성가족부, 지방자치단체) • 다문화가족의 체류 자격, 복지 수급 등 복잡하고 다양한 문제해결을 위한 사례관리 지원 확대(여성가족부, 지방자치단체) • 장애인이 포함된 가족을 지원하기 위한 관련 사업 내실화 및 관계부처 협업 강화(보건복지부, 여성가족부)
	취약 · 위기가족 발굴 및 지원체계 구축	• 저소득가구, 위기상황에 따른 나홀로 아동 등 지역사회 취약 가족 발굴 및 통합적 사례관리 추진(여성가족부, 보건복지부, 지방자치단체) • 감염병 확산, 재난 · 사고 등 경제 · 사회적 위기사건에 직면한 가족에게 심리적 안정 및 상황해결 지원(여성가족부, 지방자치단체) • 위기 가족 긴급 지원 시 관련 기관의 대응력 강화를 위한 매뉴얼 보급 및 교육훈련 실시(여성가족부)

3) 가족다양성에 대응하는 사회적 돌봄 체계 강화

가족 변화, 재난 · 재해 등으로 인한 다양한 돌봄 수요가 발생하고 있고, 돌봄의 공공성, 품질 제고에 대한 사회적 요구가 지속되고 있는 실정이다. 가족다양성에 대응하는

6) 베트남어, 중국어, 타갈로그(필리핀)어, 몽골어, 러시아어, 태국어, 크메르(캄보디아)어, 일본어, 우즈베키스탄어, 라오스어, 네팔어, 영어, 한국어(13개 언어) 지원

사회적 돌봄 체계 강화에 대한 정책방향은 표 4-9와 같다.

표 4-9 가족다양성에 대응하는 사회적 돌봄 체계 강화에 대한 정책 방향

구분	내용
가족 변화를 반영한 지역사회 기반의 다양한 사회적 돌봄 확충	• 마을 단위 자녀돌봄 인프라와 서비스를 확대하고, 1인 가구 등 다양한 돌봄수요에 대응한 지역공동체 중심 일상돌봄 활성화 • 아이돌봄 서비스 등 안전한 가정돌봄 지원을 확대하고, 감염병 등 재난 · 재해 시 돌봄 공백에 대응할 수 있는 긴급돌봄 지원체계 구축
공적 돌봄 확충과 질 제고 등 공공성 강화와 돌봄노동의 가치 제고	• 어린이집 · 유치원, 노인요양시설 등 공적 돌봄 인프라 확충 • 돌봄 종사자의 처우 개선, 가족돌봄 지원 등 돌봄노동의 사회적 가치 제고

(1) 지역 기반 다양한 가족의 돌봄 지원 확대

초등학생 등 자녀 돌봄 공백 해소를 위해 마을, 학교를 기반으로 방과 후 돌봄 공간을 확충하고 지역사회 유관기관과의 협력을 강화하고, 1인 가구 등의 고독, 고립 등의 방지를 위해 생애주기별 사회관계망 형성을 지원하고, 지역 주민이 주도하는 다양하고 자발적인 돌봄공동체의 모델을 확산하고자 노력하고 있다. 지역 기반 다양한 가족의 돌봄 지원 확대에 대한 구체적인 추진계획은 표 4-10과 같다.

표 4-10 지역 기반 다양한 가족의 돌봄 지원 확대에 대한 추진계획

구분	항목	내용
지역사회 자녀돌봄 지원 확대	자녀돌봄 공간 확충	• 공동육아 나눔터[7] 확대(여성가족부, 지방자치단체) • 초등 온종일 돌봄 지역 사회 인프라 확충(교육부, 보건복지부, 여성가족부, 지방자치단체)
	초등학생 돌봄 수요를 고려한 지역사회 연계 · 협력 강화	• 지자체와 학교가 서로 연계 · 협력하여, 초등돌봄서비스를 제공하는 협력 돌봄 모델 확산(보건복지부, 교육부, 지방자치단체) • 집과 인접한 곳에서 틈새 방과후 돌봄 지원을 위한 지방자치단체, 가족센터(SOC) 등 유관기관 연계 방안 마련(여성가족부, 보건복지부, 지방자치단체)

<table>
<tr>
<td rowspan="3">지역 공동체 기반의 일상 돌봄 지원</td>
<td>1인 가구의 일상적 돌봄 지원을 위한 지역사회 역할 활성화</td>
<td>
• 1인 가구 고독 · 고립 등 방지를 위한 사회관계망 지원(여성가족부, 지방자치단체)
<table>
<tr><th>구분</th><th>주요 프로그램</th></tr>
<tr><td>청년</td><td>사회 진입 예정자 대상 정서 · 경제 · 생활유지 등 독립생활 준비 교육</td></tr>
<tr><td>중장년층</td><td>홀로서기를 위한 심리상담 및 교육, 자기돌봄 및 일상생활 유지 관리 교육, 생애후반기 진입 준비 교육</td></tr>
<tr><td>고령층</td><td>가사, 가정관리 등 일상생활의 돌봄기술 교육, 심리상담, 재산, 인생 되돌아보기, 건강한 노년 준비 교육</td></tr>
</table>
• 건강가정 · 다문화가족센터 기반 지역사회 가족 간 소통 · 교류 활성화(여성가족부, 지방자치단체)
</td>
</tr>
<tr>
<td>여성 1인가구 등의 안전한 생활 여건 마련</td>
<td>• 여성 1인가구 등 대상범죄 예방체계 확충(여성가족부, 법무부, 경찰청)
• 위기상황 발생 시 즉각 대응 시스템 강화(국토교통부, 여성가족부, 경찰청, 지방자치단체)</td>
</tr>
<tr>
<td>주민이 주도하는 돌봄공동체 확산</td>
<td>
• 주민주도형 공동체 돌봄 활동 지원 기반 마련(여성가족부, 지방자치단체)
• 지역별 돌봄 플랫폼 구축(여성가족부, 지방자치단체)
• 돌봄공동체 사업 추진 체계 마련(여성가족부)
<table>
<tr><th>유형</th><th>특징</th><th>사례</th></tr>
<tr><td>① 품앗이형</td><td>공동육아나눔터 등을 기반으로 조성되어 돌봄 활동을 하는 부모자조모임 및 품앗이 그룹 등</td><td>• 공동육아나눔터를 이용하는 여섯 가정이 품앗이로 활동하며 돌봄 공동체로 발전
• 정보 공유, 재능기부 수업, 다국어 수업 등 틈새 돌봄과 아빠 돌봄 활동을 활발히 진행</td></tr>
<tr><td>② 마을 공동체형</td><td>지역주민이 커뮤니티 공간(북 카페, 마을카페, 마을밥상, 마을농장, 쉼터, 녹색가게 등)을 기반으로 돌봄 활동과 돌봄을 매개로 한 지역사회 활동을 하는 공동체</td><td>• 주민들이 만든 공간에서 도서관을 운영하며 오전에는 마을 프로그램 및 주민 소통 공간으로, 오후에는 틈새 돌봄 활동 공간으로 활용
• 경력단절 여성들이 강사로 참여, 재능기부 형태의 틈새 돌봄 활동을 실시</td></tr>
<tr><td>③ 주민 경제 조직형</td><td>돌봄활동을 하는 비영리 민간단체, 협동조합, 마을기업, 자활 기업, (예비)사회적 기업 등 지역주민이 주도하는 사회적 경제조직 등</td><td>• 방과후 돌봄 공부방을 만들고, 부모, 주민, 이웃 단체들이 함께 공간을 운영 · 관리하며, 회원 아동 외에 저소득층 아동 대상 돌봄 제공
• 주민들의 배움 공간으로도 활용하며 세대 통합 돌봄을 모색</td></tr>
</table>
</td>
</tr>
</table>

(2) 안전하고 촘촘한 돌봄 체계 구축

아이돌봄서비스 등 안전한 가정돌봄 지원을 확대하고 가정돌봄 인력의 전문성 확보로 서비스 질을 제고하며, 재난·재해 시 돌봄 공백 대응을 위한 긴급 돌봄 지원체계의 구축 및 안전기준 등을 강화하려고 노력하고 있다. 안전하고 촘촘한 돌봄 체계 구축에 대한 구체적인 추진계획은 표 4-11과 같다.

표 4-11 안전하고 촘촘한 돌봄 체계 구축에 대한 추진계획

구분	항목	내용
믿고 맡길 수 있는 안전한 가정돌봄 지원	아이돌봄 서비스 지원 확대	• 돌봄 대상 연령 및 가구 특성 등을 고려한 차등 정부지원 확대 추진(여성가족부) • 저소득 한부모가족, 장애 부모·아동 가구 등 돌봄 취약계층을 발굴하여 정부지원 확대 검토(여성가족부) • 소득수준, 이용자 특성을 고려한 아이돌봄서비스 유형 및 요금체계 개편 추진(여성가족부)
	아이돌봄 서비스 이용자 편의 제고를 위한 체계 구축	• 아이돌봄 모바일앱을 통해 이용자가 일시연계서비스(긴급돌봄요청)를 편리하게 이용할 수 있도록 아이돌보미 요청방식[8] 개선(여성가족부) • 야간·주말 등 긴급서비스가 필요한 이용자와 돌보미를 실시간 연계할 수 있는 긴급연계시스템 운영(여성가족부) • 아이돌봄 서비스를 희망하는 가정이 서비스 대기시간을 예측할 수 있도록 인공지능(AI) 기반 정보 제공 시스템 구축(여성가족부)
	가정 돌봄인력의 근무여건 개선 및 전문성 제고	• 출·퇴근 시간대 수요 집중, 돌보미의 단시간 돌봄 기피 등에 따른 수급미스매치 개선 방안 마련 • 아이돌보미의 안전사고 예방과 사고발생 시 산재처리 절차 등을 안내하는 '안전관리 매뉴얼' 제작·보급(여성가족부) • 선발에서 서비스 이용 종료 이후까지 인력 관리 체계화로 신뢰할 수 있는 아이돌보미 양성(여성가족부) • 공공·민간 돌봄인력의 전문성 향상을 위한 제도 마련(여성가족부)
	아이돌봄 서비스	• 아이돌봄 서비스의 효율적 제공을 위해 사업을 총괄·조정할 '중앙지원센터' 지정·운영(여성가족부)

7) 공동육아 나눔터: 자녀를 동반한 부모 등 보호자에게 제공하는 돌봄 공간으로 이웃 간 양육 정보와 육아 물품을 교류 및 자조 모임을 기반으로 한 돌봄 품앗이 활동 지원(2020년 331개소 운영)

<table>
<tr><th>구분</th><th>항목</th><th>내용</th></tr>
<tr><td></td><td>전달체계 효율화</td><td>• 시 · 도 단위에서 시 · 군 · 구 간 아이돌보미 수급 조정, 지역 간 서비스 이용칸막이 해소, 노무관리를 전담할 '광역지원센터' 지정 · 운영(지방자치단체)
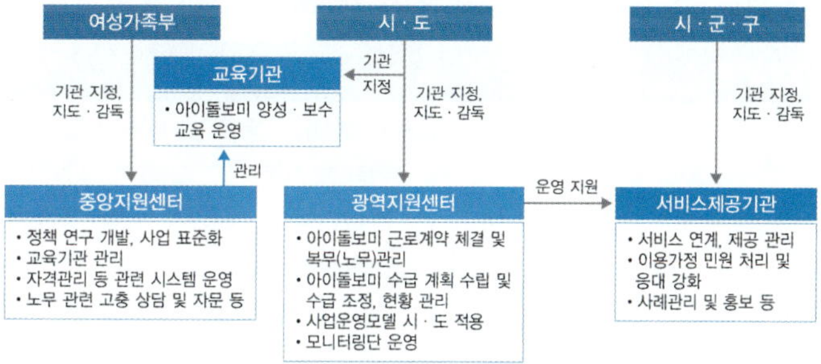
</td></tr>
<tr><td rowspan="2">재난 · 재해 시 돌봄공백 대응</td><td>지역 기반 긴급돌봄 지원 체계 구축 및 안전기준 강화</td><td>• 지역 기반 긴급 돌봄을 위한 대응 기구 설치(보건복지부, 교육부, 지방자치단체)
• 아이돌보미, 요양보호사 등 가정방문 돌봄인력의 안전 확보를 위한 교육 실시 및 관련 기준 마련 · 보급(여성가족부, 보건복지부, 지방자치단체)
• 아동 돌봄시설, 노인 돌봄시설 등에 대한 재난 위기 또는 감염병 발생 시 강화된 안전관리 기준 마련 · 적용(보건복지부, 지방자치단체)</td></tr>
<tr><td>긴급상황에서 자녀돌봄 공백 해소를 위한 긴급 돌봄 지원</td><td>• 감염병 등 상황발생 시 돌봄이 필요한 아동 대상으로 돌봄 공백이 발생하지 않도록 돌봄 서비스 지원(교육부, 여성가족부, 보건복지부, 지방자치단체)
• 노인, 장애인 돌봄시설 중단 시 가족 돌봄 지원을 위한 재가서비스 지원 확대(보건복지부, 지방자치단체)
• 돌봄시설 운영 중단에 따른 결식 우려 아동 · 노인에 긴급 급식 지원(지방자치단체)</td></tr>
</table>

(3) 가족 돌봄 지원의 양적 · 질적 강화

공적 돌봄서비스 확충 및 질 제고 등 가족 돌봄의 공공성을 강화하고, 돌봄노동자 처우 개선, 가족돌봄자 지원 등을 통해 돌봄에 대한 사회적 가치를 제고하려고 노력

8) (현재) 연결형(예, 전화) → (개선) 비연결형(예, 카카오 택시) 또는 대화 요청 기능 도입 등

하고 있다. 가족돌봄 지원의 양적 · 질적 강화에 대한 구체적인 추진계획은 표 4-12와 같다.

표 4-12 가족 돌봄 지원의 양적 · 질적 강화에 대한 추진계획

구분	항목	내용
가족 돌봄의 공공성 강화	어린이집 · 유치원 등 국공립 교육 · 보육 시설 확충 및 질 제고	• 지역 여건 등을 고려하여 국공립 어린이집 및 국공립 유치원 지속 확충(보건복지부, 교육부, 지방자치단체) • 돌봄인력 및 시간제 돌봄 확충을 통한 돌봄수요 충족(보건복지부, 지방자치단체) • 민간 돌봄 시설의 공공성 · 투명성 및 서비스 질 제고를 위한 방안 마련(보건복지부) • 자녀돌봄을 위한 비용 · 서비스 · 시간 지원에 대한 종합적 중장기 양육지원체계 발전 방안 논의(보건복지부)
	공적 노인돌봄 서비스 확대	• 노인돌봄시설(노인요양시설, 주야간 · 단기보호시설 등)에서 공공이 운영하는 비중이 지속적으로 확대되도록 국공립 전환 등 추진(보건복지부, 지방자치단체) • 지역사회 기반 노인돌봄 지원 확대(보건복지부, 지방자치단체) • 예방적 노인 의료서비스 확충 및 질 제고(보건복지부, 지방자치단체)
돌봄노동의 사회적 가치 제고	돌봄종사자 처우 개선 및 권익 보호	• 돌봄종사자 직무분석[9]을 통한 공정한 보상 및 경력관리체계 마련(보건복지부, 지방자치단체) • 돌봄일자리 등 여성 집중 업종에 대한 일자리 질 개선 등 관련 해외 정책 연구조사 및 모범사례 확산(여성가족부, 보건복지부, 고용노동부) • 돌봄종사자 인권 및 안전 보호체계 강화(보건복지부, 여성가족부, 지방자치단체)
	가족돌봄자에 대한 지원	• 노인 등을 돌보는 가족구성원에 대한 휴식 지원(보건복지부) • 가족돌봄자 연결망 및 심리 · 정서적 지원(여성가족부, 지방자치단체)

9) 타인의 건강과 안전에 대한 책임요소, 세밀한 검토능력, 고객에 대한 배려와 인내심 등 직무 판단 요소 재평가 등

4) 함께 일하고 돌보는 사회환경 조성

일과 생활의 균형을 중시하는 방향으로 사회적 인식 변화가 진행되고 있으며, 가족의 일 · 생활 균형을 위한 지원제도가 확충되어 왔으나 중소기업, 비정규직 등의 제도 활용에는 한계를 지니고 있다. 또한 장시간 근로, 가족 내 역할의 성불평등 지속 등 일하는 여성의 돌봄 부담 문제가 여전한 실정이다. 이를 해결하기 위해 함께 일하고 돌보는 사회환경 조성에 대한 정책 방향은 표 4-13과 같다.

표 4-13 함께 일하고 돌보는 사회환경 조성에 대한 정책 방향

구분	내용
장시간 근로, 가족 내 역할의 성불평등 지속 등 일하는 여성의 돌봄 부담 집중 문제 여전	• 육아휴직, 육아기 근로시간 단축 등 일하는 부모의 돌볼 권리를 위한 제도 정비 및 이용 활성화 • 기업의 가족친화경영 확산 및 제도 내실화 등으로 돌봄권을 보장하는 일터 조성
남녀가 평등하게 일하고 돌보는 문화 및 사회환경 조성	• 남녀 모두에게 일과 생활, 돌봄이 조화로운 직장 · 가족 문화 조성 및 남성돌봄자 롤모델 확산 등으로 성평등한 돌봄 정착 • 돌봄 친화적인 지역사회 환경 조성을 위한 가족친화 관련 제도의 정비 및 실효성 제고

(1) 남녀 모두의 일하면서 돌볼 수 있는 권리 보장

일하는 부 · 모의 돌볼 권리 보장을 위한 육아휴직, 근로시간 단축 등 제도의 이용을 활성화하고, 기업의 가족친화 경영 확산, 우수기업 발굴 · 확산 및 관련 제도 개선 등을 통해 돌봄권을 보장하는 일터를 조성하려고 노력하고 있다. 남녀 모두의 일하면서 돌볼 수 있는 권리 보장에 대한 구체적인 추진계획은 표 4-14와 같다.

표 4-14 남녀 모두의 일하면서 돌봄 수 있는 권리 보장에 대한 추진계획

구분	항목	내용
일하는 사람의 돌봄권 보장을 위한 제도 강화	일하는 부모의 육아휴직 권리 보장을 위한 제도 개편	• 육아휴직 적용 대상자 확대(고용노동부) • 만 0세 이하 자녀에 대해 부 · 모 모두의 육아휴직 사용 활성화(고용노동부) • 육아휴직 소득대체율 상향 조정(고용노동부) • 중소기업 내 육아휴직 실질적 사용 여건(고용노동부) • 지역 단위 기업, 새일센터 등과 연계한 육아휴직 직장복귀 프로그램 운영(여성가족부)
	육아기 근로시간 단축 등 제도 이용 활성화	• 육아휴직 및 육아기 근로시간 단축 제도 사용 문화 정착(고용노동부) • 가족돌봄휴가(휴직) 사용 확대를 위한 사회적 인식 제고 및 제도 개선(고용노동부)
돌봄권을 보장하는 일터 조성	가족친화기업 확산을 위한 지원 확대	• 가족친화 인증기업 확대 및 운영 내실화, 활용도 높은 인센티브 발굴(여성가족부, 지방자치단체) • 일 · 생활 균형을 적극 실천한 근무혁신 우수기업 및 남녀고용 평등 우수기업에 대해 혜택 지원(고용노동부) • 원격 · 재택근무 정착 지원(고용노동부, 중소벤처기업부)
	가족친화 인증 내실화를 위한 제도 개선	• 가족친화인증 후 기업의 실천에 대한 모니터링 확대(여성가족부) • 가족친화인증 평가항목 개선을 통한 공적 검증 기능 강화(여성가족부)
	일과 생활, 돌봄의 균형을 지향하는 직장문화 확산	• 성평등 및 일 생활 균형 문화 정착을 위한 실질적 기업 지원 강화(여성가족부) • 기업 특성을 고려한 가족친화 컨설팅 지원 확대(여성가족부) • 가족친화 직장문화 조성을 위한 홍보 및 교육 내실화(여성가족부) • 일 · 생활 · 돌봄 균형을 위한 일하는 방식과 문화 개선(고용노동부, 여성가족부)

(2) 성평등 돌봄 정착 및 돌봄 친화적 지역사회 조성

남성 돌봄자 역량강화 및 롤모델 확산 등으로 성평등 돌봄을 정착시키고, 지역사회 시설, 서비스 등의 돌봄친화적 개선을 추진하고, 가족친화 사회환경 조성 사업 평가를

통한 제도의 실효성의 제고를 위해 노력하고 있다. 성평등 돌봄 정착 및 돌봄 친화적 지역사회 조성에 대한 구체적인 추진계획은 표 4-15와 같다.

표 4-15 성평등 돌봄 정착 및 돌봄 친화적 지역사회 조성

구분	항목	내용
성평등 돌봄 정착을 위한 지원 및 홍보	남성 돌봄자 역량 강화 지원 및 롤모델 확산	• 남성돌봄자를 위한 돌봄정보 제공, 네트워크 등 역량강화 지원(여성가족부, 지방자치단체) • 남성돌봄자들의 자발적 활동 지원 및 돌보는 남성 롤모델 발굴·확산(여성가족부)
	성평등한 돌봄을 위한 조사 및 홍보	• 가족구성원의 돌봄·가사노동 성평등성을 측정할 수 있는 조사 항목 개발 및 조사 추진(여성가족부) • 명절 및 가정의 달 계기 상호돌봄 확산을 위한 캠페인 실시(여성가족부, 지방자치단체) • 가족 내 평등한 돌봄·가사활동 보편화를 위한 콘텐츠 홍보(여성가족부)
가족·돌봄 친화적인 지역사회 조성	가족친화적 사회환경 조성에 대한 기초자치단체 역할 제고	• 지방자치단체의 가족친화 지역사회 환경조성 노력 측정방안 마련(여성가족부, 지방자치단체) • 지방자치단체의 가족친화 지역사회 환경조성 성과 공유 및 확산 방안 검토(여성가족부, 행정안전부)
	지역사회 시설, 서비스 등의 돌봄친화적 개선 추진	• 지역사회 내 각종 시설·서비스의 돌봄 친화적 개선(여성가족부, 지방자치단체) • 지역주민이 혼자 또는 가족 단위로 이용할 수 있는(비상업적) 공간에 대한 접근성 제고(여성가족부, 지방자치단체)
가족친화 사회환경 조성을 위한 기반 정비	가족친화 사회환경 조성제도의 실효성 제고	• 가족친화 사회환경 조성사업[10]에 대한 전반적 평가를 통한 가족친화제도 개선 과제 발굴(여성가족부) • 가족친화제도 실효성을 높이기 위한 「가족친화법」 전면 개정 추진(여성가족부)
	지역 단위 가족친화 사업 추진 협력체계 구축(여성가족부, 지방자치단체)	• 가족친화제도 지역사회 협의체 운영 내실화(여성가족부, 지방자치단체) • 지역 맞춤형 가족친화지원사업 수행기관 확대(여성가족부, 지방자치단체) • 여성친화도시 지정을 통한 가족친화문화 확산(여성가족부, 지방자치단체)

2. 외국의 가족복지정책

외국의 가족복지정책을 스웨덴, 미국 및 독일로 구분하여 구체적으로 살펴보면 다음과 같다(김성철 외, 2020; 박귀영 외, 2023).

1) 스웨덴

서유럽 중 가족복지정책이 잘 되어 있는 스웨덴의 가족복지정책을 살펴보면, 개인들의 모든 가정에 질 좋은 삶의 환경을 제공하고자 남녀가 각각 육아와 일을 양립하는 것을 통해 일과 양육을 양립하는 정책을 시행함으로써 여성들의 경제활동을 촉진하고 출산율을 높이는 데 기여한다. 이를 위해 취약 가정에 대한 지원을 강화하고, 출산 및 육아로 인한 고용상의 성차별을 해소하며, 더불어 양성평등을 실현하고 있다. 한 국가가 가지고 있는 능력과 힘을 가장 잘 발휘할 수 있는 것은 힘을 합하는 것이어야 한다. 그런 의미에서 이러한 가족복지정책은 무엇보다도 더 중요하다. 그렇기 때문에 가족복지정책은 부의 재분배와 경제적 안정성, 국민의 평등권과 복지증진이라는 두 가지 측면에서 모든 가정이 최소한의 삶의 질 보장이라는 환경을 조성한다.

스웨덴의 가족복지정책은 세 가지 형태로 시행되고 있는데, 직장 생활과 육아의 병행을 지향하는 공보육 제도, 부모의 평등한 양육책임을 지향하는 출산 · 육아 휴직제도, 자녀양육 부담 경감을 위한 아동 수당제도 등을 시행하고 있다. 가족지원 정책은

10) 「가족친화 사회환경의 조성 촉진에 관한 법률」 제9조(가족친화 사회환경 조성사업): 가족친화 직장환경 조성사업, 가족친화 마을환경 조성사업, 가족친화문화 조성 및 확산 사업, 가족친화 사회환경 조성에 필요한 전문인력 양성에 관한 사업 등 포함

보편적 복지를 지향하면서 수당, 사회보험, 소득조사와 욕구 조사 수당 유형으로 구분하고 있다. 스웨덴의 가족 정의 측면에서도 결혼 여부, 자녀 유무와 관계없이 2명 이상이 함께 사는 것을 '가족'으로 규정함으로써 더불어 사는 삶을 지향하는 가족을 생각하고, 이렇게 가족을 구성함으로써 결혼에 대한 부담과 여성 권위와 취업을 적극적으로 장려하며, 공보육 정책을 발전시켜 나가고 있다.

2) 미국

미국은 여러 가지 사회정책을 통해 자녀가 있는 취약 가족을 대상으로 암묵적인 가족복지정책을 형성해 왔다. 시장의 역할을 중요시하는 대표적인 자유주의 복지국가로서 가족 관련 정책에 반영되어 있으며, 자녀양육, 돌봄 등 가족 문제에 대한 정부의 역할을 최소화하려는 정책 방향을 가지고 있다.

가족복지정책은 1935년 「사회보장법」의 제정으로 복지국가로서의 제도적 기틀을 마련하였으며, 요보호아동에 대한 구호책으로 'ADC(Aid to Dependent Children)'가 마련되었으며, 이는 공적 부조 프로그램 가운데 가장 핵심적이고 규모가 큰 것이었다. 1960년 이후 미국은 시민권 운동 등 사회운동의 영향으로 고용기회의 균등, 인종차별의 철폐, 빈곤의 해소 등을 추구하는 사회복지의 확대가 이루어졌으며, 근로소득을 얻는 경우에 소득의 일정 부분을 복지급여의 계산에서 제외하는 방식을 적용하고, 복지급여 수급과 근로 프로그램 참여를 연계하는 프로그램을 도입하였다. 1980년대는 레이건 정부를 통해 복지감축이 이루어졌으며, 소득보장과 관련하여 급여 수준을 낮추고 자격 기준을 강화함으로써 직접적으로 지출을 감소시키고, 프로그램을 주정부 관할로 이관시키면서 노동의 의무를 강화하는 프로그램, 즉 워크페어(workfare)를 도입함으로써 복지 수급을 억제하는 정책을 추구하였다. 1990년대에는 신자유주의의 물결 속에서 복지지출의 지속적인 증가에도 불구하고 높은 아동 빈곤율과 미혼모의 증가 등 복지의존자의 증가 현상이 나타나고, 그에 대한 비판이 제기되면서 복지개혁이 이루어졌다. 1996년 복지개혁의 방향에서 주요 특징 중의 하나는 노동에 대한 강조와 가족 책임의 강화로 지적되며, 이에 따라 양부모 가족 형태를 지지함과 동시에 여성의 노동시장 참여를 촉진함으로써 독립적 가족 책임을 강화하는 방향으로 정책이 이루어지고 있다.

3) 독일

독일은 전통적 · 보수적 성별 분업에 의한 가부장적 전통을 가진 남성부양자모델을 가진 국가이다. 따라서 남성은 노동시장에 참여하고, 여성은 가족 재생산의 역할을 감당해 왔다. 독일에서 가족정책은 기본법 제6조 1항에 따라 혼인과 가족제도의 보호 및 장려 의도에서 출발하였으며, 여성의 경제활동 지원을 위한 개입은 상대적으로 덜 발달되었다. 최근 독일의 가족정책은 여성을 가족돌봄을 책임지는 어머니로서 부차적인 역할이 아닌 독립된 근로자, 소득자로서 인식하며 출산과 자녀양육으로 경력단절이 되지 않도록 노력하고 있다.

독일은 2007년과 2015년 가족정책 개혁을 통해 일 · 가정양립의 문제를 개선해 나가고 있으며, 최근에는 자녀와 부모의 유대감을 강화하기 위한 정책으로 가족근로시간모델(Familienarbeitszeit)를 추진하고 있다. 이는 지속 가능한 사회를 위해 일 · 가정양립과 가정 내의 일에 공동으로 참여하는 것을 권장하기 위해 가족 전 세대의 욕구를 고려한 잠재력과 자원 활용을 지원하는 적극적이고 보편적인 방향의 정책이다. 가정경제가 안정되고 자녀양육과 노인부양 등이 수월해지기 위한 정책의 목적을 일 · 가정양립으로 추진하고 있다. 가족정책담당 정부기구로 연방가족 · 노인 · 여성 · 청소년부(Bundesministerium für Familie, Senioren, Frauen und Jugend: BMFSFJ)는 가족뿐만 아니라 노인과 여성 그리고 청소년을 대상으로 하는 전반적인 정책을 수립하고 총괄하며, 또한 이와 관련된 사회복지정책을 수립 · 집행 · 평가하는 업무를 담당하고 있다.

05

Chapter

가족복지정책 관련 법

배울 내용

1. 대한민국 헌법
2. 민법(가족법)
3. 건강가정기본법
4. 한부모가족지원법
5. 다문화가족지원법
6. 영유아보육법
7. 저출산 · 고령사회기본법

학습목표

1. 대한민국 헌법의 가족복지정책 관련 내용을 파악한다.
2. 민법(가족법)의 제정 목적 및 내용을 파악한다.
3. 건강가정기본법의 제정 목적 및 내용을 파악한다.
4. 한부모가족지원법의 제정 목적 및 내용을 파악한다.
5. 다문화가족지원법의 제정 목적 및 내용을 파악한다.
6. 영유아보육법의 제정 목적 및 내용을 파악한다.
7. 저출산 · 고령사회기본법의 제정 목적 및 내용을 파악한다.

1. 대한민국 헌법

「대한민국 헌법」은 국민 개개인의 일상생활을 규율하고 지원하는 최고의 법규범으로서 국민의 기본권, 통치구조, 경제체제 등 국민 생활에 필요한 근본적이고 기초적인 사항을 정리하고 보장하는 기본법이다. 가족 관련 규정으로는 제10조와 제11조에서 "모든 가족은 법률상 평등하며, 인간으로서의 존엄과 가치를 보장받으며, 인간다운 생활을 할 권리를 가진다"고 규정하여 모든 가족의 형태를 포괄해 국가의 보호와 보장을 받을 권리를 명시해 놓았다. 또한 제36조에서는 "개인의 존엄과 남녀의 평등을 기초로 유지되어야 하는 혼인과 가족생활은 국가의 보장을 받으며 모성과 보건도 국가의 보호를 받는다"라고 명시함으로써, 모든 가족생활의 양성평등과 여성을 위한 모성권의 보호에 관한 국가의 보호와 책임을 명시해 놓고 있다.

2. 민법(가족법)

우리가 흔히 말하는 가족법은 독자적인 법률번호를 가진 법률이 아니라 「민법」의 일부인 현행 민법전 제4편(친족)과 제5편(상속)을 주된 법원(法源)으로 하는 것을 의미한다. 「가족법」은 「민법」(1958. 2. 22. 공포, 1960. 1. 1. 시행)이 시행된 후 지금까지 여러 차례의 개정을 통해 발전하여 왔다.

1) 민법(가족법)의 제정 및 개정

제1차 1962년 12월 29일(법률 제1237호) 이후의 「민법」의 개정은 「가족법」 개정사라고도 평가할 수 있다. 「가족법」 개정은 두 가지 요인으로 볼 수 있는데, 첫째는 성문화 과정에서 전통적인 가족제도에 따른 개정요인으로서 1962년, 1977년, 1990년, 2005년의 개정이 이에 해당한다. 둘째는 헌법재판소의 위헌 내지 헌법불합치의 결정에 따른 개정 요인이다. 헌법재판소는 그동안 "호주제도, 친생부인의 제소기간, 부성추종주의, 상속회복청구권의 제척 기간, 동성동본불혼주의, 법정단순승인"에 관한 규정에 대하여 위헌 내지 헌법불합치결정을 선고하였다. 이에 따른 2002년과 2005년의 법률을 개정하여 이행하고 있다.

최근에도 친생추정의 개선에 대한 「민법」 제844조 제2항 후단에 대한 헌법불합치 결정(2015. 4. 30. 2013헌마623)을 내림으로써 「민법」 내지 「가족법」이 해결해야 할 과제를 제시하고 있다.

모든 국민은 인간의 존엄과 행복의 추구권 등 권리를 행사할 수 있으며, 이 외에도 법률에 따른 규정이 개정되었다. 그중 1997년의 「국적법」 개정과 2007년의 「가족관계의 등록 등에 관한 법률」의 제정은 실질적 변화를 가져다준 예에 속한다.

한편 최근에는 가정폭력에 대한 대처라는 관점에서 「민법(가족법)」의 개정이 이루어지고 있다. 또한 협의이혼절차를 개선하기 위한 2007년 12월 21일자의 개정, 양육비부담조서 작성에 관한 2009년 5월 8일자의 개정, 성년후견, 한정후견, 특정후견제를 도입하기 위한 2011년 3월 7일자의 「민법」 개정(법률 제10429호)은 2013년 7월 1일 시행, 또한 2011년 5월 19일자의 「민법」 개정(법률 제10645호), 미성년자입양과 친양자, 입양제도의 개선을 도모하기 위한 2012년 2월 10일자의 「민법」 개정(법률 제11300호), 친권자의 지정기준안(제912조의 2항), 친권의 후견인, 법정대리인(제931조 제2항, 제909조의 2항), 친권자 상실(제927조의2) 제도를 신설한 2014년 10월 15일 자의 「민법」 개정(법률

제12777호, 2015년 10월 16일 시행) 등이 그 예이다.

이러한 추세는 「민법」 외의 다른 관련 법률에서도 찾아볼 수 있으며, 「입양이나 아동복지법에 관한 특례법」 등을 그 예로 들 수 있다.

2) 민법(가족법)의 내용

「가족법」이란 가족관계, 다시 말해 혼인과 친족 등 가족의 생활관계를 규율하는 법률이라고 하거나 「민법」 중 남녀의 성적 결합과 부모 · 자식의 관계 등의 가족관계와 유언 및 상속의 관계를 규율하는 부분을 「가족법」이라고 정의하고 있다. 일반적으로 우리나라에서는 「민법」을 규율하는 재산 관계에 있어서 「재산법」(물권법, 채권법)과 「가족법」으로 구분할 수 있다. 그리고 「친족법」과 「상속법」을 합하여 「가족법」으로 호칭하고 있다. 「가족법」의 내용을 살펴보면 **표 5-1**과 같다.

표 5-1 「가족법」의 특징

- 1960년에 제정된 가족에 대한 우리나라 법제는 「민법」의 상속과 친족편 및 「호적과 가족관계등록에 관한 법률」 등을 근거로 하고 있다. 특히 「상속법」은 2002년에 제정된 과거의 사유재산을 무조건 경영하던 시점에서 벗어나 적극적으로 이를 인정하고 있다.
- 「가족법」은 형식 면에서 대륙법계 체제를 갖추고 있으며, 현행 「민법」 지도 원리로는 「재산법」을 대표할 수 있는 계약자유의 원칙과 대변할 수 있는 「가족법」의 양성의 평등 원칙을 들 수 있다. 그리고 「재산법」과 「가족법」을 공통으로 포섭할 수 있는 고차원의 원칙으로 사적자치의 원칙이 있다고 할 수 있다. 우리 「헌법」은 "혼인과 가족생활은 개인의 존엄과 양성의 평등을 기초로 성립되고 유지되어야 하며, 국가는 이를 보장한다"(헌법 제36조 제1항)라고 규정하고 있다.
- 우리나라 「가족법」은 전통적인 남성우월주의에 기초로 한 가부장제도에 입각하여 출발하였으나, 그 후 여러 차례의 개정 때문에 양성평등을 실현하는 방향으로 나아가고 있다.
- 우리나라 가족제도는 전통적인 대가족제도와 핵가족제도 원리가 혼재된 성격을 갖고 있다.

3. 건강가정기본법

1) 건강가정기본법의 제정 및 개정

1997년 말에 맞이한 외환위기는 IMF 구제금융을 요청하면서 개인의 삶에 위기를 가져오게 되었다. 왜냐하면 IMF 지원에 대한 조건으로 기업의 구조조정과 공기업의 민영화 등이 이루어졌으며, 결과적으로 노동자들의 해고와 비정규직의 증가로 이어졌기 때문이다. 이는 가족의 위기를 가져오게 되면서 심각한 사회문제로 대두되었다. 따라서 그동안 사적 영역으로 간주되었던 가족은 1997년 외환위기 이후로 더 이상 사적 영역만으로 볼 수 없게 되었다.

따라서 국가는 가족정책에 대해 검토하기 시작하였는데, 그 결과로 「건강가정기본법」이 제정되어, 가족정책으로서 큰 전환점을 가져오게 되었다. 「건강가정기본법」의 배경을 구체적으로 살펴보면 **표 5-2**와 같다.

표 5-2 「건강가정기본법」의 배경

- 이혼, 가족 동반 자살 등 가족해체 현상이 증가하면서 다양한 가족문제가 발생하였다. 「건강가정기본법」이 제정될 당시 우리나라 사회는 이혼율 세계 1위, 조이혼율 세계 2위로 이혼율이 OECD 30개국 중 2위였다. 또한 급격한 혼인율 감소, 만혼 증가, 독신 가정 증가 등 저출산 문제가 대두되었다. 그리고 가정 내에서 가정폭력, 학대, 가출, 유기 등 각종 범죄도 증가하였다.
- 가족 내 역할이 변화하여 전통적 가족의 기능을 하지 못하고 있었다. 전통적 가족은 어르신들에게 지혜를 전수받아 자신의 아이 양육에 힘을 쓸 수 있는 동시에 부모를 부양하는 기능을 가지고 있었다. 그러나 점차 여성의 취업률이 증가하면서 기존의 가족기능이었던 자녀양육과 노부모 부양 기능을 가족 내에서 해결하기가 어려워졌다. 이에 발맞춰 국가가 가정 내 돌봄 노동에 대하여 정책적 차원의 지원이 필요하게 되었다.
- 국가가 부담하는 복지비용이 증가하였다. 당시 국가 차원에서 진행되고 있던 복지는 가족문제가 발생할 시에 일시적으로 도움을 주는 사후 개입이었다. 그러나 저출산과 고령화 사회에 따른 사회적 비용

그리고 가족해체에 대응하기 위해 복지비용이 증가하는 반면 복지의 효과가 미흡한 것으로 나타났다. 따라서 국가 입장에서는 국가부담을 줄이기 위해 보다 효율적인 복지방안이 필요하였다.
- 복지정책의 가족범위이다. 당시 가족정책은 요보호 가족과 같은 특정한 대상으로 한정적으로 진행되었다. 따라서 사회적으로 가족문제가 이슈가 되면서 일반가정에 대한 가족정책이 요구되었다. 이에 행정적 제도적 기틀을 마련하기 위해 전담 부서, 전문 인력, 전달 체계와 같은 내용이 포함된 법과 정책이 정립될 필요성이 제기되었다.

이러한 배경을 바탕으로 가족의 위기를 국가적 차원에서 대응하기 위해 시민단체와 학계가 움직이기 시작하였고, 결과적으로 2004년 2월 9일 「건강가정기본법」이 제정되어 2005년 1월 1일부터 시행되어 오고 있다.

2) 건강가정기본법의 내용

「건강가정기본법」은 "건강한 가정생활의 영위와 가족의 유지 및 발전을 위한 국민의 권리 · 의무와 국가 및 지방자치단체 등의 책임을 명백히 하고, 가정 문제의 적절한 해결방안을 강구하며 가족구성원의 복지증진에 이바지할 수 있는 지원정책을 강화함으로써 건강가정 구현에 기여하는 것"을 목적으로 하고 있다. 이를 위해 「건강가정기본법」은 총칙, 건강가정정책, 건강가정사업, 건강가정전담조직, 보칙 및 부칙으로 구성되어 있는데, 구체적인 내용은 **표 5-3**과 같다.

표 5-3 「건강가정기본법」의 구체적인 내용

- 「건강가정기본법」의 총론에서는 목적 및 기본 이념, 국민의 권리 및 의무, 국가 및 지방자치단체의 책임, 가족가치, 혼인과 출산, 가족해체 예방, 지역사회 개발 활용, 정보제공, 가정의 날 등의 내용을 명시하고 있다.
- 「건강가정기본법」의 제2장에서는 건강가정정책에 대한 내용으로 건강가정기본계획의 수립, 교육 · 연

구의 진흥, 실태조사 등이 있다. 개인과 가족의 생활실태를 파악하고, 건강가정 구현 및 가정 문제 예방 등을 위하여 5년마다 가족실태 조사를 실시하도록 한 것은 가족정책 수립을 위한 기초 자료를 수집하기 위한 것으로 효율적이고 효과적인 정책의 추진에 크게 기여한 것이다.

- 「건강가정기본법」 제3장은 건강가정사업으로 가정에 대한 지원, 위기가족에 대한 긴급 지원, 자녀양육 지원, 가족단위 복지증진, 가족의 건강증진, 가족부양 지원, 가정생활문화 발전, 가정의례, 이혼예방 및 이혼가정 지원, 건강가정 교육 등에 대한 지원을 추진함으로써 가족단위의 정책을 강화하고 있다. 또한 민주적이고 양성평등한 가족관계를 증진하며, 가족단위의 시민적 역할을 강조하고 있다.
- 「건강가정기본법」에서는 건강가정을 위한 서비스 제공의 전달 체계로써 건강가정사업 전담 수행조직을 갖추어야 하고, 건강가정지원센터를 설치하도록 하고 있다.

4. 한부모가족지원법

1) 한부모가족지원법의 제정 및 개정

「한부모가족지원법」은 한부모가족이 안정적인 가족 기능을 유지하고 자립할 수 있도록 지원함으로써 한부모가족의 생활 안정과 복지 증진에 이바지함을 목적으로 하고 있으며, 1989년 4월 1일 법률 제4121호에 의해 「모자복지법」으로 제정되었다가 2002년 12월 18일 법률 제6801호로 「모 · 부자복지법」으로 개정되었고, 2007년 10월 17일 법률 제8655호에 따라 「한부모가족지원법」으로 명칭이 변경되었다. 2011년 4월 12일 법률 제10582호까지 모두 15차에 걸쳐 일부 개정이 이루어졌다.

2) 한부모가족지원법의 내용

「한부모가족지원법」은 제1장 총칙, 제2장 복지의 내용과 실시, 제3장 한부모가족복지시설, 제4장 비용, 제5장 보칙 등 전문 31조와 부칙으로 이루어져 있다. 「한부모가족지원법」에서 사용하는 '한부모가족'이란 모자가족 또는 부자가족을 말하며, '아동'이란 18세 미만(취학 중인 경우에는 22세 미만을 말함)의 자를 말한다(제4조). 이 법에 따른 보호대상자 아동의 연령을 초과하는 자녀가 있는 한부모가족의 경우 그 자녀를 제외한 나머지 가족구성원을 보호대상자로 한다(제5조). 보호대상자 또는 그 친족이나 그 밖의 이해관계인은 복지 급여를 관할 특별자치도지사 · 시장 · 군수 · 구청장에게 신청할 수 있으며(제11조), 국가나 지방자치단체는 생계비 · 아동교육지원비 · 아동양육비, 그 밖에 대통령령으로 정하는 비용 등의 복지급여를 실시해야 한다(제12조).

국가 또는 지방자치단체는 한부모가족의 모 또는 부와 아동의 직업능력을 개발하기 위해 능력 및 적성 등을 고려한 직업능력개발훈련을 실시해야 하며(제14조), 한부모가족의 모 또는 부와 아동의 취업 기회를 확대하기 위해 한부모가족 관련 시설 및 기관과 직업안정기관 간 효율적인 연계를 도모해야 한다(제14조의2). 또한 공공시설에 각종 매점 및 시설의 설치를 허가하는 경우 이를 한부모가족 또는 한부모가족복지단체에 우선적으로 허가할 수 있다(제15조).

그리고 국가나 지방자치단체는 한부모가족에게 아동의 양육 및 교육 서비스, 장애인 · 노인 · 만성질환자 등의 부양 서비스, 취사 · 청소 · 세탁 등 가사 서비스, 교육 · 상담 등 가족 관계 증진 서비스, 인지청구 및 자녀양육비 청구 등을 위한 법률상담 · 소송대리 등 법률구조 서비스 등을 제공하도록 노력해야 하며(제17조), 학교에서의 학적 유지를 위한 지원 및 교육비 지원 또는 검정고시 지원, 학력인정 평생교육시설에 대한 교육비 지원, 학습부진아 등에 대한 교육 지원 등을 할 수 있다(제17조의 2).

한부모가족복지시설을 설치 · 운영하는 자는 시 · 도지사 또는 시장 · 군수 · 구청장으로부터 한부모가족복지시설에 한부모가족을 입소보호하도록 위탁받으면 정당한 사유 없이 이를 거부하지 못하며(제21조), 거짓이나 그 밖의 부정한 방법으로 복지 급여를 받거나 타인으로 하여금 복지 급여를 받게 한 경우 복지 급여를 지급한 보호기관은 그 비용의 전부 또는 일부를 그 복지 급여를 받은 자 또는 복지 급여를 받게 한 자로부터 징수할 수 있다(제25조의2). 이 법에 따라 지급된 복지급여와 이를 받을 권리는 다른 사람에게 양도하거나 담보로 제공할 수 없으며, 다른 사람은 이를 압류할 수 없다(제27조).

5. 다문화가족지원법

1) 다문화가족지원법의 제정 및 개정

'다문화가족'이란 결혼이민자와 「국적법」의 규정에 따라 대한민국 국적을 취득한 자로 이루어진 가족을 말한다. 국가와 지방자치단체는 다문화가족구성원이 안정적인 가족생활을 영위할 수 있도록 필요한 제도와 여건을 조성하고 이를 위한 시책을 수립·시행해야 한다. 여성가족부장관은 다문화가족 지원을 위해 5년마다 다문화가족정책에 관한 기본계획을 수립해야 한다. 국가와 지방자치단체는 결혼이민자 등이 대한민국에서 생활하는 데 필요한 기본적 정보를 제공하고, 사회적응교육과 직업교육·훈련 및 언어소통 능력 향상을 위한 한국어교육 등을 받을 수 있도록 필요한 지원을 할 수 있다. 「다문화가족지원법」은 2008년 3월 21일 법률 제8937호로 제정된 이후 2011년 4월 4일 법률 제10534호까지 2차에 걸쳐 내용이 일부 개정되었다.

2) 다문화가족지원법의 내용

「다문화가족지원법」은 다문화가족구성원이 안정적인 가족생활을 영위하고 사회구성원으로서의 역할과 책임을 다할 수 있도록 함으로써 이들의 삶의 질 향상과 사회통합에 이바지함을 목적으로 하고 있으며, 이를 위해 국가와 지방자치단체의 책무(제3조), 생활정보 제공 및 교육 지원(제6조), 가정폭력 피해자에 대한 보호 · 지원(제8조), 다국어에 의한 서비스 제공(제11조) 등 전문 16조와 부칙으로 이루어져 있다.

다문화가족지원에서 사용하는 '다문화가족'이란 대한민국 국민과 혼인한 적이 있거나 혼인관계에 있는 재한 외국인과 「국적법」에 의해 대한민국 국적을 취득한 자로 이루어진 가족을 말한다(제2조). 국가와 지방자치단체는 다문화가족구성원이 안정적인 가족생활을 영위할 수 있도록 필요한 제도와 여건을 조성하고 이를 위한 시책을 수립 · 시행해야 한다(제3조). 여성가족부장관은 다문화가족 지원을 위해 5년마다 다문화가족정책에 관한 기본계획을 수립해야 하며(제3조의2), 다문화가족의 현황 및 실태를 파악하고 다문화가족 지원을 위한 정책수립에 활용하기 위해 3년마다 다문화가족에 대한 실태조사를 실시하고 그 결과를 공표해야 한다(제4조).

국가와 지방자치단체는 다문화가족에 대한 사회적 차별 및 편견을 예방하고 사회구성원이 문화적 다양성을 인정하고 존중할 수 있도록 다문화이해 교육과 홍보 등 필요한 조치를 해야 하며(제5조), 결혼이민자 등이 대한민국에서 생활하는 데 필요한 기본적 정보를 제공하고, 사회적응교육과 직업교육훈련 및 언어소통 능력 향상을 위한 한국어교육 등을 받을 수 있도록 필요한 지원을 할 수 있다(제6조). 또한 다문화가족 내 가정폭력을 예방하기 위해 노력하며, 가정폭력으로 피해를 입은 결혼이민자 등을 보호 · 지원할 수 있다(제8조).

국가와 지방자치단체는 아동 보육 · 교육을 실시함에 있어서 다문화가족구성원인 아동을 차별해서는 안 되며(제10조), 결혼이민자 등의 의사소통의 어려움을 해소하고 서비스 접근성을 제고하기 위해 다국어에 의한 서비스 제공이 이루어지도록 노력해야 한다(제11조). 국가와 지방자치단체는 다문화가족 지원 사업을 수행하는 단체나 개인에 대해 필요한 비용의 전부 또는 일부를 보조하거나 그 업무수행에 필요한 행정적 지원을 할 수 있다(제16조).

6. 영유아보육법

1) 영유아보육법의 제정 및 개정

「영유아보육법」에서 '영유아'란 6세 미만의 취학 전 아동을 말하며, '보육'이란 영유아를 건강하고 안전하게 보호·양육하고 영유아의 발달 특성에 맞는 교육을 제공하는 보육시설 및 가정양육 지원에 관한 사회복지서비스를 말한다(제2조). 보육은 영유아의 이익을 최우선적으로 고려하여 제공되어야 하며(제3조), 모든 국민은 영유아를 건전하게 보육할 책임을 가진다(제4조). 「영유아보육법」은 1991년 1월 14일 법률 제4328호로 제정되었으며, 그동안 58회에 걸쳐 개정되어 2022년 6월 10일 법률 제18899호로 시행되고 있다.

2) 영유아보육법의 내용

「영유아보육법」은 영유아(嬰幼兒)의 심신을 보호하고 건전하게 교육하여 건강한 사회구성원으로 육성함과 아울러 보호자의 경제적 · 사회적 활동이 원활하게 이루어지도록 함으로써 영유아 및 가정의 복지 증진에 이바지함을 목적으로 하고 있으며, 이를 위해 제1장 총칙, 제2장 보육시설의 설치, 제3장 보육시설 종사자, 제4장 보육시설의 운영, 제5장 건강 · 영양 및 안전, 제6장 비용, 제7장 지도 및 감독, 제8장 보칙, 제9장 벌칙 등 전문 56조와 부칙으로 이루어져 있다.

보육시설을 설치 · 운영하려는 자는 보건복지부령으로 정하는 설치기준을 갖추어야 하는데(제15조), 미성년자 · 금치산자 또는 한정치산자, 정신질환자, 마약 · 대마 또는 향정신성 의약품 중독자, 파산선고를 받고 복권되지 않은 자, 금고 이상의 실형을 선고받고 그 집행이 종료되거나 집행이 면제된 날부터 3년이 경과되지 않은 자, 금고 이상의 형의 집행유예를 선고받고 그 유예기간 중에 있는 자 등은 보육시설을 설치 · 운영할 수 없다(제16조).

보육시설의 장은 보육시설을 총괄하고 보육교사와 그 밖의 종사자를 지도 · 감독하며 영유아를 보육하며(제18조), 시장 · 군수 · 구청장은 보육시설 종사자의 권익 보장과 근로여건 개선을 위해 보육시설 종사자의 임면과 경력 등에 관한 사항을 관리해야 한다(제19조). 보육시설의 장 또는 보육교사는 다른 사람에게 자기의 성명이나 보육시설의 명칭을 사용해 보육시설의 장 또는 보육교사의 업무를 수행하게 하거나 자격증을 대여해서는 안된다(제22조의 2).

국가나 지방자치단체는 「국민기초생활보장법」에 따른 수급자와 보건복지부령으로 정하는 일정 소득 이하 가구의 자녀 등의 보육에 필요한 비용의 전부 또는 일부를 부담해야 하며(제34조), 보육시설이나 「유아교육법」 제2조에 따른 유치원을 이용하지 않은 영유아에 대하여 영유아의 연령과 보호자의 경제적 수준을 고려하여 양육에 필요한 비용을 지원할 수 있다(제34조의 2). 초등학교 취학 직전 1년의 유아와 장애아에 대한 보육은 무상으로 하되, 대통령령으로 정하는 바에 따라 순차적으로 실시한다(제35조).

7. 저출산·고령사회기본법

1) 저출산·고령사회기본법의 제정 및 개정

우리나라는 2000년대에 들어서면서 저출산과 고령화 문제에 국가적으로 대응하기 위하여 2005년에 「저출산 · 고령사회기본법」을 제정하였고 6번의 개정을 통해 2021년 12월 14일 법률 제18580호로 시행하고 있다. 「기본법」은 저출산 · 고령사회정책의 기본방향을 제시하며, 저출산 · 고령사회기본계획 수립의 근거가 된다. 또한 저출산 · 고령사회기본계획에 포함될 내용과 방향까지 규정하고 있다.

2) 저출산·고령사회기본법의 내용

「저출산 · 고령사회기본법」은 출산율을 안정화시키고, 고령화시대를 맞이하여 고령인구 세대의 생활 안정 및 생산활동에 기여하기 위한 제도적 장치를 마련한 것으로, 이 「기본법」은 저출산 및 인구의 고령화에 따른 변화에 대응하는 저출산 · 고령사회정책의 기본방향과 그 수립 및 추진체계에 관한 사항을 규정함으로써 국가의 경쟁력을 높이고 국민의 삶의 질 향상과 국가의 지속적인 발전에 이바지함을 목적으로 하며(제1조), 국가의 지속적인 발전을 위한 인구 구성의 균형과 질적 향상을 실현하고, 국민이 건강하고 안정된 노후생활을 할 수 있도록 하는 것을 기본 이념으로 한다(제2조).

「기본법」에서 밝히고 있는 국가 및 지방자치단체의 책무는 저출산 · 고령사회정책을 수립하고 시행하는 것이다. 구체적으로 국가는 종합적인 저출산 · 고령사회정책을 수립 · 시행하고, 지방자치단체는 국가의 저출산 · 고령사회정책에 맞추어 지역의 사회 ·

경제적 실정에 부합하는 저출산·고령사회정책을 수립·시행하여야 한다(제4조 제1항). 또한 국가와 지방자치단체는 다른 법률의 규정에 의하여 중·장기계획 및 연도별 시행계획 등 주요정책을 수립하는 경우에도 저출산·고령사회기본계획을 고려하여야 한다(제4조 제2항)고 규정함으로써 「기본법」의 중요성을 확인시켜 주고 있다.

또한 「기본법」에서 국민은 출산 및 육아의 사회적 중요성과 인구의 고령화에 따른 변화를 인식하고 국가 및 지방자치단체가 시행하는 저출산·고령사회정책에 적극 참여하고 협력하여야 하며(제5조 제1항), 국민은 가정 및 지역사회의 일원으로 상호연대를 강화하고 각자의 노후생활을 건강하고 충실하게 영위할 수 있도록 노력하여야 한다(제5조 제2항)고 규정함으로써 국가와 지방자치단체의 책무뿐만 아니라 국민의 책무도 규정하고 있다. 이는 저출산·고령화의 문제해결을 위해서 국민들의 인식과 적극적 참여, 국민들의 상호연대의 중요성을 강조하고 있다.

저출산·고령사회정책의 기본방향은 저출산대책과 고령사회정책으로 구성되어 있다. 저출산대책은 인구정책(제7조), 인구교육(제7조의2), 자녀의 출산과 보육(제8조), 모자보건의 증진(제9조), 경제적 부담의 경감(제10조)으로 구성되어 있다. 고령사회정책은 노년기에 초점이 맞추어져 있으며, 고용과 소득보장(제11조), 건강증진과 의료제공(제12조), 생활환경과 안전보장(제13조), 여가·문화 및 사회활동의 장려(제14조), 평생교육과 정보화(제15조), 노후설계(제15조의2), 취약계층노인(제16조), 가족관계와 세대 간 이해증진(제17조), 경제와 산업(제18조), 고령친화적 산업의 육성(제19조)으로 구성되어 있다.

저출산과 고령화문제는 동전의 양면과 같이 분리되어 논의될 수 없는 것이지만 「저출산·고령사회기본법」의 내용을 보면 저출산문제에 대한 본질적인 대응책이 모자보건, 출산, 육아 중심으로 접근하고 있을 뿐이다. 그에 반해 고령사회정책은 저출산대책에 비해서는 다양하게 구성되어 있다는 한계점이 있다.

PART 3

가족복지실천

Chapter 06 가족복지실천과정

Chapter 07 가족치료

06
Chapter

가족복지실천과정

배울 내용

1. 초기면접 및 접수
2. 가족의 대상 및 방법
3. 개입
4. 종결

학습목표

1. 가족대상 사회복지실천과정의 전반적인 과정을 숙지한다.
2. 초기면접 및 접수에서 이루어지는 활동들을 설명할 수 있다.
3. 가족의 사정에 대해 이해하고 구체적인 방법들을 숙지한다.
4. 개입의 계획, 기술, 방법 및 유형을 설명할 수 있다.
5. 종결의 계획 및 단계를 설명할 수 있다.

가족대상 사회복지실천 활동은 가족 전체, 즉 가족구성원 모두의 욕구에 대응하여 그들의 삶의 기능적 향상을 위한 것이다. 인간은 단독으로 기능하는 존재가 아니라는 점에서 가족에 대한 다양성 및 가족의 변화에 대해 사회복지사로서의 관점을 정립할 수 있어야 한다. 또한 가족을 대상으로 이루어지는 실천 활동은 해당 가족의 특수성, 즉 개별성에 대해 주목하여야 한다. 따라서 가족의 역사와 구성, 가치관 및 문화가 다르고 이들의 복잡한 관계성에 대해 이해하려는 노력은 가족대상 실천 활동의 질적인 측면에 도움이 될 수 있다. 가족복지실천에 대한 전반적인 이해를 돕기 위한 과정을 구체적으로 살펴보면 표 6-1과 같다.

표 6-1 전반적인 가족대상 사회복지실천과정

구분	항목	내용
초기 단계: 1~3회기	상담관계 형성	상담자와 내담자가 안정되고 신뢰할 수 있는 관계를 형성하는 것이 중요하다. 낯선 공간에서 처음 만난 상담자에게 자신의 이야기를 꺼내는 것은 불안하고 불편할 수 있다. 따라서 여러 번의 만남을 거치며 서로에게 상호작용하면서 보다 편안하고 자연스러운 상담관계로 발전시켜 나가야 한다.
	내담자 이해와 평가	내담자의 개인적인 특성과 현재 겪고 있는 심리적인 어려움을 파악한다. 특히 심리검사 결과를 통해 자신의 성격 특성을 객관적으로 이해하고, 상담의 방향을 설정하는 데 활용할 수 있다. 예를 들어, MMPI-2 다면적 인성검사, TCI 기질 및 성격검사, SCT 문장완성검사 등을 사용하여 내담자에 대한 이해와 평가를 하게 된다.
	상담 구조화	상담 과정, 상담자와 내담자의 역할에 대해 설명하고, 상담 회기를 의논하여 결정하게 된다. 상담자는 상담 과정에서 알게 된 내담자의 사생활과 비밀을 유지해야 하는 의무가 있다. 다만 자신과 타인의 생명과 안전을 위협하는 경우에는 비밀보장에 한계가 있다.
	상담 목표 설정	상담자와 내담자가 합의하여 상담에서 나아가야 할 방향을 분명하게 설정해야 한다. 제한된 회기 내에서 내담자가 가진 모든 문제들을 다루는 것은 불가능하다. 따라서 내담자가 호소하는 문제들의 우선순위를 탐색하여 가장 중요하고 시급하게 해결하길 바라는 문제를 중심으로 다룬다.

구분	항목	내용
개입 단계: 4~7회기	자기 탐색과 통찰	상담자와 신뢰 있는 관계 속에서 자신에 대해 심층적으로 탐색해 간다. 자신의 사고, 감정, 행동, 생활 양식들을 알아가고, 심리적인 문제와 문제가 생기게 된 배경들을 깨닫게 된다. 가족관계, 성장과정, 대인관계, 위기 사건 경험들이 현재의 심리적 어려움과 어떻게 연결되어 있는지를 자각하게 된다.
	정서적 접근	삶에서 다양한 감정들을 느끼는 것은 자연스러운 일이다. 자신의 감정이 무엇인지 잘 모르거나, 주로 부정적인 감정만을 느끼거나, 부정적인 감정들을 무작정 참는 경우에는 감정 조절이 어렵다. 진짜 감정을 잘 알아차리고, 자신의 기대와 좌절된 욕구를 탐색하며, 감정을 조절할 수 있다.
	인지적 접근	부정적인 생각이 꼬리에 꼬리를 물게 되어 걱정에서 벗어나기가 힘들 때도 있다. 자기만의 생각으로 세상을 바라보거나, 지나치게 비관적이고 자책하는 생각을 하면 심리적인 어려움을 경험하게 된다. 마음 속의 생각의 틀을 점검해 보고, 보다 긍정적이고 유연한 생각으로 수정할 수 있다.
	행동적 접근	가족이나 대인관계에서 만족스러운 상호작용을 위해 필요한 기술들을 숙달시켜 나간다. 효과적으로 의사소통하고, 갈등을 원만하게 해결하는 방법을 배우고 연습해 본다. 또한 너무 밀착되거나 단절되지 않은 건강한 관계를 유지하고, 친밀감을 형성하고 유지하는 방법을 함께 찾아본다.
종결 단계: 8~10회기	이별 감정 다루기	상담을 종결하는 것은 상담자와 내담자가 헤어짐을 경험하는 것이 아니지만 힘들고 어려울 수 있다. 특히 이별로 인한 불안감을 다루어 가면서, 종결의 시기를 결정하고 준비하게 된다.
	상담의 성과 평가	상담 과정을 통해서 변화하고 성장한 점을 구체적으로 탐색해 본다. 내담자가 스스로 노력해 온 과정들을 살펴보는 과정에서 자신의 잠재력을 발견하고, 자존감을 회복할 수 있다.
	문제해결력 다지기	상담을 그만둔 이후에도 상담의 효과가 유지되기 위해 필요한 노력을 살펴본다. 앞으로의 삶에서 어려움에 부딪혔을 때 상담에서 배운 방법들을 효과적으로 적용할 수 있도록 돕는다.

표 6-1에서 보는 것과 같이 가족대상 사회복지실천과정은 크게 초기 단계, 개입 단계 및 종결 단계로 구분할 수 있다. 구체적으로 초기 단계에는 내담자가 어떤 사람인지 이해하고, 어려움을 겪고 있는 문제가 무엇인지 파악하며, 상담에서 다루고자 하는 목

표와 방향을 함께 찾아가게 된다. 따라서 초기 단계에서 중요한 것은 상담관계 형성, 내담자의 이해와 평가, 상담 구조화 및 상담 목표를 설정하는 것이다. 개입 단계는 상담자와 내담자가 상담 목표를 향해 함께 노력하는 핵심적인 단계이다. 즉, 자신에 대한 탐색과 통찰이 이루어지며, 내담자의 호소문제에 가장 적합한 개입방법을 선택하여 적용하게 된다. 따라서 중기 단계에서는 자기 탐색과 통찰, 정서적 접근, 인지적 접근 및 행동적 접근 등을 통해 상담이 진행된다. 종결 단계에서는 상담의 결과를 평가하고, 종결 이후에도 건강하게 적응해 나갈 수 있도록 돕는 단계이다. 따라서 종결 단계에서는 이별 감정 다루기, 상담의 성과 평가 및 문제 해결력 다지기 등의 활동이 이루어진다.

1. 초기면접 및 접수

가족복지실천과정에서 첫 관문으로 초기면접 및 접수단계는 사회복지사와 가족이 처음으로 관계를 형성하는 단계로 서비스에 대한 접수와 계약이 이루어지는 단계이다. 이 단계에서 무엇보다 중요한 것은 가족에 대한 정보수집이다. 대부분의 가족은 이 초기 단계에 자발적이기보다 누군가에 의해 또는 기관의 의뢰 등으로 연결된다. 따라서 이 단계에서 사회복지사는 가족구성원들과 관계를 맺는 일에 관심을 기울이는 것이 무엇보다 중요하다. 이는 진행되는 앞으로의 과정에 초기의 잘 맺은 관계형성이 도움이 되기 때문이다. 가족의 문제에 대한 본격적인 사정 및 개입계획 수립과 개입에 있어 원만한 진행은 관계형성으로부터 시작된다고 할 수 있다.

또한 가족의 문제에 대해 초점화하고 명확화하는 노력이 요구된다. 가족이 전문가를 찾아올 때 주로 자발적이고 적극적인 자세로 오는 경우가 드물기 때문에 이들의 문제에 대해 무엇을 해결하여야 할 문제인지를 정확하게 탐색하는 것은 아주 중요한 과업이다. 이 단계에서 사회복지사의 주된 과업은 문제의 명확화와 관계형성 그리고 계약으로 제시할 수 있는데, 이를 구체적으로 살펴보면 표 6-2와 같다(김성철 외, 2020).

표 6-2 초기면접 및 접수에서의 필요한 활동

구분	내용
문제의 명확화	가족은 문제상황에서 전문가를 만나게 되고 이때 사회복지사는 가족들이 겪은 과거의 일들 속에서 문제상황이 전개되어 왔고, 복잡한 상황으로 인해 가족 당사자 자신들의 문제에 대해 정확하게 인지하고 있지 못하거나 그들에게 있어 가장 우선시되는 문제가 무엇인지에 대해서도 혼란스러운 경우가 있다. 이러한 상황에서 사회복지사의 과업은 우선적으로 무엇이 문제인지를 정확하게 파악해야 하는 일과 그 문제들에 대한 개입의 우선순위를 결정하는 것이다.
관계형성	초기면접 및 접수과정에서 중요한 또 한 가지는 사회복지사가 가족구성원 모두를 대상으로 복합적이고 만성적인 문제에 대해 확인하고 평가할 수 있어야 한다는 점이다. 이때 사회복지사는 첫 면담에 참여하지 못한 가족구성원들을 고려하고 꼭 차후 면담을 잡아 가능한 모든 가족구성원의 입장과 관점에서 문제를 바라볼 수 있어야 한다. 이것은 전문가로서 사회복지사가 문제와 욕구를 파악함에 있어 균형을 유지하고 가족구성원들에게 신뢰를 얻는 중요한 부분으로 생각할 수 있다. 무엇보다 가족구성원 전체에 대한 만남에 대해서는 사전에 구성원들에게 알려 공유하고 이렇게 하는 것이 가족의 문제에 효과적으로 대응할 수 있는 방안이라는 것을 제시하는 것이 필요하다.
계약	계약은 가족의 욕구가 확인되었다는 전제로 기관에서 제공 가능한 서비스나 프로그램이 가족의 문제해결에 도움이 될 것이라는 전문가적 판단과 가족의 동의로 체결하게 된다. 이와 같은 계약은 이후 어떤 방식으로 얼마간의 시간 동안 가족의 문제나 욕구에 개입하게 될지에 대한 내용에 합의를 하는 것으로 이해할 수 있다.

초기면접 단계에서는 무엇보다 가족구성원들의 욕구나 문제를 일차적으로 사정하여 문제의 성격과 가족개입의 필요성 그리고 담당 사회복지사를 결정하여야 한다. 가족개입이 필요하게 될 경우, 가족개입이 필요한 이유를 설명하고 가족사회복지실천과 가족치료의 구조와 과정을 간략하게 설명해 줄 필요가 있다.

가족구성원들은 문제를 보여 주는 특정 구성원만 개입의 대상이 되어야 한다고 생각하기 때문에 전체 가족들을 대상으로 하는 가족사회복지실천이나 가족상담의 필요성을 설명하고, 이해시킬 필요가 있다. 또한 이들은 가족상담이 어떻게 진행되는지를 모르기 때문에 이에 대한 교육을 할 필요가 있다.

초기면접 및 접수 단계에서 간단한 가계도와 생태도의 작성을 통한 사정이 포함된 접수면접(Intake) 양식의 마련이 필요하다. 이 단계에서는 가족이 개입을 원하는 욕구, 가족원들 중에서 이러한 욕구를 갖고 있는 가족구성원들에 대한 파악, 다양한 가족구성원들의 문제 규정, 학교와 이웃 등의 다른 체계들이 보는 서비스 대상 가족의 문제 규정, 사회복지사의 첫인상 등이 파악될 필요가 있다. 또한 이 단계에서 가족과 계약을 맺을 경우에 특별히 고려되어야 할 점들은, 첫째, 문제를 정의할 때에는 가족원 모두가 그 문제에 대해 어떻게 지각하고 있는지, 둘째 목표를 설정하고 개입과정을 명확히 하고 있는지, 셋째 가족원 모두와 계약을 맺어야 하는지 등이다.

따라서 초기면접 및 접수 동안에 상담자는 적극적 경청기술을 사용하고 감정과 비언어적 행동에 주의하여 내담자가 최대한 편안하게 느낄 수 있도록 하는 책임이 있으며, 조심스럽게 내담자의 문제를 탐색해야 한다. 초기면접에서 내려지는 진단은 항상 잠정적인 것이기 때문에 신뢰관계가 확립된 후 내담자의 탐색이 시작되면 초기면접 및 접수에서 파악된 내용을 재조사해야 할 필요성이 있다. 초기면접 및 접수에서 파악해야 하는 주요 정보는 표 6-3과 같다. 그리고 상담자와 내담자의 첫 만남이 기반된 정보를 통해 상담자는 내담자의 상담목표를 설정하며 이를 조력하는 데에 힘써야 한다.

표 6-3 초기면접 및 접수에서 파악해야 하는 정보들

구분	내용
내담자의 기본정보	성별, 생년월일, 주소, 연락처, 종교, 신체, 정신적 질병에 관한 정보, 투약하는 약이나 영양제, 신체적 결함, 치료경험, 신청 경로 등을 파악한다.
외모 및 행동	내담자의 옷차림, 두발상태, 표정, 말할 때의 특징, 시선의 적절성, 대화할 때의 태도, 행동, 예절 등에 관한 관찰 등을 파악한다.
호소문제	내담자가 상담을 받으려는 이유, 목적이나 배경에 대해 알아본다. 즉, 문제가 발생한 시기, 상황적 혹은 생물학적 배경, 문제의 경로, 현재의 상태와 심각성들이 해당된다. 또한 문제와 관련된 대인관계, 사회적인 직업상 혹은 학업상의 고충이나 변화에 대해서도 파악한다. 상담자는 이때 내담자를 도와 문제를 요령 있게 제시할 수 있어야 한다. 즉, 복합적인 문제들은 구분하여 제시하도록 도와주는 것이 필요하다. 이를 위해서는 내담자의 말과 용어를 그대로 기록하는 것이 도움이 되며 그렇게 해야만 내담자의 심정, 상황적인 사정, 도움을 요청하는 사정 등이 현실에 가깝게 기술될 수 있으며, 내담자의 상황이 반영될 수 있기 때문이다.
현재 및 최근의 주요 기능상태	내담자의 환경적, 심리적, 생화학적 변화가 급격히 발생했을지도 모르며, 그런 변화가 내담자의 문제와 직결되었을 가능성도 높다. 따라서 '현재 기능이 어떠한가?'와 '지난 1년간 어떠했는가?'의 두 가지로 파악하는 경우가 많다.
스트레스 원인	내담자에게 스트레스를 주는 원인의 기록은 내담자의 말과 표현방식에 의거해서 기록하는 것이 좋다. 왜냐하면 그 사람이 환경과 사건을 지각하는 스타일을 알아볼 수 있기 때문이다. 스트레스의 요인으로는 대인관계의 불화, 의사결정, 공부, 성적, 시험이나 논문, 재정적 어려움, 신체질병이나 가족원의 문제, 외로움, 권태, 잦은 사회적 모임, 소음이 심한 주거나 근무환경, 날씨 등 다양하다.
사회적 지원체계	'어려운 일이나 억울한 일 등 문제가 생겼을 때 만나서 상의하거나 하소연해 줄 내 편이 되어 줄 사람이 주위에 있을까?' 하고 생각할 수 있다. 이에 지원체제는 친구, 가족, 스승, 선후배, 이웃, 친척 등 다양하다. 사회적 지원이 없거나 빈약한 사람은 상담자에게 더 의지하거나, 그 반대이거나, 위기를 극복할 능력이 떨어지거나, 대인관계기술이 부족할 가능성이 높기 때문에 상담자가 각별히 신경을 써야 할 대상이다.
호소문제와 관련된 개인사 및 가족관계	내담자에게 '전에도 이와 비슷한 문제로 고민해 보셨나요?', '전에는 같은 문제가 생겼을 때 어떻게 대처했나요?'와 같은 질문들로 알아보면 된다. 가족관계는 단순히 정보수집보다는 호소문제와 관련하여 정보를 수집하는 것이 바람직하다.

2. 가족의 사정 및 방법

가족대상 초기면접 및 접수가 이루어지고 나면 다음의 활동으로는 가족에 대한 사정을 실시하게 된다. 가족대상 실천의 사정과 가족 사정의 방법에 대해 구체적으로 살펴보면 다음과 같다.

1) 가족대상 실천의 사정

사정은 접수 단계의 다음 과정으로 가족에 대한 기본적인 정보수집이 이루어졌다면 이것을 토대로 적극적이고 정확한 사정을 통해 개입의 목표가 세워질 수 있다. 이 시기에는 초기의 접수단계에서 형성된 신뢰로운 관계 속에서 이루어져야 하고, 가족의 상세한 정보가 확인되어야 하는 단계라고 할 수 있다. 가족복지실천의 성패는 바로 사정의 정확성에 기초한 개입의 목표와 개입계획이 수립된다는 점에서 그 중요성을 강조할 수 있다. 가족 사정이란 가족을 진단하고 평가하여 측정하는 일련의 행위로 가족을 하나의 단위로 보고 가족 내부 및 외부 체계 그리고 이들 간의 상호작용을 파악하기 위해 자료를 수집하고 분석하고 종합하여 그 가족에 대한 개입을 계획하는 과정을 의미한다. 따라서 가족 사정에서는 가족문제, 가족의 구조와 관계 유형, 가족과 외부 체계와의 상호작용, 가족의 강점, 문제해결을 위한 자원, 내담자 가족의 문제해결에 대한 동기 등을 평가하게 된다.

2) 가족 사정의 방법

가족 사정의 방법에는 가족생활주기에 의한 가족 사정과 양적인 방법 및 질적인 방법으로 구분할 수 있다. 가족 사정은 가족 구조에서 나타난 현상을 기초로 하며, 가족 사정의 표준화된 척도와 체크리스트 활용을 필요로 한다. 또한 가족 개개인의 의견을 중요시해야 하는데, 가족 사정은 고도의 지식과 기술이 필요하기 때문이다. 그리고 가족의 사정에서는 이론적 입장과 다양한 모델에 대한 배경 지식이 있어야 하며, 다양한 사정 도구를 선택 사용할 필요가 있다.

(1) 가족생활주기에 의한 가족 사정

가족생활주기란 시간이 경과함에 따라 가족 내의 발달적인 경향을 묘사하기 위해 일반적으로 사용되는 용어이다. 이는 정상적인 가족이 수행하지 않으면 안되는 기능이 무엇인가에 대한 기초선을 제공해 주는 역할을 한다. 가족생활주기에는 인간의 생애주기처럼 탄생과 죽음이 존재한다. 생활주기에 따른 한국의 가족 문제의 구체적인 내용은 표 6-4와 같다.

표 6-4 생활주기에 따른 한국의 가족 문제

생활주기	특징적 가족 문제	공통된 가족 문제
결혼전기	• 부부간 지나친 밀착, 경직 • 아버지와 자녀 간 불화 • 어머니의 지나친 자녀 간섭	• 가족 간 갈등 • 대화단절 • 부부갈등, 불화, 폭력 • 이혼 • 경제적 문제
결혼적응기	• 인척과의 갈등 • 불안정한 생활패턴 • 불성실한 가정생활	
자녀아동기	• 가족유대감 약화 • 부정적인 양육태도 • 부모-자녀 간 삼각관계 • 자녀의 컴퓨터 게임	

생활주기	특징적 가족 문제	공통된 가족 문제
자녀청소년기	• 아버지의 외도, 음주, 폭력 • 자녀에 대한 아버지의 무관심 • 자녀에 대한 어머니의 간섭 • 부모–자녀 간 삼각관계	
자녀독립기	• 친척, 원가족 갈등 • 성인 자녀에 대한 간섭 • 남편의 무관심, 부인의 의존성	
노년기	• 가족 내에서의 소외감 • 결혼한 자녀와의 밀착 • 남편의 불성실, 음주, 외도	

(2) 양적인 방법

양적인 방법은 평가도구에 의한 사정 방법이라고 하며, 표준화된 척도나 검사지 및 질문지 등이 대표적이다. 즉, 검사지(checklist)와 질문지(inventory)를 사용하는 것으로, 가족의 객관적 정보와 주관적 정보를 파악하고, 사정의 여러 단계에서 선택적으로 사용 가능하며, 가족 접촉 전과 후에 모두 사용이 가능하다.

① 올슨(Olsen)의 써컴플렉스 모델

이 모델은 가족 행동의 두 가지 측면인 응집력과 적응력 차원에서 가족을 평가하며, 기능적 가족과 역기능적 가족을 평가할 때 주로 사용된다. 적응력과 응집력은 각각 4개의 수준으로 구성되어 있으므로 모두 16개의 가족으로 구분해 낼 수 있다.

표 6-5 올슨의 써컴플렉스 모델

구분	내용
적응성	가족의 변화를 허용하는 정도, 균형을 유지하려고 하는 정도로서 가정생활의 압박이나 갈등의 반응에서 그들의 규칙, 역할, 구조 등을 유연하게 할 수 있는 가족의 능력을 의미한다. • 혼돈된 가족: 가족생활의 문제와 관련된 아무런 구조도 가지고 있지 않다. • 유연한 가족: 규칙이나 역할의 변화를 인정함으로써 문제를 해결하는 능력을 가지고 있다. • 구조화된 가족: 유연한 가족보다는 역할이나 규칙의 변화가 덜 일어난다. • 경직된 가족: 역할이나 규칙의 변화를 마지 못해 하며 현상유지에 큰 대가를 치른다.
응집력	가족구성원 사이의 정서적 결합의 정도를 나타낸다. • 격리된 가족: 낮은 응집력을 가지고 있으며, 가족구성원은 최대한의 자율성을 즐기며, 가족 안에서 자신을 동일시하려는 노력은 하지 않는다. • 분리된 가족: 개인의 자율성에 가치를 두는 동시에 가족의 통합과 정체감의 감각도 함께 지닌다. • 연결된 가족: 친밀함에 가치를 두며, 각 가족구성원의 자율성 발달을 인정하고 돕는 경향이 있다. • 밀착(융해)된 가족: 무엇보다도 가족의 친밀성에 가치를 두므로, 개인의 자립을 방해하기 쉽다.

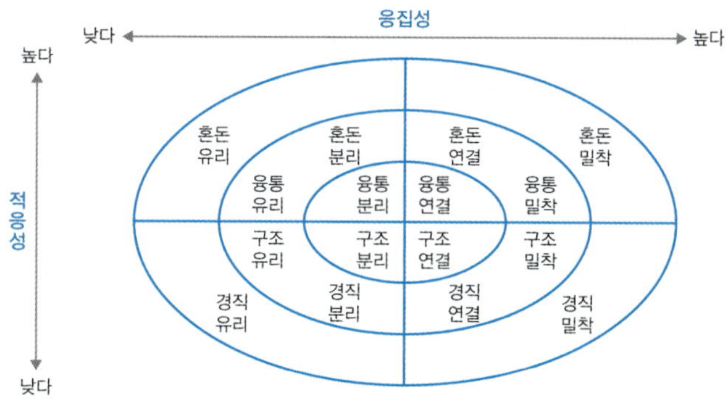

② 맥매스터 모델

이 모델은 가족 기능을 평가하고 진단하는 데 뛰어난 개념적 준거의 틀을 제공하고 있다는 평가를 받고 있는 모델로 가족 기능에 대해 6가지 범주로 구분하고 있다.

표 6-6 **가족기능에 대한 범주**

구분	내용
문제해결능력	가족의 기능을 유지하면서 가족의 통합과 기능을 위협하는 가족 문제를 해결하는 능력이다. 효과적인 가족은 문제를 해결하지만 효과적이지 못한 가족은 문제에 대처하지 못한다.
의사소통	의사소통하는 사람이 의견을 얼마나 솔직하고 명료하게 전달하는지, 의사소통 양은 충분한지, 의사를 전달하고자 하는 사람이 존재하는지 등에 주목하며, 분명하고 직접적인 의사소통을 중시한다.
가족의 역할	가족의 역할이란 개인이 가족기능을 충족시키기 위해 반복적으로 일어나는 행동 유형을 말한다. 건강한 가족일수록 가족기능이 대부분의 가족을 충족시킬 수 있으며, 역할의 분담과 책임도 명백하다.
정서적 반응성	정서적 반응성은 가족이 주어진 자극에 따라 적절한 내용과 적절한 양의 감정으로 반응할 수 있는 능력을 말한다. 건강한 가족은 질적, 양적인 측면에서 모두 적절한 정서적 경험을 할 수 있는 가능성이 있다. 또한 적절한 강도와 지속성을 가지고 다양한 정서로 상황에 반응한다.
정서적 상호작용	정서적 상호작용이란 가족 서로에 대한 관심이나 배려의 양과 질의 문제로 가족 전체가 각 개인의 관심사, 활동, 가치관에 얼마나 관심을 보이는가를 의미한다.
행동통제	가족구성원이 현재의 상태를 유지하거나 어떤 새로운 상황에 적응하기 위해 다른 가족구성원에게 영향을 주는 것을 말한다. 유형으로는 경직된 통제, 유연한 통제, 방임적 통제, 혼돈된 통제가 있다.

(3) 질적인 방법

질적인 방법에는 인터뷰, 가계도, 생태도, 사회관계망 그리드 및 관찰 등이 대표적이다.

① 인터뷰

인터뷰에는 면접과 도구의 사용(그림 그리기)으로 구분할 수 있는데, 구체적인 내용은 표 6-7과 같다.

표 6-7 인터뷰의 구분과 내용

구분	내용
인터뷰(면접)	가족 사정의 가장 기본적이고 가장 중요한 방법으로, 인터뷰와 여러 가지 도구를 활용할 수 있기 때문에 진행이 용이하다. 주관적 자료 수집과 객관적 자료 수집을 할 수 있으며, 클라이언트의 의사소통과 클라이언트의 정보와 수집이 쉽다. 또한 클라이언트의 개입과 치료가 가능하며, 인터뷰 전에 반드시 가족에 관한 기록과 의뢰에 대한 정보 파악이 중요하다.
도구의 사용 (그림 그리기)	인터뷰를 통해 내담자와 가족의 상태나 문제를 그림으로 보여 주는 사정 방법이다. 가족 내의 역동성을 한눈에 쉽게 볼 수 있다는 장점이 있다.

② 가계도

가계도(genogram)는 보웬(Bowen, 1978)의 다세대 가족 체계이론에 근거한 사정 도구로 2~3세대에 걸친 가족구성원에 관한 정보와 그들 간의 관계를 도표로 기록·작성하는 방법이다. 가족 내 역동을 이해하거나 가족이 여러 세대에 걸쳐 발전시켜 온 가족 역할, 유형, 관계 등을 가족과 함께 비위협적이고 상호적인 방법으로 살펴보기 위한 도구로 사용된다. 가계도는 특정 기간 동안 내담자 가족의 역사, 주된 사건을 한눈에 볼 수 있는 사정 도구이다(박귀영 외, 2023). 가계도 작성의 특성, 작성요령 및 예는 표 6-8과 같다.

표 6-8 가계도 작성의 특성, 작성요령 및 예

구분	내용
특징 및 작성요령	• 가족 계보 중심으로 3세대 가족에 대한 정보를 보여 주는 것이다. • 중요한 생활사건(결혼, 이별, 이혼, 질병, 출생, 사망 등)을 나타낸다. • 사회·인구학적 특성(인종, 사회계급, 민족, 종교, 직업, 거주지 등)을 알려 준다. • 가족의 문제에 기여하는 중요 요인과 가족 유형 파악이 용이하다. • 사회복지사가 질문 형식으로 인터뷰하면서 혼자 그리기도 하고, 내담자와 함께 그릴 때 가족을 하나의 단위로 보게 하는 기회를 제공한다. • 가계도에 나타난 사람, 사건에 대한 가족원에 느낌도 표현해 보는 계기가 된다. • 가족원 자신이 알고 있을 것이라고 생각했던 정보를 모르고 있다는 것을 깨닫게 해 주는 계기가 될 수 있다.

구분	내용
	• 가계도 그리는 것을 꺼리는 경우, 이를 존중해 주어야 한다.
예	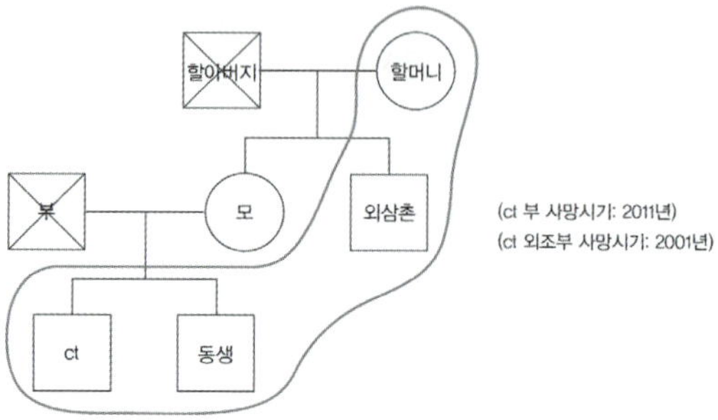 출처: 김성철 외(2020). 가족복지론. 양성원.

③ 생태도

생태도(Ecomap)는 하트만(Hartman, 1975)에 의해 개발된 것으로서, 가족과 가족구성원과 환경 간의 상호작용을 그림으로 나타낸 것이다. 생태도는 클라이언트와 그 가족의 삶에 영향을 미치는 조직이나 요인을 원을 사용하여 사회적 맥락에서 개인과 가족의 위치를 나타내 줌으로써 가족생활과 가족과 집단, 협회, 조직 그리고 다른 가족과 개인과의 관계 성격을 전체적이고 생태적인 관점에서 살펴볼 수 있도록 도와준다. 생태도 작성의 특성, 작성요령 및 예는 표 6-9와 같다.

표 6-9 생태도 작성의 특성, 작성요령 및 예

구분	내용
특성 및 작성요령	• 경계의 본질, 가족 내 역동성 등 많은 정보를 제공한다. • 내담자를 둘러싼 각 체계와 가족 간의 관계의 성격을 파악할 수 있다. • 환경에서 가족으로 자원의 흐름표시, 내담자 가족에게 유용한 자원, 환경이 무엇인지, 가족체계 스트레스가 주는 것은 무엇인지, 체계들 간의 관계가 어떻게 유지되는지 많은 정보 등을 제공한다. • 생태도는 사회복지사가 질문 형식으로 인터뷰하면서 혼자 그리기도 하고, 내담자와 함께 그릴 때 사회복지사와 클라이언트 간의 신뢰 형성을 강화시킬 수 있다.

<table>
<tr><th>구분</th><th>내용</th></tr>
<tr><td>예</td><td>
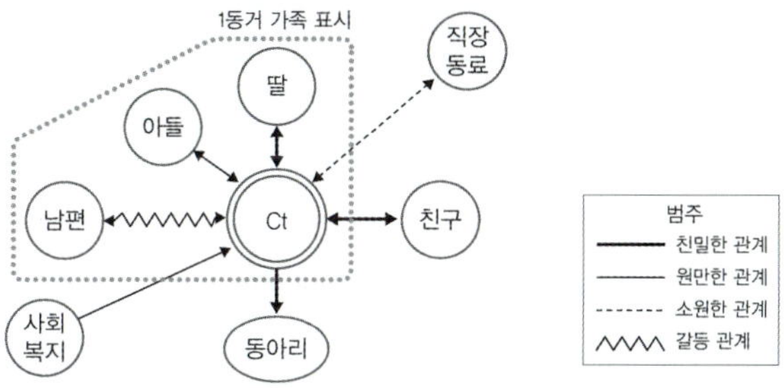

출처: http://mindacademy.tistory.com/62
</td></tr>
</table>

④ 사회관계망 그리드

사회적 관계망 그리드(social network grid)는 개인, 가족의 사회적 지지체계를 사정하는 도구이다. 사회적 관계망을 그림이나 표로 보여 줌으로써 가족의 관계망을 전체적으로 볼 수 있게 해 준다. 외부체계 중 가장 많이 영향을 미치는 것은 사회적 관계망의 사회적 지지이다. 사회적 관계망 그리드는 대인적 역동성을 보다 명확하게 함으로써 사정 평가를 할 수 있고, 클라이언트 가족, 친구, 기타 사람들에 대한 자신의 감정과 태도를 명확하게 검토할 수 있다는 장점이 있다.

표 6-10 사회관계망 그리드

구분	생활영역	물질적 지지	정서적 지지	친밀도	만나는 빈도	알고 지낸 시간
내용	1. 가구원 2. 다른 가족 3. 직장/학교 4. 조직 5. 다른 친구 6. 이웃 7. 전문가 8. 기타	1. 거의 없다 2. 가끔씩 3. 거의 항상	1. 거의 없다 2. 가끔씩 3. 거의 항상	1. 거의 친하지 않음 2. 가까운 정도 3. 매우 가까움	1. 1년에 몇 번 2. 한 달에 몇 번 3. 매우 많이	1. 1년 이하 2. 1~5년 3. 5년 이상

구분		생활영역	물질적 지지	정서적 지지	친밀도	만나는 빈도	알고 지낸 시간
1							
2							
3							
4							
5							

⑤ 관찰

관찰은 사회복지실천의 모든 과정에서 사용하는 하나의 기술로서, 클라이언트가 말하고 행동하는 것에 주의를 기울이는 것이 관찰이라고 할 수 있다. 관찰은 가족의 역할, 가족관계, 가족의 생활 모습 전반을 살펴보는 도구로 사용할 수 있다. 사정 전, 사정 과정, 사정 후의 전 과정에 걸쳐 발생할 수 있다. 관찰에서 클라이언트 혹은 가족 구성원의 표정, 손놀림, 눈 마주침, 얼굴 붉힘, 억양, 자세 등 비언어적 표현은 사회복지사가 클라이언트의 강점과 표현의 차이를 분명히 하고 클라이언트를 이해하는 데 매우 중요하다. 관찰(observation)은 가족관찰의 대표적 방법으로 시연과 가족 조각으로 구분할 수 있다(표 6-11).

표 6-11 관찰의 구분과 내용

구분	내용
시연	시연(enactment)은 이전에 있었던 가족 상황을 재연하거나 역할학습을 하게 하는 것이다.
가족 조각	가족 조각(family sculpture)이란 가족구성원이 가족에 대해 어떻게 인식하고 있는지를 시각적으로 표현함으로써 가족에 대한 이해를 돕기 위한 기법이다. 가족 조각은 가족구성원이 공간적으로 스스로 위치하여 가족관계를 몸으로 표현하면서 하나의 그림을 완성하는 것으로 가족 동맹을 표현하며 역기능적 가족 연합을 보여 주고 관계를 재조정해야 함을 인식시켜 줄 때 매우 효과적인 기법이다. 가족 조각을 위해 사회복지사는 먼저 한 구성원에게 다른 구성원을 의미 있게 배치해 보도록 요청한다. 이때 요청받은 구성원은 자신이 인식하는 대로

구분	내용
	가족구성원의 공간, 몸짓, 태도 등을 무언으로 연출한다. 이런 과정을 통해 가족구성원은 가족 체계 내의 신념이나 규칙이 어떻게 인식되고 있고 또 그것이 어떻게 행동이나 태도로 표현되는지를 확인할 수 있다. 다시 말해, 가족원이 다른 가족원에 대해 인식하고 느낀 것을 특정 자세를 취하게 함으로써 가족 내 역동을 표현하는 것이며, 말이 적은 사람, 말을 못하는 어린아이에게 효과적이다.

3. 개입

가족복지실천은 초기면접과 접수를 통해 가족에 대한 사정이 이루어지고 나면, 다음으로 해야 하는 활동이 개입이다. 개입에 대한 계획, 기술 및 방법에 대해 살펴보면 다음과 같다.

1) 개입의 계획

사정을 통해서 얻은 정보와 공식화된 목표를 토대로 가족을 돕기 위한 구체적 개입방법에 대해 계획을 세운다. 올슨은 개입계획은 가족 체계를 5가지 수준으로 나누어 가족이 필요로 하는 도움의 종류를 결정하는 것이라고 하였다. 즉, 개인 수준은 정신장애(DMS)증상, 부부 체계는 부부간 갈등, 부모-자녀체계는 부모와 자녀 간의 문제, 가족 수준은 핵가족과 확대가족 사이의 문제, 지역사회 수준은 지역사회의 요인 등에 변화를 가져올 구체적 협상과 중재적 원조 활동 등으로 결정한다는 것이다.

사회복지사는 가족원이 해결을 원하는 문제에 초점을 맞추고 가족원이 문제해결을 위하여 어떤 변화를 가져야 하는지를 가족구성원이 스스로 선택하도록 격려하며, 상담 프로그램에 대한 가족의 저항이 없는지 재사정하고, 가족으로 하여금 가족이 더 좋은 방향으로 변화될 수 있다는 적당한 기대와 동기를 갖게 도와주며, 사회복지사와 가족 사이에는 목표 중심적인 전문적 거리를 유지한다. 개입계획은 인지 중심적 개입 방법과 행동 중심적 개입 방법 중에서 목표 달성에 더 효과적이라고 생각되는 것을 선택하여 결정한다(김영화 외, 2016).

2) 개입의 기술

개입의 기술에는 사례 들기, 직면시키기, 재구조화, 시연, 문제의 외연화 및 은유 사용하기 등의 기술이 있는데, 이를 구체적으로 살펴보면 표 6-12와 같다(박귀영 외, 2023).

표 6-12 개입의 기술

구분	내용
사례 들기	가족생활의 경험에서 적절한 사례를 들어 설명한다. 적극적으로 추천하는 것은 종종 효과적일 수 있다. “제가 다른 엄마와 상담한 적이 있는데, 그때 그 엄마는 아이가 오후에 낮잠을 잘 잘 수 있도록 노력했다고 합니다. 2025년 2월 17일 상황이 그 엄마의 상황과 비슷하군요. 그 엄마의 결정이 당신에게도 도움이 될 것 같아요”
직면시키기	직면은 클라이언트가 실패한 부분에 대해 스스로 확인함으로써 인식할 수 있게 하는 것이다. 주의 깊게 사용해야 클라이언트의 적대감을 일으키지 않으면서 빠른 변화를 가져오게 할 수 있다.
재구조화	과거의 관계 상황과 장소에서 새로운 관계 상황으로 어떤 상황을 옮기는 것이다. 문제에 대한 긍정적 해석(재구조화)은 가족원의 새로운 반응을 자극할 수 있다. 과잉행동하는 아동은 도전적이며 적극적인 아동으로 재구조화될 수 있다.
시연	가족의 갈등을 ‘지금-여기’로 가져와서 단막극을 하듯 재연해 보는 것이다. 가족원이 문제상황에서 어떻게 행동하고 반응하였는지 스스로를 볼 수 있게 할 뿐 아니라 전문가에게도 가족을 관찰하고 사정할 수 있게 한다.

구분	내용
문제의 외연화	가족에게서 문제를 분리해 내는 것이다. 문제를 객관화시킴으로써 가족이 특정 문제를 겪으면서 어떤 영향을 받았는지, 그 문제가 각자에게 어떤 영향을 미쳤는지 물어볼 수 있다. 알코올의존자가 있는 가족에게 알코올은 가족 공동의 '적'으로 외연화시킬 수 있다.
은유 사용하기	은유란 어떤 개체나 개념이 의미하는 것을 그것들과 비슷한 것이나 닮은 것으로 표현하는 것이다. 추상적 개념을 이해함으로써 가족의 위협적 상황이 갖는 또 다른 상황에 대한 관념을 발달시킬 수 있다.

3) 개입의 방법

개입의 방법에는 생태학적 개입, 위기 개입, 체계적 개입, 가족 경계에 초점을 두는 개입 및 성 인지적 개입으로 구분할 수 있는데, 구체적인 내용은 표 6-13과 같다(박귀영 외, 2022).

표 6-13 개입의 기술

구분	내용
생태학적 개입	가족구성원과 그 환경과의 관계를 생태도를 통하여 여러 정보를 시각적으로 조직화하고, 변화하기 위한 가족의 주제와 목표의 윤곽을 일목요연하게 그려 낸다. 생태도를 활용하여 가족이 공식, 비공식적으로 활용 가능한 자원, 기술을 동원할 수 있도록 도우며, 가족원 스스로 자신의 문제를 풀 수 있도록 만든다. 가정환경을 보충할 수 있는 자원의 확보, 지지체계를 발전시키고 강화하기, 개인의 욕구에 따른 환경조정, 기관과 제도 사이의 관계 강화, 새로운 자원의 개발 등이 생태학적 개입의 장점이다.
위기 개입	종종 초기 과정을 거치지 않고 위기 개입을 해야 하는 가족이 있다. 자살시도, 타살시도, 정신병적 조울증 환자가 있는 가정, 학대나 폭력을 행사하는 가정, 알코올이나 마약을 남용하는 가정이 그 예이다. 자살 가능성과 타살 가능성이 있는 가족, 조울증 환자가 있는 가족은 정신과 의사에게 의뢰하여 사고를 미연에 방지하는 노력이 필요하다. 조울증과 알코올 중독에 대하여 인식이 부족한 가족이 치료 시기를 놓치지 않도록 가족원을 교육시키고 가족치료를 병행한다. 신체적 혹은 성적 학대를 당한 가족원이 있을 경우, 피해자에 대한 안전을 위한 보호와 법적 조치에 대응하는 절차가 우선되어야 하므로, 산부인과 의사와 변호사에게 의뢰하여야 한다.

구분	내용
체계적 개입	가족 전체를 하나의 단위로 보고 가족원 간의 타협을 통해 외부의 도움에 의존하지 않고 가족의 문제를 자신들 스스로 해결하도록 가족원을 독려하는 것이다. 가족이 비조직적이고 문제해결 기술이 부족한 경우, 가족원이 참여하여 문제를 규정하고 자신들의 욕구와 목표를 확인하도록 돕고 가족이 책임감을 갖고 스스로 자신들의 역량을 강화해 나갈 수 있도록 돕는다. 사회복지사는 특히 가족원이 문제에 대처하고 결정하는 기술을 발전시키면서 독립적이 되도록 촉진자의 역할을 한다. 그러므로 체계적 개입은 가족 상호작용, 특히 의사소통에 초점을 두는데, 가족 내 역기능적 의사소통 기술을 개선하기 위하여 적극적 경청, '나 표현법', 감정이입 등의 훈련을 활용한다.
가족 경계에 초점을 두는 개입	지나치게 밀착된 가족이나 분리된 가족에게는 가족원 사이의 경계선을 강화하고 개인의 자율성을 증가시키도록 하여야 한다. 가족 내의 역기능적 가족 동맹은 종종 분리된 가족관계나 밀착된 관계, 삼각구도 관계, 가족 이외의 사람과 부적절한 관계로 나타난다. 사회복지사는 이런 역기능적 관계를 개선하거나 기능을 보강하거나 밀착된 관계를 완화시키는 데 노력한다. 종종 가족관계의 역기능은 부모가 그들의 아동을 매개로 삼각구도 관계를 형성하여 부부 사이의 분리가 일어나고 아동이 희생양이 되는 경우가 있다. 가족과 함께 전문가는 가족원의 행동을 통제하는 가족 규칙이 적절하고 공정한 것인지 공개적으로 평가하도록 함으로써 가족원의 기존의 규칙을 변화시키도록 돕는다.
성 인지적 개입	가족과 일하는 사회복지사의 인식에서 중요한 것 중의 하나는 성 인지적 자세이다. 기존의 가족치료는 성에 대하여 상담가의 중립적 입장을 요구해 왔다. 그러나 어린 여아가 성장하면서 자신의 가치, 역할, 삶의 기대에 대해 받는 메시지는 남아와는 다르다. 여성과 아동이 덜 독립적이고 복종적이며, 덜 경쟁적이며 외모에 신경 쓰는 것이 정상적이고 일반적이라고 여겨진다. 그러나 가족 내에서 발생하는 문제는 전통적인 남성적 기준으로부터 발생되는 측면이 매우 강하다. 가족원은 서로 평등하며, 문제해결은 모든 가족이 참여하여 해결할 수 있도록 격려한다. 여성과 아동이 가족의 문제상황을 그대로 수용하고 적응하며 살아가기보다는 변화시킬 수 있도록 인식하고 그들의 역량 강화를 위해 지지적 접근을 한다.

4) 개입의 유형

개입의 유형으로는 가족교육, 가족치료, 가족 자조집단 및 가족 사례관리로 구분할 수 있는데, 구체적인 내용은 **표 6-14**와 같다(김성철 외, 2020).

표 6-14 개입의 유형

구분	내용
가족교육	가족교육은 한국의 문화적 특성에 비교적 잘 받아들여지는 방식으로 상담이나 치료보다 가족의 저항이 없는 실천방법이다. 특히 치매가족이나 정신장애인가족을 대상으로 교육의 방식은 활발히 활용되는 편이다. 가족구성원이 앓고 있는 만성질환에 대한 올바른 지식과 적절한 대처방법 등을 교육하여 환자와 가족구성원들이 보다 안정적인 기반을 가지도록 해준다. 가족교육시간에는 정신장애에 대한 이해, 증상에 대한 설명, 약물복용의 대한 안내, 가족의 역할, 재활프로그램 소개 등을 진행하게 된다. 치매나 정신질환, 당뇨병과 같은 만성질환에 대해서 가족이 겪는 정서적인 어려움에 대해 다루고, 보호나 간병의 방법 등 환자와 함께 생활하면서 갖게 되는 다양한 측면의 문제를 구체적으로 교육하여 보호의 효과성을 높이고 가족의 안정성을 높일 수 있다는 점에서 유용하다. 질환에 대한 이해 외에도 구체적인 기술을 전달하는 것도 교육적으로 접근할 수 있다. 대표적인 예로는 의사소통의 기술을 교육하는 것으로 경청, 공감, 메시지 전달 등의 기술을 구분하여 교육할 수 있다.
가족치료	가족치료 기법은 가족구성원이 드러내는 문제행동에 대해 개인의 문제가 아니라 가족 전체의 구조 안에서 발생하는 문제로 보고 가족관계의 변화를 위해 사용하는 방법이다. 가족치료는 가족을 치료의 단위로 두고 가족의 문제에 대해 가족을 중심으로 하기 때문에 우리나라 임상사회복지 실천현장에서 유용한 도구로 활용하고 있다. 이와 같은 가족치료는 각각 다양한 이론을 중심으로 이론의 주요 개념과 기법을 제시하고 있는데 경험적 가족치료, 구조적 가족치료, 해결중심 가족치료, 다세대 가족치료 등이 있다.
가족 자조집단	가족 자조집단은 비슷한 어려움을 겪는 사람들이 모여 서로를 지지하는 모임으로 대표적인 가족 알코올중독자의 자조집단 알아넌(Al-Anon)을 들 수 있다. 만성질환을 대상으로 하는 의료사회복지 분야에서는 자조집단 모델이 만성질환자들의 심리사회적 재활을 위해 활발하게 적용되고 있다. 치매, 당뇨병, 암, 조현병 등 다양한 질환에 대해 환자 당사자뿐만 아니라 가족들이 모여 상호 정보를 교환하고 지지를 제공하는 자조집단이 운영되어 왔고, 만성질환자의 심리사회적 적응을 돕는 효과적인 실천방법으로 인식되어 있다. 자조집단은 그 단어에서 표현되는 것과 같이 지지를 위한 집단으로 운영이 되지만 초기 형성단계에서는 사회복지사의 지원이 필요하다. 모임에 동기를 가지는 가족을 발견하고 그중에 리더를 세우고 자조집단 조직화 과정에 관여하며 자문의 역할을 하게 된다. 아울러 자조집단 모임의 장소나 필요 자원의 지원 등 정착하기까지 사회복지사의 초기 지원이 중요하다.
가족 사례관리	사례관리는 생태체계적 관점을 토대로 만성적이고 복합적인 문제를 가지고 있는 개인이나 가족을 대상으로 기능을 향상하여 그들이 처한 환경 속에서 자원의 확보능력을 키우고 사회적 기능을 원활하게 하고자 하는 통합적 접근방법이다. 이러한 사례관리는 일반적으로 개인 대상의 사례로 시작하여 가족에 대한 개입이 필요한 경우 가족사례를 진행할 수 있다. 가족대상 사례관리에서는 복합적이고 만성적인 문제를 가진 가족이 필요로 하는 욕구에 대응하는 자원은 한정적이거나 부족한 경우가 많아서 이러한 문제를 해결하기 위해 사회복지사는 외부의 기관들과 연계하여 지속적인 사례관리 개입을 할 수 있어야 한다. 따라서 사회

구분	내용
	복지사는 지역사회 내에 있는 유관기관 및 다양한 서비스 기관들에 대해 최신의 정보를 가지고 있어야 하며 평소 이러한 기관들과의 원활한 네트워크를 통해 필요시 상호 간에 신속한 연계가 이루어지도록 노력해야 한다.

4. 종결

종결 단계는 가족복지실천의 마지막 단계로 사회복지사와 가족이 함께 개입단계를 통해 나타난 변화를 지속하기 위해 잘 마무리하는 단계라고 할 수 있다. 종결의 시기는 가족의 욕구가 충족되었을 때, 가족의 문제가 해결되었을 때, 가족이 목표달성을 이루었다고 느낄 때 실시하게 된다. 하지만 예상하지 못한 상황에서 종결의 시기를 맞이하게 되는 경우도 있다. 종결의 시점에서는 지금까지 진행된 변화의 내용을 뒤돌아보고 가족이 이후에도 유사한 어려움이 닥쳤을 때 어떻게 대처할 수 있을지의 내용을 확인하고 가족이 잘 해 나갈 수 있음을 지지하며 강점 및 대처기술 등을 확인시켜 줄 필요가 있다(김성철 외, 2020).

1) 종결계획

가족복지실천에 있어 종결의 시점은 초기의 계약 단계에서 계획을 하는 것이 이상적인 종결계획이라고 할 수 있다. 하지만 종결의 시점은 예상보다 빨리 목표가 달성되거나 문제나 욕구가 해결되었을 때 다가오기도 한다. 이 시기는 전체 계획된 회기가 끝나기 2~3회기 전에 종결의 시점을 사전에 예고하고 그 시점에서 아직 미진한 문제의 해결에 대해 다른 기관에 의뢰하거나 가족이 갖고 있는 다양한 감정을 다루는 것도 필요하다.

2) 종결 단계

(1) 상담과정 돌아보기와 변화 인식하기

가족은 그동안 상담으로 인해 협상된 목표달성 여부를 다시 검토할 수 있다. 가족구성원들로 하여금 변화된 것에 대해 토론하게 함으로써 프로그램을 통해 어떤 변화가 일어났고 무엇이 이런 변화를 나타냈는지에 대해 이해시킨다. 가족구성원의 변화에 대한 만족이나 불만족을 표현할 기회를 부여하고 나아가 변화를 위한 가족의 노력을 지지하고 평가하는 담당 사회복지사의 피드백을 제공한다. 종결을 위한 이슈가 제대로 수행되었는지를 판단하는 체크리스트를 가족이 작성하도록 하는 것도 유용한 방법이다.

(2) 진전의 공고화

가족이 이룬 성취에 대해 이것을 유지하고 강화하기 위해 이후에 가족구성원 각자가 할 수 있는 역할과 행동에 대해 이야기하면서 진전을 더욱 단단하게 한다. 종결은 모든 것이 끝난 것이 아니라 개입기간 동안 나타난 변화를 통해 새로운 삶을 시작한다는 의미이다. 또한 가족구성원들은 종결을 맞이하면서 서로가 더 발전하고 새롭게 획득한 지식과 기술 및 지지적 사회망을 얻게 된다. 이 시기에 가족구성원들은 미래의 변화와 도전을 예견하고 그 도전을 이루기 위한 계획을 이야기해 보는 것이 중요하다. 이때 가족의 강점과 새로운 상호작용기술을 강화하여 기존의 프로그램에 대한 의존을 줄이도록 격려할 필요가 있다.

(3) 평가와 사후지도

종결은 다양한 의미를 갖는 가운데 무엇보다 중요한 것은 지난 회기 동안에 이룬 목표들에 대한 평가와 사후지도를 통한 미래의 계획도 포함되어야 한다. 또한 평가단계에서는 가족이 그들 스스로의 문제에 대응할 수 있는 방법을 생각해 보도록 하는 것이 요구된다. 사회복지사는 가족구성원들이 상호 간에 피드백을 주고받을 수 있도록 하며, 종결 이후의 준비를 계획하도록 안내한다. 가족의 향상과 사회복지사의 성과를 함께 평가함으로써 사회복지사는 프로그램의 수행능력과 책임성을 향상할 수 있는 기회를 갖게 되며, 가족은 다른 사회복지사로의 이전이나 의뢰, 사후지도를 통해 미래를 계획할 수 있게 된다.

07

Chapter

가족치료

배울 내용

1. 가족치료의 역사
2. 가족치료의 이론과 모델

학습목표

1. 가족치료의 역사를 이해한다.
2. 가족치료의 다양한 이론과 모델(대화적 가족치료, 전략적 가족치료, 구조적 가족치료, 정신분석적 가족치료: 경험적 가족치료, 보웬의 가족치료, 해결중심 가족치료)의 치료 목표와 치료 기법을 숙지한다.

1. 가족치료의 역사

가족치료는 정신분석의 한계에서부터 시작되었다. 정신분석은 내담자의 문제를 해결하기 위해서 개인의 역동성과 문제에 초점을 맞추었고, 내담자의 갈등과 문제, 증상을 오직 개인의 내면적 갈등과 감정에서 발생한 것으로 주장하였다. 즉, 인간의 정신과 신체를 분리한 이분법적인 사고체계는 정신분석 안에서 단선적인 사고로 반영된 것이다. 그러나 이런 이분법적 사고는 한계를 가지게 되었는데, 그 이유는 인간은 복잡한 환경 속에서 살아가고 있고 인간의 삶을 단순히 원인과 결과라는 도식만으로는 파악할 수 없는 원인들이 인간체계에 존재하기 때문이다. 따라서 임상현장 속에서 많은 치료사들은 내담자의 문제를 내담자에게서만 국한하여 찾는 치료 방법이 효과적이지 못하다는 것을 주장하게 되었다.

이런 이유로 인간심리의 문제를 개인의 감정과 갈등에서만 찾으려는 기존 심리치료의 한계를 극복하기 위한 새로운 시도로 가족치료가 등장하게 되었다.

그렇다면 가족치료란 무엇인가? 상담학의 태동초기에는 개인의 심리적 문제는 개인의 성장이나 관계 속에서 취득한 과거에 대한 고착이나 과거로 돌아가려는 퇴행 때문이라고 보았다. 따라서 심리문제는 개인적인 문제라고 보았고 치료과정 또한 개인에게 집중되었다. 그러나 상담치료의 경험이 누적될수록 가족의 행동패턴이 개인에게 영향을 미친다는 사실을 발견하게 되었고, 심리치료에 있어 개인만이 아닌 가족 또한 치료계획의 일부분이 되어야 한다는 사실을 발견하였다. 가족치료는 단기적이고, 해결 중심적이고, 성취 가능한 목표를 두며, 종결을 예상하고 치료를 설계한다는 특징을 지닌다(정문자 외, 2012).

가족치료는 1930년대 후반부터 1940년대 초반에 기초가 시작되었고, 1950년대에 탄생하여 1960년대에 성장하고 1970년대의 성숙기와 1980년대의 황금기 그리고 1990년대에 다시 한번의 도약과 통합을 이루게 되었다. 가족치료의 역사를 연대별로 살펴보면 표 7-1과 같다.

표 7-1 가족치료의 역사

- 1940년대는 가족치료의 태동기라고 할 수 있다. 두 차례의 세계대전을 치루며 당 시대에 새로운 세계관과 인식론이 발전하게 되었는데, 이는 가족치료의 직접적 영향이 되었다.
- 1950년대에는 전쟁이후 가족 스트레스의 증가와 결혼의 지연, 베이비붐 등 가족생활에 급격한 변화가 일어나게 되었다. 가족관계의 급격한 변화는 사회의 기본구성단위인 가족 안정성을 이루어 사회 안정을 이루고자 하는 관심을 가져오게 되었다. 더하여 그때까지 심리치료의 주류였던 전통적인 치료 방식으로는 조현병[1]을 해결하기 어려웠고, 문제해결의 방안으로 가족에 대한 관찰과 연구가 정당화될 수 있었다.
- 1960년대에 들어서는 가족치료가 하나의 독립된 전문 분야로 자리 잡기 시작하였다. 가족치료 초기개척자그룹의 노력으로 대표적인 가족치료 이론과 모델이 발표되기 시작하였다. 캘리포니아 팔로알토(Palo Alto)에서는 가족치료에 관심을 둔 전문가 집단이 모여 정신건강연구소(Mental Research Insutitute: MRI[2])가 설립되었다.
- 1970년대는 가족치료라는 전문 분야가 더욱 발전하여 가족치료의 초기 연구자들이 발전시킨 이론적 모델이 더욱 분명하게 구분되었고, 특정 모델을 배우려는 학생들은 해당 모델을 대표하는 센터나 연구기관으로 몰려들기 시작하였다.
- 1980년대 이후 사고의 패러다임의 전환을 요구하였던 포스트모던의 구성주의 출현과 더불어 가족치료의 패러다임에도 변화가 나타났다. 즉, 개인과 가족이나 관계를 어떻게 경험하는지, 자신의 경험세계에 대해 어떤 의미를 부여하며 구성하는지를 파악하는 것이 문제해결과정에서 더 중요한 요소로 부각되었다. 이런 입장에서 치료자는 내담자보다 뛰어나고 많이 알고 있는 전문가가 아니라 내담자의 경험세계를 재창조하는 과정에 협력해야 할 동반자 입장이 강조되기 시작하였다.

1) 조현병(정신분열병)은 10대 후반에서 20대의 나이에 시작하여 만성적 경과를 보이는 정신적으로 혼란된 상태, 현실과 현실이 아닌 것을 구별하는 능력의 약화를 유발하는 뇌 질환이다. 주요 증상으로는 망상(사실이 아닌데도 사실로 믿는 것), 환각(외부 자극이 없는데도 자극이 있는 것처럼 느끼는 것으로 환청, 환시, 환미, 환후, 환촉을 경험하는 것), 와해된 언어(지리멸렬 혹은 횡설수설), 와해된 행동(이상한 행동) 및 음성증상(주의집중의 어려움, 무감동, 무쾌락, 언어의 빈곤 등)을 2가지 이상 6개월 이상 경험할 때 진단을 받게 된다. 이 질환은 100명 중 1명이 걸리는 흔한 질환이며, 모든 계층의 사람이 걸릴 수 있는 질병이다. 남녀의 발병 빈도는 비슷하며, 원인은 아직 정확히 밝혀지지 않고 있지만 최근에는 뇌의 기질적 이상을 그 원인으로 보고 있다.

2) MRI에서는 초기 조현병에 연구초점을 두었지만 이후 치료의 폭을 넓혀 청소년 비행과 학교문제, 정신 · 신체 질환 및 부부문제 치료를 위해 가족을 연구하기 시작하였고, 일반대중에게 가족치료에 관한 인식을 심어 주기 시작하였다. MRI를 대표하는 인물로 잭슨(Don Jackson), 헤일리(Jay Haley) 그리고 사티어(Virginia Satir)를 들 수 있다.

2. 가족치료의 이론과 모델

가족치료의 이론은 대화적 가족치료, 전략적 가족치료, 구조적 가족치료, 정신분석적 가족치료: 대상관계이론, 경험적 가족치료, 보웬의 가족치료 및 해결중심 가족치료로 구분할 수 있다(민경산, 2015).

1) 대화적 가족치료

그레고리 베이트슨(Gregory Bateson)의 조현병 환자의 가족에 대한 연구에서 시작된 대화적 가족치료(Role of Communication Family Therapy) 이론은 이중구속이론(double bind)[3]에 그 기반을 두고 있다. 이중구속이론은 대화의 형태가 어떻게 인간을 조현병으로 몰고 가는지를 밝혀 주고 있다. 대화이론은 폴 와츠라위크(Paul Watzlawick)에 의해 시작되었는데, 수학의 공리를 활용하여 이론을 만들게 되었다. 여기서 공리란 누가 봐도 그럴 듯하다고 인정할 만한 현상을 말한다. 즉, 공리라는 것은 각 분야가 만들어질 때 이미 전제되어 증명이 불가능한 것들을 약속해 놓는 것으로 항상 같은 명제에 같은 값이 도출되는 증명되지 않는 이론이라고 할 수 있다. 가족의 의사소통은 표 7-2와 같이 다섯 가지 공리로 구분할 수 있다.

3) 이중구속(Double Bind)은 1956년에 인류학자이자 언어학자인 그레고리 베이트슨이 팔로알토 연구소에서 발표한 이론적 개념이다. 간단히 말해서 상반되는 메시지(대부분은 요구)가 동시에 전달되는 것을 말한다. 예를 들어, 누군가 당신에게 말로는 "편하게 대하라"고 하면서 눈도 마주치지 않는다거나, 교수가 수업시간에 "자유롭게 발언하라"고 하면서 정작 질문을 하면 무시하거나 공격한다거나, 창의적인 아이디어를 요구하면서 정작 그런 아이디어를 내면 더 많은 업무로 처벌을 내리는 회사의 회의실 장면이 그런 상황이다.

표 7-2 가족 의사소통의 공리

구분	내용
인간의 모든 행동은 대화로 시작된다.	여기에서 말하는 행동이 대화라는 것은 인간의 대화인 언어뿐만 아니라 비언적인 측면도 포함된다. 언어적인 측면은 거짓이나 침묵 등으로 표현할 수 있지만 얼굴 표정이나 눈빛, 신체적인 표현까지도 포함이 된다.
대화에는 정보와 정보를 전달하는 방식이 있다.	인간의 대화에는 여러 가지 정보가 포함이 된다. 대화를 하면서 이면에 숨어 있는 내용까지 파악을 해야 하고, 그 내용에 따라 상호작용이 달라질 수 있다.
대화에는 구두점이 있다.	대화의 흐름을 이어 가다 내용의 마침표를 말하는 것으로 가족관계는 서로에게 영향을 미치고 서로 주고받는다. 이 구두점의 원리는 사람과의 관계에서의 갈등을 서로 상대방에게 책임이 있다고 미루며 자신의 책임을 전가하는 것이다. 이런 갈등이 악순환이 되어 각자의 입장에서 이야기하는 것이다.
대화에는 디지털과 아날로그 방식이 있다.	디지털은 논리적인 반면 아날로그는 감성적이고 느낌을 통해 전달한다. 디지털은 이성적이고 논리적인 언어를 말하고 아날로그는 얼굴 표정이나 신체적인 몸짓 등 비언어적인 측면을 말하여 메시지를 해석하기가 쉽지 않다.
대화는 상보성과 대칭성의 원리를 가지고 있다.	대화하는 사람 간의 힘의 균형에 관한 것을 말한다. 힘의 우위에 따라 의사결정이나 서로에게 미치는 영향이 달라질 수 있는 것이다. 상보관계는 힘을 가진 사람이 우위에서 영향력을 미치는 것을 말하고 대칭성은 비슷한 힘을 가진 사람과의 관계에서 대등한 위치를 말한다. 대칭 관계는 비슷한 영향력을 가진 사람이 서로 의견을 나누고 협의하는 관계이다.

가족이 지닌 역기능은 위 다섯 가지 공리가 정확히 작동하지 않을 때 발생하게 된다. 첫째, 화자나 청자가 대화를 거부하기 때문에 역기능이 발생된다. 언어적, 비언어적 대화의 내용이나 말하는 사람, 듣는 사람, 맥락 등을 부정함으로 역기능이 생긴다. 둘째, 정보를 주고받는 관계에 문제가 발생하면 역기능이 발생된다. 관계의 방식이 다름에도 소통이 아닌 자신만의 관계를 유지하며 대화를 시도하면 역기능이 발생되는 것이다. 셋째, 대화를 자신의 입장에서만 끊어 듣고 상대의 토막을 인정하지 않는 구두점을 가진다면 소통은 실패하고 역기능이 발생하게 된다. 넷째, 디지털 방식과 아날로직 방식의 대화를 받아들이지 않으면 역기능이 발생한다. 예를 들어, "오늘은 정말 날씨가 좋다"는 아날로직 방식 대화에 "영하 3도인데 뭐가 좋아?"라는 디지털 방식의 반응이

일어나면 갈등이라는 역기능이 발생하게 된다. 마지막으로 힘을 남용하거나 경쟁하는 방식의 대화는 역기능을 발생시킨다.

대화이론은 역기능의 원인은 '대화의 소통문제'에서 발생한다고 주장하면서 이를 해결하기 위한 방법으로 '메타대화(meta-talk)'를 제시하고 있다. 메타대화는 자신의 대화방식을 객관적으로 분석함으로써 대화방식을 이해시키는 것이다. 이해를 한 이후에는 여러 가지 방법으로 대화를 조정하여 역기능적인 요소를 제거하게 한다. 대화적 가족치료의 상담의 목표와 상담기법은 표 7-3과 같다.

표 7-3 대화적 가족치료의 상담목표와 기법

구분	내용
상담목표	효율적이고 기능적인 의사소통을 나누게 하는 것을 목표로 하며 서로에게 대화를 위한 대화를 나눌 수 있도록 하는 것이다. 이런 초의사소통을 통해 가족구성원들 간의 악순환을 풀어내고 가족관계의 갈등을 해소하면서 가족관계 회복을 위해 노력한다. 가족관계 회복을 통해 효율적이고 개방적으로 의사소통을 하게 된다.
상담기법	가족 내에서 갈등을 풀어 내기 위해서는 다섯 가지 공리에서 분석을 통해 진행을 하게 된다. 상담자는 분석하기, 가르치기, 조정하기 등을 통해 상담기법을 활용하게 된다. 상담자는 가족들에게 가족을 이해시키기 위한 방법을 가르치고 갈등을 분석하여 원인을 알아낸다. 가족구성원들이 객관적인 입장에서 볼 수 있도록 도우며 적극적으로 가족구성원들에게 방법을 지시하고 행동하도록 한다.

2) 전략적 가족치료

전략적 가족치료(Strategic Family Therapy) 이론은 역기능의 원인을 자존감(self-esteem: 버지니아 사티어), 위계질서(hierarchy: 제이 헤일리와 마다네스), 가족항상성(family homeostasis: MRI 연구팀), 가족의 비밀게임(family game: 밀란학파)으로 보고 전략적인 접근으로 가족 역기능 문제를 해결하려고 하였다.

구체적으로 버지니아 사티어는 자기 자신에 대한 태도, 상, 생각 등을 항아리로 개념화하였다. 높은 자존감은 높은 항아리로, 낮은 자존감은 낮은 항아리로 표현된다. 자존감의 상승을 위해 대화의 언어적 측면과 비언어적 측면을 일치시키는 것을 목표로 하였다. 낮은 자아존중감을 소유한 사람은 자신이 느끼는 바를 대화로 나타내지 못하기 때문에 이런 역기능 대화게임[4]을 통해 치료의 목적을 달성하고자 하였다.

항상성(Homeostasis)이란 어떤 생물체나 체제가 일정한 상태로 균형을 유지하려는 성질을 뜻한다. MRI 연구팀은 가족에게도 기존의 가족체계를 유지하려는 항상성이 존재하며 이 가족항상성이 가족문제의 유발점이라고 보았다. 따라서 가족의 문제 치료를 위해서는 문제를 유발하는 가족 내의 피드백 고리를 통한 가족규칙을 수정함으로써 치료의 목적을 달성할 수 있다고 주장하고 있다(정문자 외, 2012).

헤일리는 가족 내 권력(power)과 위계(Rank)에 초점을 맞추었다. 즉, 가족 내 권력과 위계질서가 무너지면 가족관계가 붕괴되어 문제가 발생한다고 보았다. 그는 내담자가 증상을 통해 가족을 통제하는 권력을 지닌다고 보았다. 따라서 증상을 해결하기 위해 치료자는 가족의 권력과 통제 관계를 파악해야 하며, 가족 내 권력투쟁을 파악하여야 한다. 위계질서 이론에서는 가족의 무너진 권력관계와 위계질서를 복구함으로써 치료가 가능하다고 보았다. 헤일리는 융통성 없이 가족체계의 항상성을 고집하는 가족을 치료적 이중구속으로 빠지게 함으로써 역설적 방법으로 증상을 스스로 포기하도록 유도하였다.

밀란 학파는 역기능적 가족은 가족게임을 통해 힘을 소유한다고 보았다. 가족 내에는 그들만의 비밀스러운 게임이 존재한다. 이 게임을 '가족게임(Family game)'이라고 명명하였다. 조현병을 비롯한 역기능적 가족에게서는 가족원 모두가 가족게임의 규칙에

4) 사티어는 위로자, 비난자, 계산자, 혼란자의 네 가지 역기능 대화모델을 제시하였다. 위로자는 다른 사람들만 즐겁게 하며, 비난자는 다른 사람을 비난하여 통제하려고 한다. 계산자는 지적 능력을 사용하여 신중히 대화하며 실수하지 않으려고 한다. 혼란자는 대화의 주제와 전혀 관련이 없는 말을 하여 대화에 혼란을 준다. 이를 통해 자신의 외로움이나 공허감을 느끼지 않으려는 시도를 한다.

합의하지 않으면서 힘을 얻기 위한 끝없는 게임[5]을 하게 된다. 초기 밀란 모델에서는 이를 위해 역설적 개입을 하는 것이 효과적이라고 보았으나 후기 밀란 모델에서는 역설적이고 지시적인 접근보다는 협동적인 형태로 전환하였다. 전략적 가족치료의 치료 목표와 치료 과정은 표 7-4와 같다.

표 7-4 전략적 가족치료의 치료 목표와 치료 과정

구분	항목	내용
치료 목표	전략적 가족치료의 공통적인 목표	• 제시된 현재 증상을 제거하고 행동을 변화시키는 것 • 증상과 문제가 사회적 맥락에서 발생하고 때문에 가족체계의 변화를 수반하는 문제해결에 초점
	MRI 팀의 목표	• 잘못된 문제해결방법을 수정하는 것(일차적인 목표) • 가족 안에서 일어나는 증상에 대한 가족들의 생각과 믿음의 틀을 재구조화하는 것
	헤일리의 구조적 · 전략적 가족치료의 모델	• MRI보다 행동적인 모델 • 가족을 구조적으로 재조직하는 것 • 가족생활주기에 따른 단계 이행기의 과업 달성과 성장을 포함
	밀란 모델	• 증상을 중심으로 가족들이 하고 있는 게임을 무력화시키는 것
치료 과정	1단계: 초기면접과 현재 문제 정의 단계	• 전체 상담의 계획을 세우는 기초과정 • 문제나 증상에 대해 구체적인 행동 용어 정의 • 문제에 초점을 두고 지금까지 시도했던 대처방법과 해결책을 질문하여 문제를 유지 • 시키는 행동과 연쇄 과정 파악
	2단계: 가설 설정과 목표 설정 단계	• 증상과 문제행동은 가족항상성을 유지하는 기제로서 다른 가족원에 대한 통제방식 기능을 한다는 가정 • 가족사정: 가족원 개개인의 문제를 어떻게 보는지를 파악하여 문제를 정의하는 데서 시작 • 문제에 대한 체계적 관점으로 구성된 가설이 정확하게 설정되면 이를 바탕으로 상담계획 수립 • 밀란 모델: 팀 접근을 하고 면접 후반부에 휴지기를 두어 가설 확인과 목표 설정 및 개입방법에 대한 논의

5) 가족 내에서 끝임 없이 이어지는 게임을 '더러운 게임(dirty game)'이라고 명명하였다.

<table>
<tr><th>구분</th><th>항목</th><th>내용</th></tr>
<tr><td></td><td>3단계: 개입 선택과 실행단계</td><td>• 정밀한 관찰과 면접을 통해 가족 상호작용의 반복적 연쇄 과정을 파악한 후 역기능적 연쇄 과정을 수정할 수 있는 작지만 의미 있는 개입을 계획
• 내담자의 강점을 찾아 그것을 문제해결에 활용
• 지시나 과제의 설정
• 치료 상황에서 내담자 가족에게 15분 이상의 논쟁을 허락하지 않음
• 종종 관찰팀과 작업함</td></tr>
<tr><td colspan="2">치료과정의 비교</td><td><table>
<tr><th>MRI의 상호작용모델</th><th>헤일리의 구조 · 전략적 모델</th><th>밀란의 체계론적 모델</th></tr>
<tr><td>• 상담과정 소개
• 문제에 대한 조사와 정의
• 문제 유지시키는 행동 평가
• 상담 목표 설정
• 개입 선택과 실행, 과제 주기</td><td>• 사회적 단계
• 문제 정의 단계
• 상호작용과 가족구조 진단 단계
• 목표 설정 단계
• 개입선택과 과제 지시 단계</td><td>• 면접 전 정보 수집 단계
• 면접 동안 문제와 상호작용 평가 단계
• 휴지기 동안 가설설정 및 상담 목표설정 단계
• 개입 선택과 실행, 과제 부여 단계
• 면접 후 논의 단계</td></tr>
</table></td></tr>
</table>

3) 구조적 가족치료

구조적 가족치료(Structural Family Therapy)는 살바도르 미누친(Salvador Minuchin)에 의해 시작되었다. 어떤 가족이든 가족원 간의 상호작용을 이루는 일정한 패턴을 가지고 있다. 구조적 가족치료는 가족을 재구조화(Restructuring)하여 문제나 증상을 사라지게 만드는 데 목적을 두고 있다. 구조적 가족치료에서 개인의 문제행동은 가족 구조의 문제가 반영된 결과로 보며, 특히 현재에 초점을 두고 치료를 하게 된다. 이러한 구조적 가족치료는 우리 문화권의 가족을 설명하는 데 매우 유용한 것으로 평가를 받고 있다. 구조적 가족치료의 주요 개념 중 하나인 하위체계(subsystem)는 가족의 역할 수행을 위한 가족구성원과 구성원 간의 상호작용이 만들어 낸 일정한 형태를 말하는데, 부부체계, 부모체계, 자녀체계 등이 있다. 부부체계는 부모체계보다 상위에 있고 부모체계는 자녀체계보다 상위에 있다. 이러한 체계 간의 위계질서가 무너질 때 가족구조에 문제가 발생할 수 있다. 또 다른 주요개념으로 경계선(boundaries)이 있는데, 경계선은 체계의 영역을 구분하고 가족구성원 간의 접촉의 양을 결정하는 일정의 칸막이 역할을 하며 체계의 분화를 보장한다. 하위체계 경계선들의 모호성이나 경직성이 가족의 기능에 영향을 미치게 된다. 따라서 치료자는 이러한 가족 내 경계선이 어떤 형태로 존재하고 있는지를 파악하고 적절한 경계선을 가질 수 있도록 개입해야 한다.

구조적 가족치료의 목표는 가족구조를 변화시켜 문제를 해결하는 것이며, 치료자가 직접적인 문제를 해결하는 것이 아닌, 가족구성원 스스로 문제해결을 하도록 돕는 것이다. 이를 위해서는 부모가 권위를 가지고 가족을 통제할 수 있어야 하며, 부모하위체계를 이루는 아버지와 어머니는 부모의 권위를 위해 서로 연합해야 한다. 이러한 부모의 연합이 이루어질 때 자녀들의 형제자매 하위체계는 또래관계를 유지하면서 자녀답게 생활할 수 있다. 부부하위체계는 부모하위체계와 구분되어 존재하고 기능해야 한다. 이러한 구조적 가족치료는 어머니의 재혼으로 새아버지가 생긴 가족(새로운 부모체계의 동반자 구성)이나 부부간의 갈등으로 자녀를 자기편으로 끌어들이며 삼각관계를 형성하는 경우에 적용할 수 있다.

구조적 가족치료에서는 합류(참여), 이해(실연), 변화(불균형)의 세 가지 치료기법을 활용하게 된다. 합류(joining)는 치료자가 가족구성원의 내부로 합류하는 것을 말하며, 이를 통해서 가족을 깊이 이해하며 가족구조를 변화시킬 수 있는 행동이 가능해진다. 이러한 합류의 기법으로는 적응하기, 추적하기, 모방하기 등이 있다. 이해기법은 대표적으로 실연화(enactment)가 대표적이며 가족에게 가족구성원 간의 역기능적 교류를 재현시키고 가족구성원 스스로 역기능적 상호작용의 문제를 해결하는 대안을 연기하도록 하는 방법이다. 변화기법은 치료자가 가족구성원의 증상과 가족의 신뢰에 도전하며 가족체계의 변화를 적극적으로 유도하게 된다. 이러한 변화기법으로는 재정의, 집중화, 강점 등이 있다. 구조적 가족치료의 치료 과정은 표 7-5와 같다.

표 7-5 구조적 가족치료의 치료 과정[6)]

구분	내용
1단계 합류과정: 치료자가 기존의 가족구조인 패턴에 합류한다.	합류는 치료자가 가족을 있는 그대로 수용하고 그들의 방식을 존중하여 가족체계와 관계를 맺는 행동이다. 가족에게 합류한다는 것은 외부인의 관점이 아닌 가족의 일원으로서 자연스럽게 가족의 상호작용과 정서 체계에 적용하여 가족의 핵심 주제를 파악하고 가족원 각자의 느낌을 함께 공유하는 것이다.
2단계 가족의 구조 사정 과정: 가족의 역기능적 구조를 평가하고 사정한다.	치료자가 가족의 구조와 상호작용을 사정하고 평가하기 위하여 먼저 가족구성원의 성별, 연령, 종교, 직업, 가족주거와 발달단계 사회경제적 지위, 스트레스 상황과 발달적 변화, 현재 제시된 문제 등에 대하여 질문함으로써 기초 정보를 확인한다.
3단계 가족의 재구조화 과정: 가족구조를 변화시키기 위해 환경을 조성하며 재구성한다.	가족의 역기능 구조를 변화시키는 것을 가족의 재구조화라고 하며 이에는 가족의 경계선 조정, 하위체계의 기능 강화, 위계구조의 확립이 포함된다. 보통 가족구조를 확인한 다음 가족을 재구조화하는 작업을 시작하지만 어떤 경우에는 두 가지 작업이 동시에 진행되기도 한다.

4) 정신분석적 가족치료: 대상관계이론

정신분석적 가족치료는 심리학의 시초라고 할 수 있는 지그문트 프로이트(Sigmunt Freud)에 이론적 기반을 두고 있다. 정신분석 치료의 핵심은 무의식적 충동과 이에 대한 방어를 밝혀내고 해석하여 성숙한 가족의 상호작용을 방해하는 결핍과 두려움을

6) 구조적 가족치료에서는 일반적으로 두 명의 치료자가 한 팀으로 구성되어 일하게 된다. 치료실에서 일방경을 사용하여 가족들을 관찰할 수 있도록 하며, 가족의 증상 유지 패턴에 관한 가설을 세우고 가족에 대한 평가와 사정을 하고 치료계획을 함께 세우게 된다. 치료자가 구조적 가족치료 과정 중에 관심을 가져야 하는 영역은 다음과 같다.

- 가족구조의 상호교류 유형과 대안적인 상호교류 유형
- 변화하는 상황에 대한 반응으로서 체계의 동맹, 연합, 가족체계의 융통성과 재구조화의 능력 평가
- 각 구성원의 행동에 대한 가족체계의 감수성을 조사하며 가족의 분리 상태를 평가
- 가족의 현재 상황, 즉 가족환경에서 생활 지지체계와 스트레스 요인을 분석
- 가족의 발달단계와 단계에 적합한 과업수행능력을 평가
- 가족이 상호교류 유형을 유지하기 위하여 환자의 증상을 이용하는 방법

찾아내는 데 있다. 정신분석은 개인이 지니고 있는 역동의 핵심을 연구하며 가족치료는 개인보다는 사회적 관계성을 연구한다. 이 두 이론을 연결시키는 것이 대상관계이론이다. 대상관계이론은 어린 시절에 형성된 경험을 통해 현재의 사람들과 관계를 맺는다는 것이다. 이런 어린 시절의 관계성의 잔여가 자기와 타인의 정신적 이미지를 형성하게 된다는 것이다. 초기 아동기에 형성된 대상관계로부터의 공포는 심리적 문제의 중요한 원인이 된다.

대상관계(Object Relation Therapy)이론의 핵심은 우리가 성장하는 과정에서 부모를 비롯한 주요 타인들과의 관계 속에서 우리 자신과 다른 사람들에 대한 표상을 형성하며 이런 내면화된 표상들이 자신과 타인에 대한 지각과 경험, 관계양상과 문제에 영향을 미친다는 것이다. 대상관계이론의 주요 개념은 표 7-6과 같다.

표 7-6 대상관계이론의 주요 개념

구분	내용
인간관	인간 개인과 그 개인의 양육과 성장을 돕는 주된 양육자와의 관계를 중요시한다.
대상관계	대상관계에서 유아는 자신과 내적 세계의 대상관계를 형성하는 데 보다 적극적이다. 모든 관계는 어머니의 젖가슴과의 관계에서 형성된 기본적인 대상관계의 토대 위에서 형성되는 것이다.
표상	유아의 초기 경험은 자기표상과 타인표상의 기본이 된다. 유아가 성장하면서 충분한 애정과 관심을 받지 못하고 반복적으로 거부당하거나 무시당하거나 처벌받으면서 성장한다면 유아의 내면과 타인에 대한 표상이 주로 부정적인 생각과 행동으로 구성된다는 것이다. 그 결과 낮은 자존감을 가지게 되고 타인에 대해서도 왜곡된 지각과 부정적인 정서를 형성하게 되어 대인관계에서 어려움을 가지게 된다.
대상 항상성	대상 항상성은 생후 24~36개월 사이에 형성되기 시작하며 긍정적인 측면으로 경험된 내적 존재로서 타인에 대한 일관된 지각을 의미한다.
분열	주된 양육자로부터의 경험은 긍정적인 측면과 부정적인 측면이 공존하게 된다.
투사적 동일시	투사는 자신이 스스로 받아들일 수 없는 충동이나 태도 등을 무의식으로 타인이나 환경탓으로 돌리는 방어기제를 의미한다.

구분	내용
역할 상보성	아커만(Ackerman, 1983)은 가족 내에서 기능이 파괴되는 것은 가족 간의 갈등 때문이라기보다는 역할 상보성의 붕괴로 인한 것이라고 주장하였다. 가족의 가치체계를 조사하고 가족 내 상보적인 역할을 통하여 기능적인 가족이 될 때 변화가 일어난다는 것이다.

프로이트는 개인의 역동적인 결여를 '성(性)'적인 것으로 보았다. 그러나 멜라닌 클레인(Melanie Klein)은 대상관계이론에서 결여와 애착이 성(性)의 결여가 아닌 대상관계와의 사랑의 결여와 애착으로 보았다. 특히, 어머니와의 경험은 유아에게 큰 영향을 끼친다. 어머니의 좋은 특성과 나쁜 특성을 경험한 유아는 자신이 사랑하는 사람을 괴롭히는 능력을 가졌다는 것을 깨닫게 된다. 어머니에 대한 이런 양가적 감정은 유아를 의기소침하게 하며 오이디푸스 콤플렉스(Oedipal Complex)의 발달로 이어지게 된다고 보았다.

대상관계이론에서 정상가족은 유아기 초기 건강한 관계를 경험할 수 있는 가족이 정상가족이라고 보며, 특히 성장하면서 가족들과 함께 삶의 기쁨을 나누고 가족원이 성장할 수 있도록 서로 격려하고 돕는 삶이 가장 중요한 지지기반이자 소중한 배움의 터전이 되는 가족이 정상가족이며, 생애 초기에 충분히 좋은 양육자의 결여로 성장에 필요한 반영의 부족, 대상 표상의 분열 등으로 불안정한 자아의 형성과 온전한 통합을 저해하는 환경구성으로 역기능적인 개인 내적 역동을 구성하게 하는 가족을 역기능적인 가족으로 본다.

대상관계이론에서의 치료의 주요 목표는 내적 대상에 대한 부정적인 그리고 적대적이거나 두려운 감정들을 긍정적인 감정과 마음속에 나란히 병존시킴으로써 내담자의 통합된 자아기능을 강화시키는 것이라고 볼 수 있으며, 이러한 치료과정에는 투사적 동일시를 일으키는 것, 직면시키는 것, 관계를 재구성하는 과정을 포함한다. 그리고 구체적인 치료 기법은 표 7-7과 같다.

표 7-7 대상관계이론의 치료 기법

구분	내용
정서적 연결	정서적 연결이란 공감적 이해를 표현하기 위하여 만들어진 다양한 기법을 의미한다. 내담자의 사실적 대화를 그 사람에게 적합한 정서적 대화로 바꾸어 말해 줌으로써 유대를 강화시킨다.
버텨 주기	상담자의 치료적 태도는 버텨 주기 혹은 받아 주기, 담아 주기의 개념으로 이해될 수 있는데, 이 개념은 어머니가 유아의 욕구와 내적 상태를 공감적으로 알아차리고 적절하게 반응함으로써 유아가 어머니로부터 사랑받고 있다는 느낌을 갖게 하는 것과 같이 치료자가 내담자의 경험을 심정적으로 이해하고자 하며 내담자의 욕구와 내적 상태를 민감하게 알아차리고 수용적 태도를 갖는 것을 의미한다.
명료화와 해석	내담자가 말하고자 하는 의미를 상담자가 해석하고 이를 다시 내담자에게 이야기해 주는 것을 명료화라고 한다. 해석이 가장 효과적인 때는 내담자의 주요 타인과의 관계에서 나타나는 대상관계, 현재 대인관계에서 나타나는 대인관계, 전이관계 사이의 공통적인 주제나 핵심 갈등을 주제나 핵심 갈등을 파악해서 설명했을 때이다.
직면	직면이란 내담자의 판단과 행동의 원인을 압축하여 제시함으로써 내담자가 이것을 받아들일 수 있도록 하는 것이다.

5) 경험적 가족치료

경험적 가족치료(Experiential Family Therapy)를 대표하는 학자는 칼 휘태커(Carl Whitaker)와 버지니아 사티어(Virginia Satir)이다. 경험적 가족치료는 가족구성원 개개인의 내적 경험을 개방하여 다른 가족과의 상호작용을 촉진하도록 돕는 이론이다. 경험적 가족치료의 이론은 개인의 경험과 이해의 수준을 수용하는 가족 상호작용을 강조한다. 개인 수준의 경험 확대는 가족 집단의 새로운 장을 열기 위한 선행조건이며 새로운 변화에 대한 인식은 가족구성원 간의 의사소통 증가와 감정의 공유를 자극하게 된다는 것이다. 개인과 가족 성장을 증진시키는 방법은 가족구성원 간의 감정표현을 자유롭게 공유하는 것이 된다.

경험적 가족치료자[7)]들은 치료에서 인간의 감성적인 힘을 강조하였으며, 인지적 측면보다 감성적 측면을 우선시하였고, 통찰력보다는 정서적 경험을 중시하였다. 경험적 가족치료는 개인과 가족들에게 다양한 정서적 경험을 제공함으로써 개인은 물론 가족 구성원이 성장하도록 돕는다. 개인의 성장과 자아성취는 충동과 방어기제가 감소할 때 자연적으로 나타나는 인간의 기본적 욕구이다. 따라서 경험적 가족치료에서는 방어기제를 감소시키는 것을 목표로 삼고 습관적인 행동에 도전과 차단으로 변화를 주어 성장을 향한 잠재력 개발로 가족구성원들에게 만족을 주는 것이다. 이를 위한 경험적 가족치료의 치료 기법은 표 7-8과 같다.

표 7-8 경험적 가족치료 이론의 치료 기법

구분	내용
가족 조각	캔터(Kantor)에 의해 개발된 기법으로 현실의 공간에 사람들을 놓고 자세나 표정도 자신이 인식한 대로 표현하게 함으로써 내담자의 대인관계를 파악하는 기법이다. 이 기법을 통해 가족의 의사소통, 감정, 가족규칙, 대처방식, 관계 등을 파악할 수 있다.
역할극	역할극은 실제 경험을 바탕으로 현재의 느낌을 노출하는 기법으로, 과거의 사건이나 바람 또는 미래 사건에 대한 감정을 직접적으로 표현함으로써 가족들에게 생생하게 경험할 수 있는 기회를 제공하는 것이다. 이 기법은 지나간 기억을 회상하고 억업된 감정을 표출하여 정서적 경험을 확대시키는 결과를 낳고, 가족원들이 가깝게 접근할 수 있는 기회를 제공한다.

7) 경험적 가족치료에서 치료 전의 준비는 내담자와 치료자 간의 두려움을 줄이고 서로의 경험을 나눌 수 있게 한다. 그것은 내담자들을 변화시키려는 열망보다는 그들을 기꺼이 이해하고 수용하려는 자세이다. 치료자의 이해와 수용은 내담자가 자신을 더 깊이 경험하고 이해할 수 있도록 도와준다. 치료자들은 가족들의 반응에 주의를 기울여야 하며, 보다 나은 관계구축방법을 탐색하도록 도와준다. 그리고 치료자는 적극적이어야 한다. 또한 치료자는 가족구성원들이 비판적이지 않은 방법으로 서로 관계하는 방법을 탐색할 수 있도록 그들의 경험과 실제적인 기술들을 제공하고, 가족구성원들이 꿈과 열망을 성취할 수 있도록 도와야 한다. 구체적인 치료자의 역할은 다음과 같다.

- 치료자는 지금-여기에서의 감수성과 정서적 경험을 촉진한다.
- 치료의 주된 작업은 방어를 깨고 경험을 개방하여 가족원들이 자발적으로 감정을 표현하도록 하는 것이다.
- 가족을 이해하고 수용하는 자세로 가족들의 반응에 주의를 기울인다.
- 가족들과 감정과 반응을 함께 나눈다.
- 안정된 분위기를 조성하고 치료자의 신뢰감과 자신감을 전달한다.

구분	내용
재정의	재정의는 부정적 의미를 긍정적으로 바꾸기 위하여 행동과 감정, 사고에 감추어진 긍정적인 의미를 제시하는 것이다. 이는 내담자가 긍정적인 측면에서 자신이나 다른 사람의 행동을 볼 수 있도록 하여 문제에 새로운 의미를 부여하는 것이다. 이로써 긍정적으로 변화할 수 있다는 희망과 기대감을 갖게 하는 것이다.
원가족 도표를 활용한 원가족 삼인군 치료	원가족 도표는 가족의 역동성과 가족관계를 쉽게 이해하고 평가하기 위하여 활용되는 기법이다. 이로서 가족원의 성격, 자아존중감의 정도, 의사소통유형, 가족규칙, 가족의 역동적 관계, 세대 간의 유사성과 차이점, 원가족 삼인군에서의 학습된 경험 등을 파악할 수 있다. 원가족 도표는 스타의 원가족, 스타의 아버지 원가족, 스타의 어머니 원가족의 세 가지가 있다.
빙산 탐색	사티어가 개발한 것이며 개인의 내적 경험을 이끌어 내는 비유적 방법으로, 경험의 다양한 수준을 빙산에 비유하면서 이를 활용하여 개인의 내적 과정을 이해하려고 하는 것이다. 대부분 빙산의 일부인 행동만 보기 쉬운데, 사티어 모델의 빙산 탐색에서는 수면 아래 부분을 탐색하여 내담자의 경험을 표면화하도록 격려한다. 내담자가 내면의 감정을 느끼고 표현하는 것은 중요한 치료과정 중의 하나이다.

6) 보웬의 가족치료

머레이 보웬(Murray Bowen)은 이론의 핵심개념으로 자아분화(Differentiation Of Self), 삼각관계(Triangles), 핵가족의 정서적 과정(Nuclear Family Emotional System), 가족 투사과정(Family Projection Process), 다세대 전수 과정(Multigenerational Transmission Process), 형제순위(Sibling Posision), 정서적 단절(Emotional Cutoff), 사회의 정서적 과정(Societal Emotional Process)의 여덟 가지 개념을 명료화하였다. 보웬의 가족치료(Bowen's Family Systemic Therapy)의 핵심개념을 구체적으로 살펴보면 **표 7-9**와 같다.

표 7-9 보웬의 가족치료의 핵심개념

구분	내용
자기분화	보웬 이론의 핵심적인 개념인 자기분화는 두 개의 힘을 가정하는데, 이는 가족 안에서 연합하고자 하는 힘인 연합성과 서로 분리하고자 하는 힘인 개별성이다. 개별성은 생물학적으로 유기체를 자신의 의지, 즉 독립적이고 분리된 존재로 나아가게 하는 생명력에 뿌리를 둔다. 연합성은 유기체를 상대의 의지, 즉 의존적이고 분리되지 않는 개체로 나아가게 하는 생물학적 생명력에 뿌리를 둔다. 이상적인 것은 두 세력의 균형이다. 개별성과 연합성의 불균형은 융합(fusion)이나 미분화(undifferentiation)라고 부르고 균형을 이룰 때 분화(differentiation)라고 부른다.
삼각관계	삼각관계는 상호 대인적 체계의 요소이다. 정서체계의 기본요소로 가장 작고 안정된 관계단위이다. 보웬은 자아의 통합정도와 자신이나 타인과의 관계에서 일어나는 불안이나 정서적 긴장에 관심을 두고 연구하면서 두 사람 관계체계에서 발생하는 스트레스나 상충된 욕구가 있을 때 균형을 유지하려고 시도하는 데서 삼각관계가 형성된다고 보았다. 삼각관계의 활동에서 영향을 미치는 가장 주된 것은 불안이다. 불안이 증가하면 제3자는 두 사람의 긴장에 관여하게 되어 삼각관계를 형성한다.
핵가족 정서체계	이 개념은 가족들이 감정적으로 서로 강한 결속력과 연결정도를 나타내는 것으로 가족 내의 정서적 힘에 대한 것을 말한다. 핵가족 내에서 이런 정서기능의 유형들은 가족원들 사이에 분화가 잘 이루어지지 않아서 나타난 산물로 원가족에서 형성된 것을 다시 지금의 가족 내에서 반복하는 패턴으로 작용하는 정서적 압력들에 관한 것이다.
가족투사 과정	보웬은 미분화된 부모가 출생순위와 상관없이 자녀 중에 가장 유아적인 자녀를 투사대상으로 선택하게 되는데, 이 현상을 가족투사과정이라고 하였다. 가족투사과정의 강도는 두 가지 요인과 관련되어 있는데, 한 가지는 부모의 미분화정도이고 다른 한 가지는 가족이 경험하는 스트레스나 불안의 수준이다. 정서적으로 단절된 부부는 심한 거리감을 느끼고 온통 자녀에게 관심을 쏟으며 그들에게 애착하게 된다. 이런 유형의 애착은 따뜻한 관심이 아니라 불안하고 속박적인 관심이다. 결국 자녀에 대한 과잉관여로 부부간의 거리감은 더욱 심화되고 자신의 불안 때문에 자녀에게 더욱 매달리고 자신의 불안을 자녀에게 돌림으로써 정서적 장애를 일으킨다.
다세대 전수과정	다세대 전수과정에서는 두 가지 개념이 중요한데 역기능 가정에서 자라난 사람은 성인이 되어서도 자신과 비슷한 수준의 분화를 가진 상대를 배우자로 선택한다는 것과 부모의 낮은 분화수준이 부모의 정서유형에 민감한 특정 자녀에게 전수된다는 가족투사 과정의 개념이다. 다세대전수과정은 정서체계에 근간을 두고 있으며 한 세대에서 다음 세대로 계승된 정서, 감정, 그리고 주관적으로 결정된 태도, 가치와 신념을 포함한다.

구분	내용
형제지위	보웬은 가족 내 형제 순위를 기초로 자녀들의 성격이 일관되게 발달한다는 사실을 인정했으며 이 개념에 의하면 자녀는 가족 내의 형제순위에 따라 어떠한 고정된 인성적 특성을 발달시킨다. 개인은 형제순위 속에서 특정지위를 갖고 태어남에 따라 그것과 관련된 기능을 떠맡게 된다.
정서적 단절체계	한 개인과 자신의 원가족 간의 미분화와 그것과 관련된 정서적 긴장을 설명한 것으로 극심한 정서적 분리적 양상을 의미한다. 정서적 단절은 세대 간의 잠재된 융해의 문제를 반영하는 것이며, 세대 간의 정서적 융해가 심할수록 정서적 단절의 가능성 또한 높음을 나타낸다. 융해가 심한 사람은 가족과의 정서적 접촉을 회피함으로써 문제를 해결하려고 하지만 고립된 소외에서 오는 불안으로 다른 사람과 관계를 맺으면 또 다른 융해를 초래한다.
사회의 정서적 과정	사회 내의 정서적 과정은 가족 내의 정서적 과정에 영향을 미친다는 개념이다. 가족은 만성적으로 불안에 휩싸이면 가족의 기능에 퇴행이 일어난다는 것이며, 사회적 퇴행은 불안에 의해 사회적 문제해결능력을 위태롭게 하는 정서적 과정이다. 보웬은 불안은 정서적 융해의 산물이며 지속적인 변화를 위해서는 안정적인 분위기에서 이해와 자기분화가 필요하다고 보고 있다.

보웬의 이론은 자아분화를 핵심으로 하고 있다. 자아분화는 정신 내적인 개념인 동시에 대인관계적 개념이 된다. 자아분화는 자아강도에 비유할 수 있는 개념으로 내·외적인 정서적 압력에 자동적으로 반응하지 않고 생각할 수 있는 능력을 말한다. 또한 불안에 직면하더라도 유연하고 현명하게 행동할 수 있는 능력이다. 자아분화가 덜 된 사람은 내·외적인 정서적 충동에 쉽게 반응하기 때문에 그들의 삶은 주변의 사람이나 사건에 대해 충동적으로 반응할 가능성이 높다. 분화가 잘된 사람은 사고와 감정이 균형을 이루며 정서적 충동에 저항할 수 있는 자제력을 가지고 있다. 이와 대조적으로 자아분화가 덜 된 사람은 주위 사람들에게 정서적으로 반응하려는 경향을 가진다. 이들은 자율성을 유지하기 어렵고, 특히 불안을 느끼는 상황에서는 충동적인 반응을 할 가능성이 높다. 이들은 다른 사람의 말에 잘 동조하거나 사사건건 다투기를 좋아한다. 반면 자아분화가 잘된 사람은 충분히 사고하고 자신의 믿는 바와 신념에 따라 결정하고 행동하기 때문에 어떤 문제에 있어서든 분명하게 자신의 입장을 취할 수 있다.

보웬은 자아분화의 수준을 척도를 0~100으로 구분하여 '가장 낮은 자아분화 수준

(0~25)', '낮은 자아분화 수준(25~50)', '보통 자아분화 수준(50~75)', '높은 자아분화 수준(75~100)'으로 4범주로 나누어서 설명하고 있다. 그리고 보웬은 정서적인 문제가 개인을 넘어서 가족에게까지 영향을 미치고 나아가 여러 세대까지 영향을 미친다는 '다세대 전수 과정(multigenerational transmission process)'을 주장한다. 즉, 보웬에게 있어서 가족의 문제는 한 개인의 문제를 뛰어넘는 세대 전수의 결과물인 것이다.

보웬의 가족치료는 자아분화의 수준을 높이는 것을 목표로 한다. 이를 위해 가족 내 문제의 핵심인 불안을 감소시키고 정서적 융합을 높이는 것을 목표로 하고 있다. 가족체계가 변화하려면 폐쇄된 가족유대를 개방하고 삼각관계에서 벗어나야 한다. 이로써 개인의 자율성과 성장을 위한 조건이 만들어진다. 이러한 목표를 달성하기 위한 보웬의 가족치료의 치료 기법에 대해 살펴보면 표 7-10과 같다.

표 7-10 보웬의 가족치료의 치료 기법

구분	내용
가계도	가계도(Genogram)는 3세대 이상에 걸쳐 가족구성원에 관한 정보와 관계를 도형, 선, 단어를 사용해서 도표로 만든 것이다. 가계도를 만드는 것은 3세대 이상을 거쳐 온 정서과정의 강점과 약점을 도식화해서 복잡한 가족 유형을 한눈에 볼 수 있게 하기 위한 것이다. 가계도로 가족에 대한 자료와 정서적인 과정에 관한 것들을 연결시켜 관계성을 볼 수 있다.
삼각관계로부터 분화	치료적 삼각관계(the therapy triangle)는 가족치료자가 부부나 부모에게 합류함으로써 형성된다. 기본 전제는 부부나 부모 두 사람 간의 정서적 긴장에 제3자인 가족치료자를 끌어들이는 것이다. 성공적인 가족치료자는 삼각관계에 말려들지 않고 부부와 의미 있는 관계를 맺어야 한다. 이 기법은 치료자가 정서적 객관화를 유지할 수 있을 때 가능하다. 가족치료과정에서 치료자는 부부 각자가 객관적으로 사고하도록 하는 질문을 하며, 상담실은 객관적 상황을 유지할 수 있는 분위기를 유지한다.
가정으로 돌아가기	이 기법은 내담자가 자신이 성장했던 원가족에 대해 보다 잘 정확하게 이해하기 위해 성장한 가정으로 돌아가 보게 하는 것이다. 이러한 과정은 내담자에게 어떠한 의미가 있을까? 1995년 글래딩(Gladding)에 의하면, 그들이 일부가 되었던 가정의 전반적인 상황 속에서 활동해 보게 함으로써 결과적으로는 자신의 가정에서 명백하게 분화되도록 하는 것에 그 목적이 있다.

구분	내용
코칭	코칭(Coaching) 기법은 가족치료자의 역할을 나타낸다. 가족치료자가 내담자에게 열린 마음으로 다가가서 가족들과 더불어 계획, 예상, 연습, 과제 등을 하게 하여 가족들이 자율적으로 변화하게 하는 것이다. 코칭 역할은 첫째, 가족치료에 대한 설명과 이해를 시킨다. 둘째, 언어로 감정을 표현하게 하는 것으로 자신에 대한 객관적 자세를 취하도록, 가족구성원에게 치료자를 따르고 배울 수 있는 모델의 역할을 한다. 셋째, 질문을 통해 가족들이 갖고 있는 관계의 형태를 스스로 발견하도록 돕는다. 넷째, 가족들이 스스로 변화의 주체가 되어 계획을 세우고 진행할 수 있게 한다.
관계실험	주요 삼각관계를 구조적으로 변화시키기 위해 사용하는 것으로 목표는 가족들로 하여금 체계과정을 인식하고 그 과정 내에서 자신의 역할을 깨닫도록 하는 것이다. 예를 들어, 의존하려는 사람에게 상대방에 대한 의존을 자제하고, 요구하기를 중지하고, 정서적으로 연류되려는 압력을 감소시키고, 자신과 상대방과의 관계에서 어떤 일이 일어나는지를 보게 한다. 이러한 연습은 정서적 과정을 명료화하는 데 도움을 준다. 상대방의 요구를 회피하거나 무조건 항복하지 않고 그 대안을 찾게 된다.
자기입장	정서적 충동에 의해 반응하려는 경향을 막는 가장 직접적인 방법 중 하나는 자신의 견해를 피력하는 방법, 즉 상대방의 행동을 지적하기보다 자신의 감정을 피력하는 것이다. 예를 들어, "당신은 게으르기 짝이 없어"라고 말하는 대신에 "당신이 좀 더 도와줬으면 좋겠어"라고 말하는 것이다. 내담자뿐 아니라 치료자도 이러한 입장을 취하는 것이 좋다. 직면은 불안을 증대시키며, 분명하게 사고하고 대안을 찾는 능력을 떨어뜨린다. 따라서 덜 개인적으로 덜 위협적인 문제를 다루는 것이 객관성을 증대시키는 최상의 방법이다.

보웬은 인간행동을 과학화하는 방식을 보여 주는 공헌을 하였고, 우리가 개인으로 기능하는 정도와 가족들과 관계의 두 가지 관련성에 대해 잘 이해하도록 근본적인 기여를 하였다.

7) 해결중심 가족치료

해결중심 가족치료는 문제가 해결된 상황에 초점을 두고 해결책을 구축하는 접근법으로 이론에 기초한 것이 아니라 실용적인 방법으로 만들어졌다. 해결중심치료에서는 치료를 받으러 오는 사람은 이미 효과적으로 행동할 수 있는 능력을 갖춘 사람이며 단지 부정적 마음자세가 그들의 행동을 방해하고 있을 뿐이라고 가정한다. 문제 원인을 규명하는 것보다 가족이 가진 자원을 활용하면서 해결방법에 중점을 두는 해결중심 가족치료의 기본철학은 문제해결을 위해 치료사가 해결책을 제시하기보다 내담자를 중심으로 상담을 이끌어 나가야 한다는 것이다.

해결중심 가족치료에서 해결중심치료사는 내담자에 대해 어떠한 판단도 하지 않으며, 그들의 소망이나, 욕구 그리고 행동의 이면에 있는 의미에 대해 어떤 해석도 하지 않는다. 치료사의 역할을 선택에 제한을 가하는 것이 아니라 이를 확대하기 위해 애쓰는 것이라고 본다. 치료사는 내담자가 아직 잘 사용하지 못하는 능력을 찾아 주어야 하며, 나아가 그들의 문제를 다루는 데 있어 보다 나은 기술을 찾아내고 활용할 수 있도록 도와야 한다. 따라서 분명한 표현을 통해 치료의 목표를 분명하게 설정하는 것이 필수적이다. 이러한 목표를 달성하기 위한 해결중심 가족치료의 구체적인 치료적 관계 유형은 표 7-11, 해결지향적 질문기법은 표 7-12와 같다.

표 7-11 치료적 개입: 치료적 관계 유형

구분	내용
방문형	방문형 관계는 내담자가 치료에 비자발적으로 참여한다고 생각하고 치료 목표, 과업, 해결책이 자신이 원하는 것과는 다른 것들이라고 생각할 때 형성된다. 내담자는 다른 사람에게 문제가 있다고 생각하여 자신이 치료사와 함께 다뤄야 하는 문제가 있다고 생각하지 않는다. 치료사는 이들을 보낸 사람과의 관계와 방문목적을 인식하도록 하고, 자신의 문제에 대한 인식을 자각하여 문제해결을 위한 치료에 협조하도록 하는 것이 중요하다.
불평형	불평형 관계는 다른 사람을 위한 목표를 가지고 있을 때 발생하며, 불평이나 치료 목표를 상세하게 말한다. 불평이나 문제를 함께 확인하지만 그 문제해결을 위한 실마리를 자신이 쥐고 있다고는 생각하지 않고 치료사가 문제를 일으킨다고 생각되는 사람을 변화시켜 주기를 원한다. 치료사는 내담자를 이해하고 그동안의 노력에 지지를 보내며 문제와 해결에 대한 내담자의 지각을 바꾸도록 하여 내담자가 변화에 대한 방향성을 찾도록 한다.
고객형	고객형 관계는 문제를 해결하기 위해서 어떤 것이든 시도하려는 동기가 있으며 내담자는 자신과 관련된 치료 목표를 표현하고 행동을 변화시킬 준비가 되어 이들은 상담 전에 어떤 변화나 의도적 예외가 있으므로 치료사는 그 예외를 지지하고 강화해야 한다. 고객형 내담자는 매우 긍정적인 협력적인 치료관계로 발전시킬 수 있지만 상대적으로 적은 편이다.

표 7-12 **치료적 개입: 해결지향적 질문 기법**

구분	내용
면담 전 변화에 관한 질문	해결중심 가족치료의 기본가정은 '변화는 불가피하며 계속적으로 일어난다'는 것이다. 그러므로 내담자가 면담을 약속한 후 상담소에 오기까지 경험한 변화에 대해 알아보는 것은 문제해결에 매우 중요한 단서를 제공해 줄 수 있다.
예외질문	예외란 내담자가 문제로 생각하고 있는 행동이 일어나지 않는 상황이나 행동을 의미한다. 내담자가 행한 우연적인 성공을 찾아내어 내담자의 성공을 강화시켜 주고 의도적으로 계속 실시하도록 격려한다. 예외질문은 매회 사용하며, 첫 회 이후 면담부터는 성장하고 변화한 것을 탐색하는 것에 초점을 두고 사용한다.
기적질문	기적질문은 문제 자체를 제거하거나 감소시키지 않고 문제와 떨어져서 해결책을 상상하게 하는 것이다. 문제중심적인 사람들이 문제가 해결된 상태를 상상하고 변화된 행동을 상상하는 과정에서 자기 문제를 인식하고 해결책을 탐색하게 된다. 즉, 기적질문은 내담자가 해결하기 원하는 것들을 구체화하여 현실적이고 구체적인 상담목표 설정을 위해 사용된다.
척도질문	척도질문은 내담자에게 자신의 문제, 문제의 우선순위, 성공에 대한 태도, 정서적 친밀도, 자아존중감, 치료에 대한 확신, 변화를 위해 투자할 수 있는 노력, 진행에 관한 평가 등의 수준을 수치로 표현하도록 하는 방법이다. 즉, 1점부터 10점까지의 척도 위에 내담자가 인식하는 문제의 정도, 해결가능성, 상담의 진정 정도를 숫자로 표시하도록 질문한다.
대처질문	대처질문은 자신의 미래를 매우 절망적으로 보아 아무런 희망이 없다고 하는 내담자에게 주로 사용된다. 즉, 내담자가 어려움과 위기를 어떻게 극복하고 생존해 왔는지, 희망을 버리지 않고 유지해 올 수 있었는지에 관하여 질문하는 동시에 생존능력을 인정하고 간접적으로 칭찬하는 것이다.
관계성 질문	관계성 질문은 내담자와 중요한 관계에 있는 사람의 생각, 의견, 가치관, 반응 등에 관하여 질문하는 것이다. 사람이 자신의 희망, 힘, 한계, 가능성 등을 지각하는 방식은 자신에게 중요한 타인이 자신을 어떻게 보고 있을 것이라는 생각과 밀접한 관계가 있다.
메시지 전달	메시지는 내담자가 자신의 장점과 성공적 경험에 대한 확신을 가지도록 하고, 상담 목표를 명확히 하도록 돕는다. 치료사가 내담자의 말을 주의해서 듣고 있다는 것, 내담자 자신의 문제에 대한 견해, 자신의 생활을 보다 만족스럽게 하기 위해 내담자가 취하고자 하는 행동에 동의한다는 것을 내담자에게 알리기 위한 것이며, 칭찬, 연결문, 과제의 세 부분으로 구성된다. 칭찬은 진술된 목적이나 문제해결 과정을 중심으로 내담자가 문제를 해결하기 위해 노력을 해 왔음을 긍정적으로 평가하고 치료사가 내담자에게 찬사와 지지를 하는 것이다. 연결문은 칭찬과 제안 또는 과제를 연결해 주는 메시지의 한 부분으로 과제를 제시하는 이유를 자연스럽게 설명하고 내담자에게 적절한 과제를 선택하여 부과한다.

지금까지 살펴본 바와 같이 가족치료의 이론들은 각자의 방법으로 가족 간의 문제를 해결하여 내담자를 치료하고자 하는 목적을 가지고 있다. 가족치료는 내담자의 문제적 병리현상은 내담자 개인의 문제가 아닌 가족 전체의 문제로 보고 개인의 치료와 함께 내담자의 병리현상을 가져온 가족체계 전체를 치료하고자 하는 상담기법이다. 따라서 가족치료는 내담자만이 아닌 내담자 가족전체가 치료의 대상이 되며 자연인인 사람만이 아닌 왜곡된 가족체계를 정상화시키는 것까지 치료의 대상이 된다.

PART 4

가족복지실천의 대상과 영역

Chapter 08

빈곤가족

배울 내용

1. 빈곤과 빈곤가족에 대한 이해
2. 다차원 빈곤
3. 빈곤가족의 현황
4. 빈곤가족 지원정책

학습목표

1. 빈곤과 빈곤가족의 의미를 파악한다.
2. 다차원 빈곤의 개념 및 측정방법을 숙지한다.
3. 빈곤가족의 현황을 파악한다.
4. 빈곤가족에 대한 구체적인 지원정책을 설명할 수 있다.

1. 빈곤과 빈곤가족에 대한 이해

1) 빈곤의 정의

빈곤의 현실에 대한 정확한 파악과 설명은 그것을 바라보는 시각에 의해 결정된다. 따라서 빈곤은 개인과 가족이 일상생활을 유지하기 위하여 필요한 의 · 식 · 주의 결핍뿐만 아니라, 기타 사회적 조건을 충족시킬 수 없는 자원의 결핍상태로 정의할 수 있다.

이러한 빈곤은 다시 절대적 빈곤과 상대적 빈곤 및 주관적 빈곤으로 구분할 수 있다. 구체적으로 절대적 빈곤(absolute poverty)이란 신체적인 건강과 생산을 위한 노동력을 유지하는 데 필요한 기본수요가 결여된 상태이며, 상대적 빈곤(relative poverty)은 한 사회의 소득수준으로 볼 때 소득이 상대적으로 낮은 계층으로 정의된다. 즉, 상대적 빈곤은 자원이나 생활양식에 의한 상대적 관점으로서 불평등과 불균등한 배분의 결과인 상대적 박탈(relative deprivation)로 규정하고 있다. 그리고 주관적 빈곤은 개인의 주관적인 평가에 근거한 것으로 개인이 빈곤하다고 느끼는 소득수준을 주관적 빈곤선으로 정의할 수 있다.

(1) 절대적 빈곤

절대적 빈곤은 생존에 필요한 생활 수준과 최소한의 소득수준에 도달하지 못했을 때이다. 수입에 있어 최소한의 생필품을 구매하기에도 충분하지 못한 상태이며(Rowntree, 2003), 이를 구매하기에 필요한 소득수준을 절대적 빈곤선으로 측정한다. 절대적 빈곤선은 전물량 방식(Market Basket method)과 반물량 방식(Engel method)을 통해 정의할 수 있다(김미곤 외, 2010; 김수현 외, 2016). 첫째, 전물량 방식에서는 인간이 살아가는 데 필요한 모든 품목에 대해 최저 수준을 가격으로 환산한 값의 총합을 절대적 빈곤선으로 정의한다. 전물량 방식은 두 가지 단계를 통해 이루어진다. 첫 번째 단계로 필수품 선정이 있다. 동시대에 모든 사람이 받아들일 수 있는 필수품이 포함된 전물량을 구성해야 한다. 이어서 두 번째 단계로, 선정된 필수품에 가격과 사용량을 정해 절대적 빈곤선인 최저생계비를 측정한다.

둘째, 반물량 방식은 기존에 복잡한 전물량 방식을 간소화하기 위해 제시된 방법이다. 즉, 저소득층의 최소 식료품 지출비에 '3'을 곱한 금액을 빈곤선으로 정의하며, 식료품 외에 각 항목에 대한 지출비를 모두 더하는 전물량 방식에 비해 측정이 간편하다. 이와 관련하여 소득 대비 식료품비 비율을 토대로 빈곤선을 추정하는 엥겔방식이 있다. 이는 소득이 증가함에 따라 소득에 대한 식료품 지출 비용의 비율이 떨어진다는 원리에 근거하여 최저생활수준에 있는 이들의 총지출에서 음식비가 차지하는 비율의 역수를 곱해서 빈곤선을 정의하는 방식이다.

하지만 절대적 빈곤선을 정의함에 있어서는 전문가의 주관이 개입될 수 있다는 한계점을 지니고 있다. 가령 전물량 방식에서 필수품을 선정하거나 반물량 방식에서 식료품 지출비를 정할 때 전문가의 주관이 개입된다는 것이다. 또한 '절대적 빈곤에서 빈곤선을 정하는 기준이 생존에 필요한가?'라는 점에서 생존에 필수품을 확보하지 못한 이들이 아닌 국민의 생활을 고려하지 않음도 한계점으로 지적될 수 있다. 이는 경제가 성장함으로 국민의 생활수준이 높아졌을 때, 빈곤선과의 격차가 커지며 생존에 빈곤을 겪는 이들은 그렇지 않은 이와의 비교에서 박탈감을 느낀다는 것이다(김수현 외, 2016).

(2) 상대적 빈곤

절대적 빈곤에서 최저생계비를 기준으로 빈곤을 측정하려는 시도가 있었다. 하지만, 절대적 빈곤에서 측정된 빈곤선이 생존에 필요한 최소한의 지출수준이나 사회적인 기본욕구가 합의되기 어렵다는 타운센드(Townsend, 1979)의 비판으로 상대적 빈곤의 개념이 도입되었다. 상대적 빈곤은 가구가 거주하는 사회에 공통되는 상품이 부족한 경우와 관련이 있다. 이는 특정 사회의 구성원 대다수의 생활수준에 못 미치는 수준을 빈곤선으로 정의한다. 소득이나 지출 등을 고려했을 때 평균소득이나 중위소득에 미치지 못할 경우 상대적으로 빈곤하다고 정의하며 상대적 비율 방식을 적용한다. 상대적 비율 방식에서는 평균 또는 중위가구의 소득이나 지출의 몇 %에 해당하는지에 따라 빈곤 여부가 결정된다. World Bank에서는 개발도상국에게는 평균소득의 1/3, 선진국에게는 평균소득의 1/2을, 그리고 OECD에서는 중위소득의 40%, 50%, 60%를 빈곤선으로 정의한다(김태성, 손병돈, 2016).

하지만 상대적 빈곤을 측정함에도 한계점이 존재한다. 즉, 상대적 빈곤선을 토대로 측정한 빈곤의 정도가 빈민의 규모를 확인할 수는 있지만, 빈민의 삶의 수준에 대한 실질적인 정보를 알 수 없다는 것이다. 또한 상대적 빈곤선을 모든 국가에 적용할 수는 없다는 것이다. 이와 관련하여 나라마다 상대적 빈곤의 기준을 다르게 적용한다는 점과 절대적 빈곤조차 해결되지 않은 저개발국가에서의 상대적 빈곤선은 절대적 빈곤선보다 낮을 수밖에 없다는 점을 고려해야 한다는 것이다.

(3) 주관적 빈곤

주관적 빈곤은 개인의 주관적인 평가에 근거하여 빈곤을 정의한다. 개인이 빈곤하다고 느끼는 소득수준을 주관적 빈곤선으로 정할 수 있다. 주관적 빈곤선을 측정하는 방법에는 제3자의 평가와 자신의 평가가 있다(김미곤 외, 2010; 김수현 외, 2016). 먼저 제3자의 평가에는 "이곳에 사는 평균적인 4인 가족이 건강하고 안락한 생활을 위해 일주일 동안 필요한 최소한의 소득은 얼마인가?", "이곳에서 4인 가족이 근근이 사는 데 필요한 최소한의 돈이 얼마입니까?"와 같이 제3자의 입장에서 빈곤선을 묻는 방식이다. 다음으로 자신의 평가에 근거한 라이덴(Leyden) 방식이 있다. 이는 각자 자기

가구의 최저생계비에 대해 묻고 답하는 방식이다. 가령, '당신의 가구에 얼마의 소득이 있다면 근근이 살 수 있는가?'와 같이 자신의 평가를 적용하는 질문이 있다. 질문에 대답으로 언급한 소득, 즉 해당 가구가 판단한 최소 소득과 실제 소득의 관계를 분석해 빈곤선을 결정한다.

하지만 주관적 빈곤에 기초하여 빈곤을 측정함에는 설문지 구성이 쉽지 않다는 문제점을 지니고 있다. 왜냐하면 이는 빈곤을 측정하는 질문에 대해서 전문가의 주관이 개입되기 때문이다. 전문가가 빈곤선인 최저 소득을 물을 때, 근근이 살아가기 위한 최소한의 비용으로 묻는지 아니면 건강한 생활을 위해 필요한 최소한의 비용으로 묻는지에 따라 빈곤선의 정도가 달라진다(김수현 외, 2016).

지금까지 논의한 절대적 빈곤, 상대적 빈곤 및 주관적 빈곤의 측정에 대한 논의를 정리하면 **표 8-1**과 같다(조휘래, 2022).

표 8-1 빈곤의 유형과 정의

빈곤의 유형	빈곤선의 정의	
절대적 빈곤	전물량 방식	인간이 살아가는 데 필요한 모든 품목에 대해 최저 수준을 가격으로 환산한 값의 총합을 빈곤선으로 정의한다.
	반물량 방식	저소득층의 최소 식료품 지출비에 "3"을 곱한 금액을 빈곤선으로 정의한다.
상대적 빈곤	구성원 다수가 누리는 생활수준을 누리지 못하는 상태로 평균소득 또는 중위소득을 기준으로 정의한다.	
주관적 빈곤	제3자의 입장을 묻는 방식과 자신의 입장을 묻는 방식(라이덴 방식)으로 구분된다.	

그리고 빈곤은 경제적 빈곤, 사회적 빈곤 및 심리적 빈곤으로 구분할 수 있다. 구체적으로 경제적 빈곤은 일정 수준의 생계비를 감당할 수 없는 저소득을 말하고, 사회적 빈곤은 빈곤층의 사회·문화적 성격을 그들 나름대로 독특하게 발전시키는 빈곤문화와 제도를 말한다. 그리고 심리적 빈곤은 빈민이 갖게 되는 각종 심리상태를 말하는데

모든 일에 숙명적이고 운명적이며, 인지구조의 불안 등의 상태를 말한다. 이러한 세 가지 빈곤의 측면은 어느 것이 원인이고 결과인지는 따질 수 없으며, 서로 순환되는 성격을 지니고 있다고 볼 수 있다. 또한 빈곤은 객관적이고 동시에 주관적인 현상이다. 객관적으로는 기본적 욕구를 달성하는 데 소득이 적다는 것이고, 주관적으로는 자신의 무능력이 욕구와 기대충족에 못 미쳐서 풍족한 생활양식과는 동떨어진 차별적인 느낌을 갖게 하는 것이다.

2) 빈곤가족

빈곤가족은 인간으로서의 보편성을 가지고 있는 동시에 빈곤계층의 특수한 가족문화를 공유하고 있으며 일반가족이 경험하지 못한 많은 독특한 문제를 가지고 있다. 그들은 단순한 물질적 결핍으로 고통을 받는 데 그치지 않고 인격적 박탈가능성을 동시에 갖게 되어 가족기능이 제대로 수행되지 못하고 이러한 현상은 그들의 가족 체계 내에서 다시 계속적이고 새로운 빈곤의 요인이 되어 연속적인 문제를 가져올 수 있다(박혜신, 2003).

빈곤가족에게 있어 가장 큰 문제가 되는 것은 계층상승에 대한 기대가 없어 스스로 계층상승 노력을 포기하게 되어 정부의 어떠한 태도도 단순한 구호적인 성격을 가질 뿐 빈곤문제에 대한 근본적인 해결책이 될 수 없다는 것이다. 또한 그들은 개인적인 위기에 효과적으로 대처할 수 있는 경제적 능력이 없기 때문에 빈곤이 더욱 심화되고 장기화되는 결과를 가져오게 된다는 점이다.

이처럼 빈곤가족이라는 용어에는 경제적인 문제 외에도 심리 · 사회적인 문제가 내포되어 있다. 가족의 여러 기능 중에 자녀양육의 기능이 점점 더 중요해지는 현실을 볼 때, 빈곤가족 부모의 자녀양육에 대한 부담은 그 어느 때보다도 가중되고 있다. 한부모가족 혹은 장애로 인한 역할상실 부모가족의 경우 가족생활의 변화가 불가피하고 경제적 빈곤, 가족관계, 자녀양육 및 가사노동의 어려움, 역할수행상의 혼란과 사회적 위축의 문제를 수반한다.

가정의 빈곤이 자녀들에게 미치는 영향은 경제적인 문제보다도 그로 인한 사회·심리적인 영향이 더 크다고 볼 수 있으며, 그들은 빈곤의 악순환 속에서도 빈곤을 벗어나고자 하는 욕구와 변화 동기가 부족하고 항상 긴장된 상태에서 생활해야만 하기 때문에 걱정이나 두려움이 많다.

3) 빈곤원인에 대한 인식

일반적으로 빈곤원인 인식을 설명하기 위한 이론적 접근은 개인의 책임으로 보는 개인주의적 관점과 사회의 책임으로 보는 구조주의적 관점 두 가지로 구분할 수 있다(김미진, 2022; 손지현 외, 2017). 구체적으로 개인주의적 관점은 개인적인 속성을 빈곤의 원인으로 인식하는 것으로 개인의 능력부족이나 의지부족, 게으름, 질병, 장애 등이 빈곤의 원인이라고 인식하는 것이다. 또한 사회구조적 원인을 빈곤의 원인으로 인식하는 것은 구조주의적 관점이며, 불평등한 사회시스템, 정부의 무능함, 기회 부족, 편견, 차별 등을 원인이라고 인식한다(Weiner et al., 2011).

조던(Jordan, 1996)은 영국과 미국에서의 복지가 선별주의적 특성이 강하고 복지급여 범위가 약한 것은 이들 국가가 빈곤의 원인을 개인의 도덕성과 행태에서 비롯된 것으로 여기는 사회적 인식과 밀접하게 관련된 것으로 평가하고 있는 반면, 서유럽 복지국가들에서의 보편주의적 특성 및 관대성이 높은 양상은 빈곤의 원인이 사회적, 구조적 측면에 존재한다는 사회적 인식이 주가 되기 때문으로 분석한다(이충환, 2015).

이처럼 한 사회가 빈곤의 원인을 개인 혹은 사회적 책임 중 어느 것에 더 주목하는가는 복지에 대한 태도의 차이로 이어질 수 있는데, 사회의 총체적인 빈곤 수준을 결정하는 구조적 요인과 빈곤여부 혹은 지위를 결정하는 개인적 요인은 병존할 수밖에 없기 때문에 이러한 접근은 상호 경쟁적이기보다는 보완적인 성향이 강하다고 볼 수 있다(Cotter, 2002).

사회를 이루는 구성원의 빈곤원인에 대한 인식은 관련 국가의 정책과 제도에 주요한 요인이다(Lepianka et al., 2009). 왜냐하면 빈곤원인에 대한 사회적 인식은 빈곤층의 사회적 위상 및 거리감을 나타내기 때문에 빈곤층의 사회적 배제 및 박탈을 이해하는 맥락으로써 정책적 함의를 지니고 있기 때문이다(이상록 외, 2014).

피긴(Feagin, 1972)은 이러한 빈곤유형에 대한 인식을 개인책임론, 사회구조책임론, 운명론 등 세 개의 유형으로 구분하여 개인의 행태나 사회구조적 문제 외에도 개인의 노력으로는 어쩔 수 없는 상황인 개인의 운명을 포함시키고 있다. 즉, 빈곤 및 그 계층에 대한 부정적 인식과 고정관념이 복지정책의 확대에 있어 정치적인 장애물이라는 것에 주목하여 빈곤원인에 대한 인식 실태와 특성을 체계적으로 분석한 것이다.

이후 레피안카 등(Lepianka et al., 2009)은 빈곤의 원인이 개인의 질병 및 가정환경에 있다고 보는 관점, 개인의 의지 및 노력 부족에 있다고 보는 관점, 사회구조적 불평등에 있다고 보는 관점, 현대사회에서 나타나는 어쩔 수 없는 속성이라고 보는 관점 등으로 빈곤원인인식을 유형화하여 분류하였다. 그리고 반 오르쇼트와 할만(Van Oorschot & Halman, 2000) 등은 운명원인인식의 모호성 문제를 지적하면서 개인책임, 사회구조책임, 개인운명(불운), 사회운명(숙명) 등의 4개 유형으로 빈곤원인 인식이 구분된다고 하였다.

2. 다차원 빈곤

1) 다차원 빈곤의 개념

일반적으로 빈곤은 개인이 생존에 필요한 최소한의 기본적 욕구가 충족되지 않거나 충족시켜 줄 자원이나 능력이 결핍된 상태를 말한다(이지인, 2020; 최현수 외, 2003). 이때 빈곤은 삶의 표준을 유지할 소득을 보유하지 못한 불능력으로서 소득의 부족으로 정의되며, 이러한 접근을 빈곤에 대한 화폐적 빈곤접근이라고 한다. 이러한 화폐적 빈곤접근의 장점은 삶의 표준 유지에 필요한 물질적·화폐적 자원의 양이 결정되면 이를 소득이나 소비로 환산하기 쉬워 통계수집이 용이하고 비교에 편리하며 빈곤율 통계치의 해석이 용이하여, 빈곤정책 수립에서도 소득지원을 방안으로 제시할 수 있다는 점이다(서병수, 2007). 그러나 이러한 화폐적 빈곤접근은 이론적, 측정 기술적인 면에서 한계점이 지적되면서, 빈곤의 경제적인 측면과 아울러, 다양한 사회적인 박탈이나 배제의 측면도 고려해야 한다는 주장이 꾸준히 제기되었다(이지인, 2020).

이러한 문제의식에서 빈곤의 범주를 확대하고 새롭게 정의할 수 있도록 기틀을 제공한 학자는 아마티아 센(Amartya Sen)이다. 센은 실현능력접근법(Capability approach)이란 개념을 통해 빈곤의 문제가 소득측정만으로 정의되고 해결될 수 없으며, 개인의 자원을 능력(Capability)으로 전환할 수 있도록 하는 사회적 환경이 중요하다고 강조하였다. 실현능력은 개인이 삶의 조건에 대해 갖고 있는 실질적인 기회를 말하며, 이러한 실현능력접근에 의한 빈곤은 최소한의 적절한 수준으로 중요한 기능을 만족시키는 '인간의 기본적 실현능력 성취에 실패'한 것을 의미하며, 삶의 질과 조건이 다차원적이듯이 빈곤의 다차원성은 본질적으로 내재되어 있다고 본다.

센이 제안하고 있는 실현능력 개념은 단순히 소득으로만 측정될 수 없으며, 개인의 고유한 특성(지식, 신체조건 등), 사회적 특성(제도, 사회적 규범, 계층 등), 환경적 특성(주거, 기후, 지역 등)의 다양한 범주를 통해 정의되고 측정될 수 있다는 점에서 다차원성을 가지게 되고, 이를 측정하기 위해 대두된 개념이 다차원적 빈곤이다(김문길, 김성아, 2018). 빈곤을 다차원적인 실현능력의 결핍으로 이해하려는 센의 주장에 기초하여 결핍 정도를 측정하려는 연구들이 이루어졌다.

2) 다차원 빈곤 측정

다차원 빈곤 측정은 기존의 빈곤 측정이 화폐적 지표(총소득, 생활비 및 순자산) 중심이었던 것과 달리, 비화폐적 지표(교육수준, 주거만족도, 건강상태, 가족 및 지역사회관계, 지위 등)에 대한 변수를 고려하여 다차원적 빈곤의 수준과 추이를 분석하는 것이다. 다차원적으로 빈곤을 처음으로 측정한 타운센드(Townsend, 1979)는 60개 지표로부터 12개의 결핍지수를 산출하였으며, 이후 다차원적 빈곤을 실증 분석하는 연구가 이루어져 왔다. 그러나 다수 학자에 의해 빈곤의 다차원성을 측정하는 방법이 다양하게 제시되고 있지만, 통합된 측정방법이 부재하여 빈곤을 구성하는 차원과 각 차원의 구성을 위한 지표 선정과 빈곤선 결정에 있어서 여전히 어려움이 존재한다(이지인, 2020).

결국 빈곤을 측정할 때는 소득뿐만 아니라 다양한 차원을 고려해야 한다는 것이다. 또한 빈곤에서 다양한 측면은 경제적인 빈곤과도 연결이 되어 있기 때문에 빈곤을 경제적인 의미에서 정의하여도 다양한 측면의 박탈과 연결하여 설명이 가능하다(이성민, 이수철, 2010).

3. 빈곤가족의 현황

빈곤가족 현황을 아동 빈곤 현황, 여성가구주의 빈곤 현황 및 노인 빈곤 현황으로 구분하여 살펴보면 다음과 같다.

1) 아동 빈곤 현황

한국보건사회연구원(2024)에 의하면(그림 8-1), 중위 50%를 기준으로 하였을 때의 18세 미만 아동 빈곤율(가처분중위소득 50% 기준)은 2022년 기준 9.5%로 2016년부터 지속적으로 감소하고 있는 것으로 나타났다.

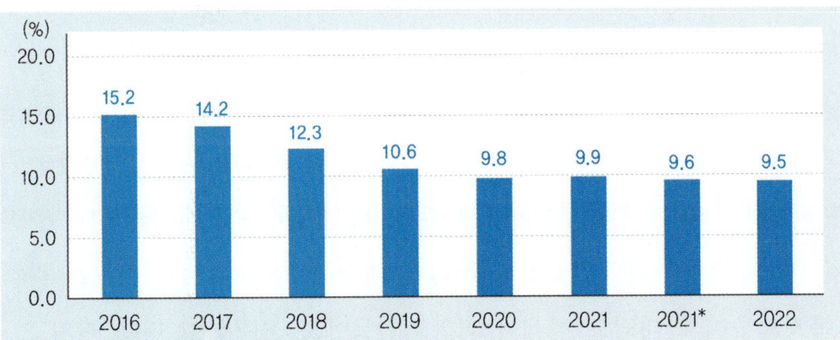

그림 8-1 국내 아동 빈곤율(가처분중위소득 50% 기준)

주: 2021년(소득 기준연도) 이후 소득자료부터 고용보험과 산재보험 급여 소득을 행정자료로 보완하여 제공함에 따라, 2021년 재분석(기존 빈곤통계연보와 수치에 차이가 있음).
출처: 통계청. 가계금융복지조사 원자료. 각 연도.

OECD 국가들과 비교했을 때도, 스웨덴, 덴마크, 노르웨이와 같은 노르딕 국가에 비해 아동 빈곤율이 약간 높지만 전체 평균 아동 빈곤율보다는 낮은 수준에 있다. 구체적으로 OECD(2011)에 따르면, 중위소득 50% 미만의 소득을 가진 가구에 사는 아동의 비율이 한국은 9.7%, 덴마크는 3.8%, 핀란드는 4%, 노르웨이는 5.4%로 나타났다.

한국의 아동 빈곤율의 감소의 원인으로는, 첫째, 아동 가구의 가구소득이 증가하였기 때문이다. 또한 인구고령화의 영향으로 노인가구 비중이 높아짐으로 아동가구의 상대소득이 높아진 결과도 이에 포함된다. 둘째, 아동가구에 대한 재분배효과가 커진 것이 아동 빈곤 감소요인으로 작용한 것으로 보인다(여유진, 2017). 그러나 아동 빈곤율이 감소됨에도 불구하고 빈곤은 아동의 삶에 부정적인 영향을 미치며 아동가구의 소득빈곤 감소만으로는 아동의 삶이 나아졌다고 단정할 수 없다(조휘래, 2022).

2) 여성가구주의 빈곤 현황

여성가구주의 빈곤율 추이를 보여 주는 그림 8-2를 살펴보면, 외환위기 이후 여성가구주는 수적인 증가뿐만 아니라 여성가구주의 상대적 빈곤율이 지속적으로 증가하는 양상을 보여 주고 있다. 한국보건사회연구원(2024)의 2022년 기준 여성가구주의 빈곤율(가처분중위소득 50% 기준)은 29.9%로 나타나 남성가구주의 빈곤율 11.7%보다 18.2%가 더 높은 현상을 보여 주고 있다. 이러한 남녀가구주의 젠더 간 빈곤율 격차는 2000년 이후 복지지출이 확대되고 경제가 회복되었음에도 불구하고 더욱 커지고 있다. 남성가구주의 경우 2000년을 지나면서 외환위기의 영향으로부터 점진적으로 회복되는 경향을 나타내고 있지만 외환위기를 지나면서 빈곤층에 진입했던 대다수의 여성가구주는 빈곤층으로부터 탈피하지 못하고 여성 빈곤의 고착화 현상을 보여 주고 있다(석재은, 2013; 김혜연, 2017).

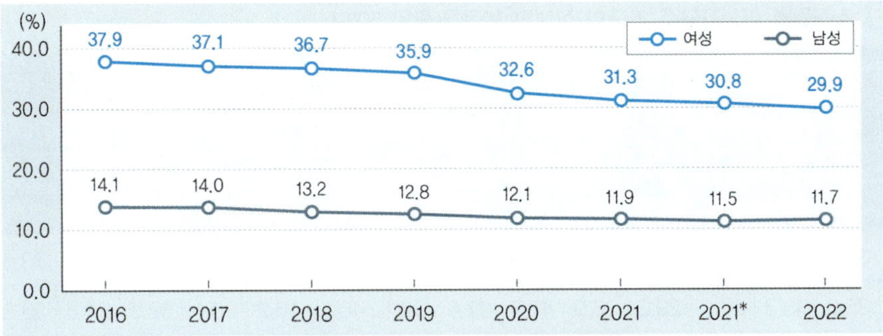

그림 8-2 **성별 상대적 빈곤율 추치**

주: 2021년(소득 기준연도) 이후 소득자료부터 고용보험과 산재보험 급여 소득을 행정자료로 보완하여 제공함에 따라, 2021년 재분석(기존 빈곤통계연보와 수치에 차이가 있음).

출처: 통계청. 가계금융복지조사 원자료. 각 연도.

그리고 표 8-2에서 소득구성에 따른 여성가구주 가구의 상대적 빈곤율 추이를 살펴보면, 시장소득, 경상소득, 가처분소득에 의한 여성가구주의 빈곤율이 2006년부터 꾸준히 전체가구에 비해 지속적으로 더 높은 빈곤율을 보여 주고 있다. 이러한 현상은 여성가구주 취업자는 남성가구주 취업자보다 상대적으로 사회적, 법적 보호와 고용혜택이 부족한 일자리에 종사하는 비중이 높아 소득수준이 더 낮기 때문인 것으로 보인다(한국노동연구원, 2020). 특히 코로나 19 대유행으로 인해 여성노동자가 남성노동자보다 더 큰 타격을 받을 수 있다고 경제협력개발기구(OECD, 2020)가 경고한 바와 같이 한국의 경우도 코로나 19를 경험하면서 남·녀 가구주 간의 성별 빈곤율 격차가 더욱 확대된 것으로 나타났다.

표 8-2 소득원별 여성가구주 가구의 상대적 빈곤율(중위 50%)

(단위: %)

구분	소득									지출					
	시장소득			경상소득			처분가능소득			소비지출			가계지출		
	중위 40%	중위 50%	중위 60%	중위 40%	중위 50%	중위 60%	중위 40%	중위 50%	중위 60%	중위 40%	중위 50%	중위 60%	중위 40%	중위 50%	중위 60%
2016	35.7	43.6	50.4	29.5	39.5	47.9	27.7	37.9	46.8	17.8	28.1	37.8	23.4	33.8	44.2
2017	35.6	43.3	50.1	29.2	38.9	47.7	27.6	37.1	46.1	16.2	26.1	38.5	21.8	33.3	44.4
2018	35.8	43.4	50.2	28.6	38.0	47.4	26.7	36.7	45.7	15.9	25.9	36.3	21.8	31.7	40.6
2019	36.1	44.0	51.4	27.8	38.0	47.6	25.8	35.9	45.7	15.3	25.2	35.5	21.2	31.0	41.4
2020	34.5	42.1	49.3	24.3	34.9	44.3	22.4	32.6	42.7	12.1	21.2	32.2	18.6	28.9	39.1
2021	33.1	39.9	47.5	24.2	33.6	43.2	22.2	31.3	41.0	12.2	21.1	31.0	18.0	27.1	36.7
2021	33.1	39.9	47.5	23.7	33.0	42.6	21.8	30.8	40.8	12.2	21.1	31.0	18.0	27.1	36.7
2022	31.5	38.0	45.3	23.5	32.0	40.6	21.5	29.9	38.2	11.3	20.2	30.5	18.0	27.1	36.6

주: 2021년(소득 기준연도) 이후 소득자료부터 고용보험과 산재보험 급여 소득을 행정자료로 보완하여 제공함에 따라, 2021년 재분석(기존 빈곤통계연보와 수치에 차이가 있음).

출처: 통계청. 가계금융복지조사 원자료. 각 연도.

한국사회에서 여성가구주의 빈곤은 단순한 개인적 차원의 문제가 아니라 남성중심의 가족구조와 정책적 개입의 부재로 인한 양상이기 때문에 더욱 심각하게 인식되어야 할 필요성이 있다. 즉, 여성가구주의 빈곤에 대한 적절한 정책적 대응이 이루어지지 않는다면 사회적 비용과 복지지출규모의 급격한 증가가 예상된다고 할 수 있다(박명아, 2022).

3) 노인 빈곤 현황

한국 노인의 빈곤을 파악할 수 있는 소득분배지표는 그림 8-3과 같다. 한국보건사회연구원(2024)의 2022년 기준 노인 빈곤율(가처분중위소득 50% 기준)은 여성 43.4%, 남성 31.2%, 전체 38.1%로 여성노인이 남성노인에 비해 빈곤율이 12.2% 높은 것으로 나타났다.

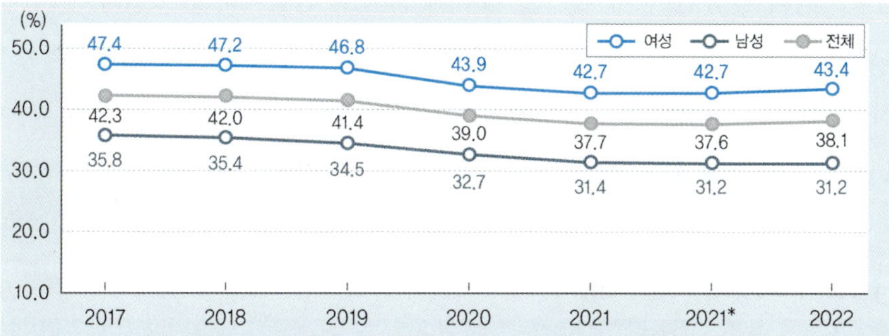

그림 8-3 성별 노인의 빈곤율(가처분중위소득 50% 기준)

주: 2021년(소득 기준연도) 이후 소득자료부터 고용보험과 산재보험 급여 소득을 행정자료로 보완하여 제공함에 따라, 2021년 재분석(기존 빈곤통계연보와 수치에 차이가 있음).
출처: 통계청. 가계금융복지조사 원자료. 각 연도.

노인의 빈곤은 이전보다 빈곤율이 감소하였지만, 다른 연령대에 비해 소득 불평등이 심각하다는 평가를 받고 있다. 즉, 노인 가구의 중산층 비율은 비노인가구의 약 60%로 상당히 적게 나타난 것이다. 또한 은퇴시점이 집중된 51~65세부터 빈곤율이 높다는 점은 언제든지 노인 연령대엔 빈곤으로 추락할 여지가 있다는 점을 암시한다(장성현, 2022).

4. 빈곤가족 지원정책

1) 빈곤가족에 대한 서비스

우리나라는 2015년부터 국민기초생활보장제도의 운영을 맞춤형 급여제도로 개편하면서 중위소득과 연동한 상대적 빈곤 개념의 급여별 선정기준을 도입하여 최저보장수준으로 삼고 있다. 빈곤가족에 대한 구체적인 서비스 현황을 국민기초생활보장제도, 급여 지원, 긴급복지지원서비스, 자활지원서비스 및 의료보장서비스로 구분하여 구체적으로 살펴보면 표 8-3과 같다(김성철 외, 2020).

표 8-3 빈곤가족에 대한 서비스 현황

<table>
<tr><th>구분</th><th>내용</th></tr>
<tr><td>국민기초생활
보장제도</td><td>「국민기초생활보장법」은 구(舊) 「생활보호법」을 대체한 법률로 1999년 9월 7일에 제정되었고, 2000년 10월 1일부터 시행되었다. 「국민기초생활보장법」의 실시로 인하여 시혜적 단순보호차원의 생활보호제도로부터 저소득층에 대한 국가책임을 강화하는 복지시책으로 전환을 하는 계기가 마련되었다.</td></tr>
<tr><td>급여 지원</td><td>「국민기초생활보장법」에 의하여 기초생활수급자에게 보장되는 7종 급여는 생계급여, 의료급여, 주거급여, 교육급여, 해산급여, 장제급여, 자활급여로, 저소득계층이 인간으로서 기본적인 생활을 유지할 수 있도록 돕고 있다. 급여 지원의 대상자 선정조건은 표 8-4와 같다(박귀영 외, 2023).

표 8-4 대상자 선정조건
<table>
<tr><th>대상자
선정조건</th><td colspan="3">부양의무자 조건 + 소득인정액 조건
주의) 주거급여와 교육급여의 경우에는 소득인정액조건만 있다.</td></tr>
<tr><th rowspan="3">급여별
대상자
선정조건</th><th>급여종류</th><th>부양의무자조건</th><th>소득인정액조건</th></tr>
<tr><td>생계급여</td><td>○</td><td>기준 중위소득의 30/100 이하</td></tr>
<tr><td>주거급여</td><td>×</td><td>기준 중위소득의 46/100 이하</td></tr>
</table>
</td></tr>
</table>

구분	내용			
		교육급여	×	기준 중위소득의 50/100 이하
		의료급여	○	기준 중위소득의 40/100 이하
		해산급여		
		장제급여		
	급여별 소관부처	보건복지부: 의료급여, 해산급여, 장제급여, 자활급여 교육부: 교육급여 주거급여: 국토교통부		
긴급복지지원 서비스	2005년 「긴급복지지원법」이 제정됨에 따라, 긴급복지 요청이 있을 경우 시 · 군 · 구 긴급지원 담당공무원은 실 근무시간 기준 8시간 이내에 직접 현장을 확인한 후 필요성이 인정되면 긴급복지지원을 시행한다.			
자활지원서비스	근로의욕 고취를 위하여 노동능력이 있다고 판단되는 기초생활보장수급자들은 반드시 노동을 하도록 규정하고 있는데 이것이 자활사업이다.			
의료보장서비스	의료급여는 저소득층 국민이 저렴한 비용으로 의료서비스를 받을 수 있도록 국가가 지원하는 제도인데 1977년에 최초로 도입되었다. 도입 당시에는 시혜차원의 보호개념이 강하였으나 2000년 10월 국민기초생활보장제도가 도입되고 2001년 5월 「의료보호법」이 「의료급여법」으로 전면 개편되면서 국민의 권리로 보장받게 되었다.			

2) 빈곤가족의 사회복지정책

(1) 국민기초생활보장제도에 의한 빈곤가족 지원

2000년 10월 1일부터 시행된 국민기초생활보장제도는 1997년 이후 경제위기와 구조조정에 따른 대량실업으로 근로능력이 있는 빈곤인구가 급증하고, 사회문제가 확대되면서 근로능력에 관계없이 최저생계비 이하의 저소득층에게 국가가 기초생활을 보장하되 종합적 자립자활서비스 제공으로 생산적 복지를 구현해야 할 필요성을 인식하면서 국민의 최저생활을 보호하기 위하여 시행되고 있다.

(2) 가족유형별 저소득가정에 대한 지원

가족유형별 저소득가정에 대한 지원을 소년소녀가장세대에 대한 지원, 기초노령연금과 노인가족지원 및 장애인가족지원으로 구분하여 살펴보면 표 8-5와 같다(김성철 외, 2020).

표 8-5 가족유형별 저소득가정에 대한 지원

구분	내용
소년소녀가장세대에 대한 지원	지원대상은 국민기초생활보장수급자 중에서 18세 미만의 아동으로만 구성된 세대이거나 18세 미만의 아동이 부양능력이 없는 부모와 동거하는 세대이며, 부양의무자와 동거하는 경우에는 대리양육가정으로, 부양의무자가 아닌 경우에는 가정위탁으로 선정하여 지원한다. 15세 미만의 아동으로만 구성되어 있는 경우에는 시설입소, 가정위탁을 권장하고 있으며 아동이 18세가 넘었지만 중 · 고등학교에 재학 중일 경우에는 졸업까지 연장한다.
기초노령연금과 노인가족지원	1997년 「노인복지법」이 개정되면서 과거 노령수당이 경로연금제도로 전환되었다. 그러나 2007년 4월 「기초노령연금법」의 제정 공포에 따라 소득과 재산을 기준으로 65세 이상 전체 노인 중 약 60%인 약 300만 명에게 매달 국민연금 전체 가입자 월 평균소득의 5%를 지급하는 기초노령연금제도가 실시되었다.
장애인가족지원	장애 수당은 장애인의 생활 안정을 위해 「장애인복지법」에 따라 장애인으로 등록한 자 중 「국민기초생활보장법」에 따른 수급자 또는 차상위 계층으로서 장애로 인한 추가적 비용 보전이 필요한 18세 이상의 자에게 지급되는 급여이다. 기초수급 중증장애인 월 20만 원, 기초수급 경증장애인 월 10만 원, 차상위 중증장애인 월 15만 원, 차상위 경증장애인 월 10만 원, 보장시설 입소 중 장애인 월 7만 원, 보장 시설 입소 경증장애인 월 2만 원 등이다.

(3) 빈곤아동의 보육 및 교육지원

빈곤아동의 보육 및 교육지원을 보육 및 교육에 대한 제도적 지원정책과 교육 · 문화 · 복지지원서비스로 구분하여 구체적으로 살펴보면 표 8-6과 같다(김성철 외, 2020).

표 8-6 빈곤아동의 보육 및 교육지원

구분	내용
보육 및 교육에 대한 제도적 지원정책	• 여성가족부는 2004년 6월 보건복지부로부터 유아보육업무를 넘겨받아 기존의 '가족위임형' 보육에서 부모와 국가가 책임을 나누는 '책임공유형'으로 전환하고 정부는 보육료를 차등하여 지원하고 있다. 정부지원보육료는 원칙적으로 부모가 아이사랑 카드로 결제를 하면 어린이집으로 입금이 되는 방식으로 이루어지고 있다. 또한 「영유아보육법」 및 「영유아보육법 시행령」에 근거하여 유아보호업무를 관리한다. 유아보육시설은 국 · 공립 보육시설, 직장보육시설, 법인보육시설, 가정보육시설, 부모협동보육시설, 민간보육시설을 의미하며, 「국민기초생활보장법」에 의한 수급자와 여성부령이 정하는 일정소득 이하의 가구자녀의 보육비를 전부 혹은 일부 보조한다. • 교육부는 「유아교육법」 및 「유아교육법 시행령」에 근거하여 유아교육업무를 관리한다. • 보건복지부는 「국민기초생활보장법」과 「한부모가족지원법」에 근거하여 빈곤가정의 아동을 지원한다. 「국민기초생활보장법」에 의한 급여는 생계급여, 주거급여, 해산급여, 장제급여, 의료급여를 제공하며, 급여원칙은 최저생활보장원칙, 보충급여원칙, 자립지원원칙, 개별성원칙, 가족부양 우선원칙, 타법우선원칙을 지향한다. 「한부모가족지원법」 제12조 제1항은 복지급여로 생계비 이외에 아동교육지원비 및 아동양육비 지원을 규정하고 있다.
교육 · 문화 · 복지지원 서비스	• 지역아동센터는 2004년부터 민간 공부방이 지역아동센터로 제도화되어 초 · 중학생의 방과후 보호, 학습지원, 급식제공 등의 기능을 담당하고 있다. • 학교사회복지는 민간단체, 사회복지공동모금회, 지역교육청 등의 지원으로 지속되어 온 학교사회복지가 2004년부터 교육부를 통하여 시범적으로 시행되고 있다. 학교 현장에 전임사회복지사를 배치하여 학교폭력을 포함한 다양한 학생문제를 예방, 치료하며, 빈곤가족 아동의 문제에도 통합적으로 접근하고 있다. • We-Start 사업은 저연령에서부터 예방적으로 통합적인 개입을 통하여 빈곤탈피를 목적으로 하고 있는 '빈곤대물림 끊어주기' 사업으로 0~12세 빈곤층 아동들에게 교육, 보건, 주거, 복지서비스를 통합적으로 제공하는 것을 목적으로 한다. • 교육복지투자 우선 지역사업은 지역사회 교육전문가라는 명칭을 가진 전문인력을 학교에 배치하여 빈곤아동들에게 교육, 복지, 문화서비스를 총괄적으로 제공하고 있다.

09
Chapter

한부모가족

배울 내용

1. 한부모 개념 및 유형
2. 한부모가족의 특성 및 어려움
3. 한부모가족의 현황
4. 한부모가족 지원정책

학습목표

1. 한부모의 개념 및 유형을 설명할 수 있다.
2. 한부모가족의 특성 및 어려움을 설명할 수 있다.
3. 한부모가족의 현황을 파악한다.
4. 한부모가족의 지원정책을 숙지한다.

1. 한부모 개념 및 유형

1) 한부모 개념

「한부모가족지원법」 제4조에 의하면, 한부모가족이란, '모' 또는 '부'가 다음의 어느 하나에 해당하는 자로서 아동인 자녀를 양육하는 자를 말한다. 즉, 배우자와 사별 또는 이혼하거나 배우자로부터 유기(遺棄)된 자, 정신이나 신체의 장애로 장기간 노동능력을 상실한 배우자를 가진 자, 교정시설·치료감호시설에 입소한 배우자 또는 병역복무 중인 배우자를 가진 사람, 미혼자(사실혼(事實婚) 관계에 있는 자는 제외)를 말한다. 다시 말해, 한부모가족은 아버지 또는 어머니와 자녀가 살고 있는 가족을 말하고, 세대주가 아니더라도 사실상 그 가족을 부양하는 조손가정[1]을 포함하고 있는 개념이라고 할 수 있다.

1) 조손가족은 일반적으로 조부모와 손자녀로 구성된 가족을 의미하는 개념이며 그 용법과 개념 정의에 있어서는 연구자에 따라 유사하지만 약간씩 다른 차이를 보이고 있다. 김정은(2002)은 조부모가 일차적인 손자녀양육 책임자로서 부모역할을 대신 수행하는 가족으로, 옥경희(2005)는 조손가족을 가족해체 등의 원인으로 인해 아동의 부모가 아동과 실제로 동거하지 않는 상태에서 조부모가 아동과 함께 살면서 아동의 기본적인 의·식·주 및 생활 전반을 일차적으로 책임지고 있는 가족으로 정의하고 있다. 즉, 부모가 아동의 양육을 책임지지 못하거나 함께 살지 않고 조부모가 아동의 양육을 책임지는 경우를 포괄적으로 조손가족이라고 부른다. 조손가족이란 일반적으로 부모가 아동을 양육하지 못하는 상황에서 조부모가 아동과 함께 동거하면서 양육을 책임지고 있는 가족형태를 지칭한다(박옥임, 2009). 현재 조손가족은 「한부모가족지원법」의 연장선에서 지원하고 있는데 소득수준에 있어서 한부모가족보다 낮은 수준인데도 불구하고 조손가족 지원을 위한 별도의 지원법이나 제도 등이 마련되어 있지 않아 복지의 사각지대에 놓여 있다고 할 수 있다. 점점 조손가족은 증가하고 있는데, 조손가족은 구조적으로 여러 가지 문제들을 가지고 있다. 조부모는 자신의 자녀들을 제대로 양육하지 못했다는 죄책감, 양육의 부담, 노화로 인한 생활 곤란 등의 이유를 들 수 있다. 그리고 손자녀들은 부모의 부재로 인해 두려움, 당혹, 버림받았다는 배신감 등이 왜곡되게 표현되어 정서적인 혼란과 낮은 자아존중감을 나타낸다. 또한 손자녀들은 열악한 학습조건 때문에 교육 소외 계층으로 분류된다. 적절한 역할모델의 대상이 없어서 부모에 의한 가정교육의 기회를 상실하여 가치판단이나 사회적응에 영향을 받는다. 뿐만 아니라 정서적 상처, 애어른의 역할을 경험하는 등의 어려움도 있다(송정애 외, 2008).

기존의 한부모를 일컫는 명칭들, 즉, 편모, 편부, 편부모가족 등의 용어들이 결손, 부족 등의 부정적인 이미지를 내포하고 있어 이를 개선하기 위해 1999년 한국여성민우회가족과 성상담소가 '한부모가족'이란 용어를 만들었다. 여기서 '한'은 '하나로도 온전하고 가득하다'는 의미로서, 하나의 '부' 혹은 '모'만으로도 양부모가족과 똑같이 평등하게 건강하고 행복할 수 있다는 긍정적인 의미를 지니고 있어 일반적으로 더 많이 쓰이고 있다(김안나 외, 2010).

2) 한부모가족의 유형

한부모가족은 **표 9-1**과 같이 가족구성원에 따른 유형과 **표 9-2**와 같이 원인에 따른 유형으로 구분할 수 있다(박귀영 외, 2023).

표 9-1 가족구성원에 따른 유형

구분	내용
편모(모자)가정	엄마와 자식들만으로 구성되어 있는 가정을 말한다. 부자가정보다 정서적 안정을 가져올 수 있지만 경제적 자립이 주된 문제가 된다.
편부(부자)가정	아버지와 자식들만으로 구성되어 있는 가정을 말한다. 이 가정은 경제적 부양기능에 있어서 모자가족만큼 장애를 가져오지는 않지만 가정관리(가사나 자녀양육)가 주된 문제가 된다.
미혼모 가정	상대되는 남자와 합법적이고 정당한 결혼 절차를 거치지 않고 임신하였거나 분만한 여성을 의미하는데 미혼, 별거, 사별 등의 상태 모두를 포함한다. 미혼모의 개념은 사회문제화되는 규범 내에서 정의되는 경향이 있으므로 그 나라의 사회 · 문화적인 전통에 따라 많은 차이를 보이는데, 우리나라의 경우 대체로 혼전임신 여성 및 혼전임신으로 인한 분만 여성을 일컫는다. 최근 성문화의 개방과 더불어 청소년들의 성행태나 성문화가 달라짐에 따라 미혼모가 급증하고 있는 추세이다(전체 미혼모 중 20세 이하의 미혼모가 증가하고 있음).

표 9-2 원인에 따른 유형

구분	내용
배우자 사망에 의한 한부모가족	우리나라의 한부모 중 70~80%를 차지하고 있고, 편부 가족보다 편모 가족의 비율이 더 높다. 경제적 활동으로 남성의 사망율이 여성보다 2~3배 높고, 평균수명이 여성은 남성보다 7~8년이 길다.
배우자 유기에 의한 한부모가족	부부가 별거하고 있는 상태에서 부부 중의 한쪽이 자녀를 양육하면서 가족생활을 영위하는 경우를 말한다. 편부 가족보다 편모 가족이 많고, 배우자 유기는 부에 의해서 주로 발생한다.
이혼에 의한 한부모가족	법적으로 결혼한 부부가 더 이상 함께 살 수 없음을 결정하고 종래의 가족을 해체하여 남이 되는 한부모가족을 말한다. 연령이 높을수록, 농어촌 지역일수록, 저학력일수록 발생율이 더 높고, 사별의 주된 원인은 병사, 사고사 등이 있다.

2. 한부모가족의 특성 및 어려움

1) 한부모가족의 특성

한부모는 한부모가족이 된 이후에는 일하려고 하지만 쉽지 않다. 자녀들이 어릴수록 긴 시간 일을 하기 어렵고 돌봄이 가능한 일자리를 찾다 보면 불안정한 일자리를 선택할 수밖에 없다. 여성가족부(2025)의 2024년 한부모가족실태조사에 의하면, 한부모들의 임시 및 일용 근로 종사 비율은 30.8%로 불안정한 노동의 위험에 노출되어 있는 것으로 나타났다. 이로 인해 한부모들은 저임금을 받고 있으며, 코로나 19는 그나마 있던 한부모들의 일자리마저 빼앗아 가는 상황이 되었다(오마이뉴스, 2021. 03. 18.).

한부모가족의 생활 특성을 모자가족과 부자가족으로 구분하면(**표 9-3**), 모자가족은 경제적 어려움과 사회 · 경제적 지위 하락, 한부모가족에 대한 사회적 편견, 이성교제나 재혼이 쉽지 않음과 부모로서의 책임이 부자가족보다 기대가 크다는 어려움을 호소하고 있는 것으로 나타났다. 반면 부자가족의 경우는 자녀양육, 돌봄, 가사 등 여성이 담당해 왔던 일을 감당하기의 어려움과 이혼 과정에서 재산분할 등으로 경제적 어려움을 경험하고 있고, 남성으로서의 성적 욕구 문제, 사회적 연결망이나 지원체계의 부족이었으며, 특히 자녀와의 관계나 부모로서의 일상적인 자녀교육 방법상의 어려움이 있는 것으로 나타났다.

표 9-3 모자가족과 부자가족의 특성

모자가족	부자가족
• 경제적 어려움(주거, 생계 취업 등) • 사회 · 경제적 지위의 하락 • 한부모에 대한 사회적 편견 • 이성교제나 재혼이 쉽지 않음 • 부자가족에 비해 부모로서의 책임에 대한 기대가 더 큼 • 이성의 사춘기 자녀양육의 어려움 • 한부모가족으로 오랫동안 생활할 가능성이 많음 • 장시간의 근로시간으로 자녀에 대한 관심과 생활 및 학업지도의 어려움 • 경제적 어려움으로 자녀에 대한 지원이 부족	• 자녀양육, 돌봄, 가사 등 여성이 담당해 왔던 익숙치 않는 일에 대한 감당 • 이혼 과정상의 재산분할 등으로 다소의 경제적 어려움 경험 • 남성으로서의 성적 욕구 문제 • 부자가족을 위한 사회적 연결망이나 지원 체계가 부족함 • 이성의 사춘기 자녀양육의 어려움 • 자녀와의 관계나 부모로서의 일상적인 자녀교육 방법상의 어려움 • 자녀에 대한 세심한 관심과 지도 부족으로 돌봄이나 자녀 교육에 공백이 생길 수 있음

출처: 한국건강가정진흥원(2016). 혼자서도 행복하게 자녀키우기. 진한엠엔비.

모자가족과 부자가족의 어려움의 공통점으로는 이성의 사춘기 자녀양육과 자녀에 대한 세심한 관심과 지도의 부족으로 자녀의 학업지도에 대한 어려움이 나타나고 있다는 것이다(한국건강가정진흥원, 2016). 이와 같이 한부모가족은 양부모가족에 비해 전반적으로 일상생활의 다양한 어려움을 겪고 있는 실정이다.

2) 한부모가족의 어려움

다양한 이유로 한부모가 된 당사자는 가족구조에 대한 재구조화와 재설정으로 자녀 양육과 생계부담 등에 대한 어려움으로 인하여 스트레스 상태 및 문제에 직면하게 되며, 자녀를 양육하는 경우 경제적 어려움과 더불어 자녀양육의 어려움을 홀로 감당해야 하는 처지가 된다. 부자가족은 자녀양육의 어려움, 모자가족은 경제적 어려움이 가중되는 상황에 놓여 사회적 관계는 축소된다(배윤진 외, 2017). 특히 한부모가족은 경제적 어려움과 가사부담, 자녀양육, 사회적 편견 순으로 어려움을 겪는 것으로 나타났는데, 이를 구체적으로 살펴보면 다음과 같다(홍진규, 2021).

(1) 심리 · 정서적 어려움

이혼에 대한 사회적 인식의 변화로 한부모가족이 증가하고 있는 추세이며 한부모가족은 심리 · 정서적으로 후유증을 경험하게 된다. 이혼을 하면 자유로워지고 모든 고민이 사라질 줄 알았지만 막상 이혼을 하게 되면 홀로 지내는 시간이 길어지면서 우울증 등 정신적 고통에 시달리기 쉬우며 극도의 정신적 불안, 분노, 우울 등으로 신체적 건강 약화와 심리적 장애를 경험하게 된다. 이러한 장애를 극복하지 못하게 되는 경우 알코올중독, 약물중독, 우울증, 정신적 문제 등으로 이어지기도 한다(박희숙 외, 2014). 이혼을 경험한 한부모가족 아버지들은 버림받았다는 생각에 자신감을 잃고, 혼자서 자녀를 키우는 것에 스트레스를 많이 받는다(정옥분 외, 2015). 한부모가족은 홀로 자녀를 키워야 하는 현실에 부딪치면서 우울증이나 치료적 개입이 필요한 수준의 심리적 문제 등을 경험하게 되는데, 어린 자녀를 키워야 하는 상황을 쉽게 받아들이지 못하고 극단적인 생각을 하게 된다. 이는 배우자에 대한 원망까지 중복되어 심리적 어려움을 겪는다(김영란 외, 2016). 한부모가 이혼으로 인해 많은 상실감을 겪는 가운데 한부모가족 아버지는 부모와도 관계가 나빠져서 단절하고 지내는 경우가 발생한다. 한부모가 된

자녀는 일반적으로 자녀의 든든한 지원군인 부모와의 관계 단절로 스트레스를 받게 되고 마음 속 깊이 상처를 받는다(한국건강가정진흥원, 2016). 이로 인해 한부모가족 자녀들은 분노, 좌절, 우울 등 다양한 정서적 어려움을 겪는다(한성심, 송주미, 2014).

한국여성정책연구원(2024)의 한부모가족실태조사에 의하면, 2024년 우울장애유병률(우울증선별도구(PHQ-9) 총점 27점 중 10점 이상일 경우 우울장애가 있는 것으로 분석함)은 7.3%로 2018년(15.5%), 2021년(12.4%)에 이어 꾸준히 감소한 것으로 나타났지만 2022년 국민건강통계의 19세 이상 우울장애 유병율은 5%로 한부모들이 다소 높은 우울을 보이는 것으로 나타났다.

(2018년: n=2,500, 2021년: n=3,300, 2024년: n=3,315)

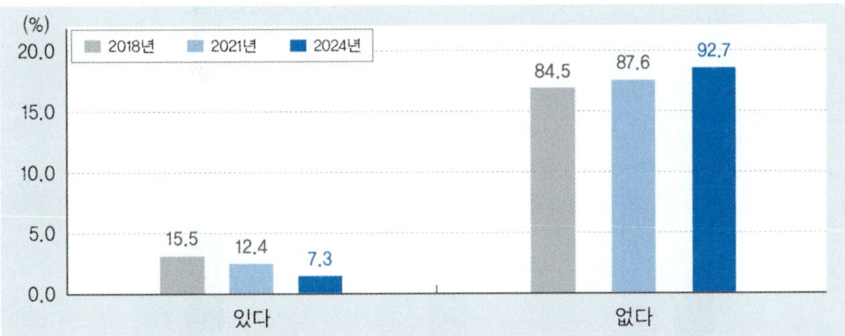

그림 9-1 **한부모가족의 우울증 경험 유무**

출처: 한국여성정책연구원(2024). 2024년 한부모가족실태조사.

(2) 경제적인 어려움

한부모가족이 된다는 것은 지금까지와는 다른 생활을 해야 한다는 의미이다. 부(父) 또는 모(母)가 혼자 가정의 경제를 책임져야 하므로 경제적인 문제가 가장 시급하며, 그 이유는 수입의 감소와 자녀양육비의 증가이다(한성심, 송주미, 2014). 많은 한부모들은 자신들의 경제적 상황으로 자녀들이 풍족하게 생활하지 못한다는 박탈감을 가지고,

과거에 비해 낮아진 경제적 수준으로 인하여 자녀에게 죄책감을 가지며, 자녀는 부모가 이혼을 하였어도 경제적 상황의 변화에 관계없이 자신들의 욕구를 채우려 하는 모습에 한부모는 미안함과 죄책감을 느끼고, 자녀는 경제적 수준에 맞지 않은 고가품으로 보상하려는 행동을 하기도 한다(한국건강가정진흥원, 2016).

한부모가구의 월평균소득은 월 294.6만원(근로소득 및 양육비, 정부지원금 등 포함, 세금, 사회보험료 등 제외)으로, 2024년 말 기준 전체 가구 평균(2024년 가계금융 복지조사) 처분가능소득(488.7만원)의 60.3% 수준으로 나타났다. 2021년도 조사 결과와 비교해 보면, 전체 평균 가구가처분 소득대비 한부모가구 소득 비율(58.8%)보다 다소 높아졌지만 2021년 한부모가족 평균소득 245.3만원으로 이는 2021년 가계금융 · 복지조사 전체가구평균가처분 소득 416.9만원의 58.8% 수준으로 나타났다.

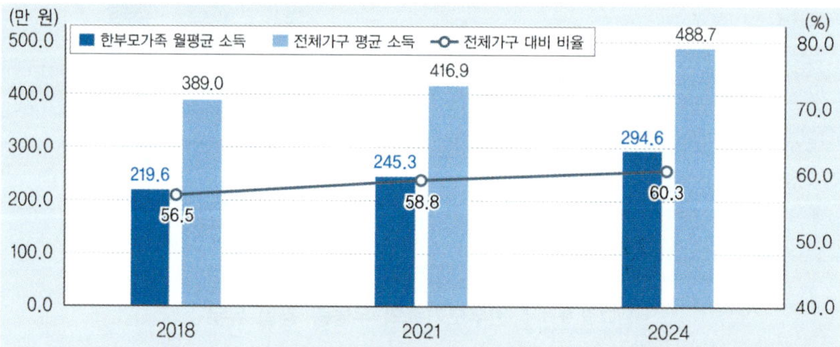

그림 9-2 평균 소득(가처분 소득)

* 한부모가구 월평균소득: 세금, 사회보험료 등 제외한 가처분 소득.
** 전체가구 평균소득: 2018, 2021, 2024년 가계금융 복지조사 의 전체가구 평균 가처분소득.
출처: 한국여성정책연구원(2024). 2024년 한부모가족실태조사.

한부모가족의 소득이 적은 이유는 한부모라고 하면 취업이 쉽지 않고, 전 배우자로부터 양육비를 제대로 받지 못하기 때문이다. 또한 전문 직종의 직업 훈련을 받으려고 해도 희망하는 교육이 개설되지 않거나 직업훈련비를 지불할 능력의 부족, 또는 교육

기간 동안 생계비 걱정으로 교육을 받을 상황이 못 되기 때문이다(황은숙, 2013). 한국보건사회연구원에서 조사한 결과에 의하면, 경제적 어려움이 한부모가족에게 미치는 부정적 영향은 1년 전과 비교한 가족생활의 변화에 관한 질문에 대해 양부모가족은 '동일하다'는 응답이 가장 많았다. 하지만 한부모가족은 더 나빠졌다는 응답이 가장 많았는데, 그 이유로 경제적인 어려움을 가장 많이 지적하였다(한부모가정사랑회, 2013). 한부모가족은 평균소득에서 타 가구유형에 비해 소득수준이 낮다는 점과 경제적 자원의 부족과 생계유지와 돌봄을 혼자 해결해야 한다는 점에서 시간적 자원의 부족을 경험한다. 이러한 경제적 위기가 가족과의 관계를 악화시키는 결과로 이어지게 된다(김영정, 2017).

한부모가족이 겪는 어려움은 단독으로 발생하기보다는 다양한 요인들이 복합적으로 상호작용하여 발생하는 경우가 대부분이다(최윤정, 2019). 한부모가족이 겪는 가장 큰 어려움은 경제적인 어려움이다. 빈곤가정으로의 추락과 이로 인한 자녀의 성장에도 부정적인 영향을 미치고, 이는 정신적인 스트레스와 우울감으로도 이어진다. 가정 내 생계를 책임지는 역할과 돌봄 역할의 이분적 형태에서 한부모가 두 역할을 책임져야 하는 상황이 되면 모자가족은 새로운 경제활동 또는 경력단절 상태에서 재취업을 시작해야 하고, 부자가족은 자녀돌봄으로 경제적 활동에 제약이 생기면서 자녀돌봄 비용의 지출 부담이 커지게 된다.

(3) 사회적 어려움

우리 사회는 한부모가족의 부모에게 인생 실패자, 낙오자, 문제 있는 사람, 부모 자격도 없는 사람 등으로 인식하고 있으며, 이러한 인식으로 인해 한부모가족의 부모는 제대로 평가받지 못하고, 한부모가족이라고 하면 취업이 어렵고, 원가족과 친구와의 관계도 소원해진다(박희숙 외, 2014). 이처럼 한부모가족은 배우자와의 이혼이나 사별로 사회적 행동이 축소되고 도움을 받을 사회적 지지체계가 취약해진다(김영란 외,

2016).

한부모가족의 일상생활에서 도움을 받을 수 있는 사회적 지지망을 살펴보면(여성가족부, 2025), 절반 이상의 한부모가 집안일, 돈이 필요할 때, 본인과 아이가 아플 때 부모 및 친인척의 도움을 얻고 있었으나, 도움을 구하지 못하는 비율도 적지 않은 상황으로 나타났다. 특히 집안일에서는 36.9%, 돈이 필요할 때는 44.6%, 본인이 아플 때는 26.3%, 아이가 아플 때 26.0%, 생활 관련해서는 28.8%가 도움을 구할 곳이 '없다'고 응답하였으며, 모든 항목에서 2021년 조사결과보다 '도움을 구할 곳이 없다'는 응답률이 증가한 것으로 나타났다.

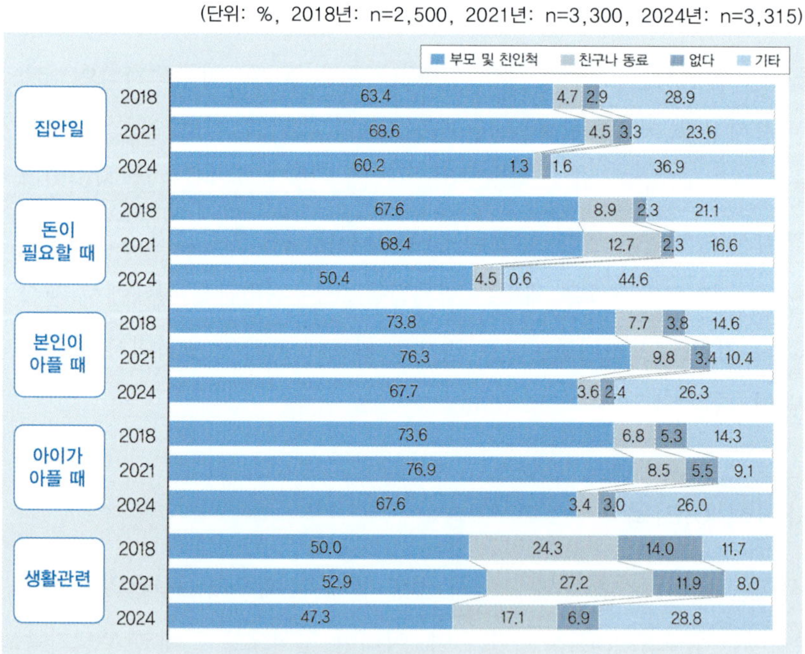

그림 9-3 **도움을 구할 사람과 기관**

출처: 여성가족부(2025). 한부모가족실태조사.

한부모의 이혼 후 달라진 상황들은 인간관계에서의 교류를 어렵게 하고, 대인관계를 형성할 수 있는 사회적 모임을 회피하게 함으로써 사회관계망이 악화되기도 한다. 또한 한부모가족 자녀와의 결혼을 못마땅하게 생각하는 사회통념은 한부모로서의 삶을 살아가고 있는 그들의 자녀에게 지속적인 부정적 영향을 미친다(조영진, 2016).

한부모가족의 자녀는 부모의 이혼으로 환경이 변화하는데, 이사, 전학 등으로 또래나 학교생활 등이 변화하기 때문에 부모와 교사의 상호작용, 아동과 교사, 그리고 아동과 친구들과의 또래 관계가 달라지게 되어 어려움을 겪는다(김혜숙, 2013). 결국 한부모가족의 자녀들은 가정, 학교, 사회, 이성 문제 등에 부적응 현상을 초래할 경향이 높고, 한부모는 자녀들에게 상당한 불안감을 주어 낮은 자아존중감으로 대인관계에서 불안정성을 보이게 된다(박희숙 외, 2014).

(4) 자녀양육의 어려움

한부모가족은 이혼 후 부(父)와 모(母)의 역할을 혼자 감당하기가 어렵고, 집안일 부담 증가, 미래에 대한 부담, 경제적 어려움 등 돌봄과 가사로 인한 역할 과중과 경제적 부담 등 생활에서의 어려움이 큰 것으로 나타났다(한국여성정책연구원, 2018). 모든 자녀 연령대에서 한부모들의 가장 큰 어려움은 '양육비와 교육비용 부담' 응답률이 높고, 자녀 연령이 높아질수록 '교육정보', '진로지도', '학업성적' 등의 어려움이 높아지는 것으로 나타났다. 구체적으로 미취학자녀의 경우 '양육비, 교육비용 부담(78%)'이라는 응답이 가장 많았고, 그 다음으로 '자녀를 돌봐줄 사람을 구하는 어려움(66.7%)', '자녀 돌봄시간 부족(63.9%)' 순으로 나타났고, 초등자녀를 둔 한부모들이 경험하는 가장 큰 어려움은 '양육비, 교육비용의 부담(81.4%)'이 가장 많았고, '양육 교육관련 정보 부족(52.6%)', '자녀 진로지도 어려움'(50.5%) 순이었으며, 중등 이상 자녀의 경우 '양육비, 교육비용의 부담(82.1%)'이 가장 높았고, '자녀 진로지도의 어려움'(67.7%), '자녀의 학업성적'(59.3%) 순으로 나타났다.

3. 한부모가족의 현황

1) 전국 한부모가족의 현황

한부모가족 가구의 현황을 살펴보면, 표 9-4와 같이 2016년에 1,540천 가구, 2017년 1,533천 가구, 2018년 1,539천 가구, 2019년 1,529천 가구, 2020년 1,533천 가구로 나타났다(통계청, 2022).

표 9-4 한부모가구 현황

(단위: 천 가구, %)

구분	2016년	2017년	2018년	2019년	2020년
전체가구	19,838	20,168	20,500	20,891	21,480
한부모가구	1,540	1,533	1,539	1,529	1,533
모자가구	–	141,207	144,156	143,740	145,482
부자가구	–	38,880	38,629	37,969	37,660

주. 한부모가구 현황은 「한부모가족지원법」에 따른 지원대상으로 저소득 한부모가족의 현황임.
출처: 통계청(2022). 인구주택총조사.

한부모가족 발생의 주원인은 이혼(77.6%), 사별(15.4%), 미혼(4.0%), 기타(3.0%) 순으로 나타났다(한국여성정책연구원, 2018). 그리고 한부모가족의 세대 구성별로 보면, 전체 1,533,166 가구 중 모자가족은 952,059 가구, 부자가족은 281,227 가구로 구성되어, 모자가족은 62%, 부자가족은 18%로 나타났다(국가통계포털, 2020).

2) 한부모가구 빈곤 현황

한국보건사회연구원(2024)의 한부모가구 빈곤 현황을 살펴보면, 2022년 22.9%로 2016년 42.3%에서 2020년 22.4%로 감소하였고 2021년 26.1%로 증가하였다가 다시 감소하고 있는 것으로 나타났다.

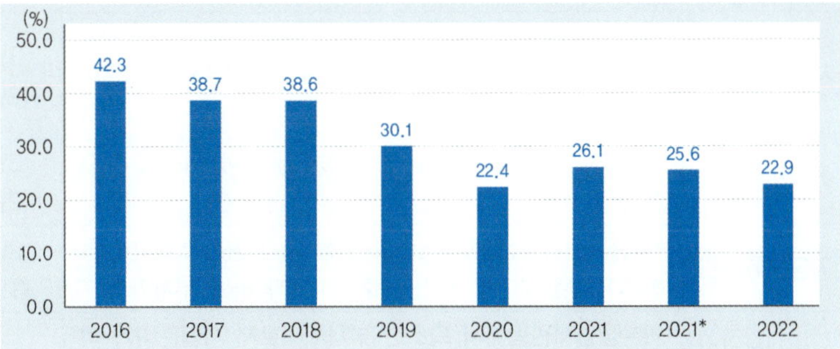

그림 9-4 한부모가구 빈곤 현황(처분가능소득 중위 50%)

주: 2021년(소득 기준연도) 이후 소득자료부터 고용보험과 산재보험 급여 소득을 행정자료로 보완하여 제공함에 따라, 2021년 재분석(기존 빈곤통계연보와 수치에 차이가 있음).
출처: 통계청. 가계금융복지조사 원자료. 각 연도.

3) 한부모가족복지시설 유형 및 전국 현황

한부모가 안정된 주거환경에서 자녀를 양육할 수 있도록 사회·경제적 자립 지원을 위하여 한부모가족복지시설을 운영 중인데, 생활시설 124개소, 이용시설 8개소 등 전국적으로 총 132개소를 운영하고 있다(2020년 12월말 기준).

표 9-5 한부모가족복지시설 유형 및 전국 현황 (단위: 개소)

시설유형		입소대상 및 기능	입소기간(연장)	전국
총 10개 유형		계		132
모자가족 복지시설 (46)	기본생활지원	만 18세 미만의 자녀(취학 시 만 22세 미만)를 양육하는 무주택 저소득 모자가족	3년 (2년)	42
	공동생활지원	독립적인 가정생활이 어렵고 일정 기간 공동으로 가정을 이루어 생활하면서 자립을 준비하고자 하는 모자가족	2년 (1년)	2
	자립생활지원	만 18세 미만의 자녀를 양육하는 무주택 저소득 모자가족, 기본 생활지원형에서 퇴소한 모자세대로서 자립준비가 미흡한 모자가족	3년 (2년)	2
부자가족 복지시설 (3)	기본생활지원	만 18세 미만의 자녀를 양육하는 무주택 저소득 부자가족	3년 (2년)	2
	공동생활지원	독립적인 가정생활이 어렵고 일정 기간 공동으로 가정을 이루어 생활하면서 자립을 준비하고자 하는 부자가족	2년 (1년)	1
	자립생활지원	기본생활지원형에서 퇴소한 부자세대로서 자립준비가 미흡한 부자가족	–	–
미혼 모자가족 복지시설 (64)	기본생활지원	임신여성 및 출산 후(6월 미만) 지원을 요하는 여성 ※ 가정폭력피해 여성도 입소가능	1년 (6월)	23
	공동생활지원	(미혼모자) 3세 미만의 영유아를 양육하는 미혼모	2년 (1년)	39
		(미혼모) 아동을 양육하지 아니 하는 미혼모	2년 (6월)	2
일시지원복지시설 (9)		배우자의 학대로 인하여 아동의 건전 양육과 모의 건강에 지장을 초래할 우려가 있는 모와 아동	6월 (6월)	9
한부모가족복지상담소(8)		한부모가족에 대한 위기·자립상담 및 문제해결 지원	이용시설	8

구체적으로 모자가족복지시설(46개소)은 서울 6, 부산 6, 대구 5, 인천 2, 광주 2, 대전 1, 울산 1, 경기 2, 강원 1, 충북 2, 충남 2, 전북 5, 전남 2, 경북 6, 경남 2, 제주 1개소이고, 부자가족복지시설(3개소)은 서울 2, 인천 1개소이며, 미혼모자가족복지시설(기본 23개소)은 서울 6, 부산 2, 대구 1, 인천 1, 광주 1, 대전 1, 울산 1, 경기 3, 강원 1, 충남

1, 전북 1, 전남 1, 경북 1, 경남 1, 제주 1개소이다. 일시지원복지시설은 9개소로 서울, 대구, 인천, 대전, 울산, 경기, 전북, 경남, 제주 각 1개소이다.

전국 한부모가족복지시설의 입소율은 2020년 기준 57.3%로 모자시설은 58.5%, 미혼모자가족복지시설 중 기본시설은 61.3%, 공동생활시설은 56.0%이며, 연도별 시설 입소율 평균은 60%로 표 9-6과 같다.

표 9-6 연도별 시설 입소율

(단위: 세대/명)

구분	2017년	2018년	2019년	2020년	2021년 9월	비고
정원	235/535	228/510	228/510	205/426	174/366	평균 60%
현원	128/302	152/309	139/272	104/215	119/247	
입소율	55%	67%	61%	51%	68%	

시설입소율을 보면 거의 50~60% 정도의 비율을 보이고 있는데 한부모대상자들은 사회적 편견과 차별인식으로 시설입소를 꺼리고 있고, 자녀들조차 시설에서 거주함을 알리는 것을 싫어한다. 미혼모 공동시설은 공동생활로 출입이 자유롭지 못하여 청소년 한부모들이 입소를 꺼리는 경향이 있다. 특히, 코로나 등의 이유로 2020년은 입소율이 급감하였으나 2021년은 시설 입소율이 증가하였는데 시설 입소기준을 중위소득 60%에서 100%로 완화하였고, 코로나 백신 접종완료 등으로 시설 입소율 증가 추세를 보였다. 시설의 환경과 교통에 따라서 입소율이 달라지기 때문에 욕구와 만족도 조사를 실시하여 입소자의 의견을 반영하는 입소자 중심의 시설 운영이 늘어나고 있다.

4. 한부모가족 지원정책

1) 저소득 한부모가족 생활비 등 지원

저소득 한부모가족 생활비 등에 대한 지원을 생계급여 지원, 한부모가족복지시설 퇴소자 자립정착금 지원, 한부모가족복지시설 입소자 상담 · 의료지원, 한부모 자립 지원, 한부모가족 근로소득 공제 및 기타 저소득 한부모가족 지원으로 구분하여 살펴보면 표 9-7과 같다(최은주, 2022).

표 9-7 저소득 한부모가족 생활비 등에 대한 지원

구분	내용
생계급여 지원	한부모가족 중 중위소득의 30%(2022년 2인가구 기준 926,424원) 이하인 가구에 대하여 생계급여를 지급한다. 지원금액은 생계급여 선정 기준액에서 소득인정액을 뺀 금액이다. 2021년 한부모 가족 중 생계급여 지원대상 가구는 모자가족 163,950가구, 부자가족 45,097가구로 나타났다.
한부모가족복지시설 퇴소자 자립정착금 지원	한부모가족복시설 퇴소자의 생활안정 및 자립 지원을 위해 1가구당 300~500만 원을 지원한다(부산 · 서울 · 대구 · 인천 · 광주 · 대전 · 경기 500만 원, 울산 · 강원 · 충북 300만 원).
한부모가족복지시설 입소자 상담 · 의료지원	한부모 모자가족복지시설 입소자에 대하여 심리치료 지원을 위한 심리검사비, 전문 상담료 및 치료비, 집단상담(치료)비, 가족치유캠프 운영비와 집단상담 · 개별상담을 통한 치료비(1인당 40만 원) 등을 지원한다. 그리고 미혼모자시설 입소자에 대하여 1인당 연간 35만 원 내 의료급여 · 건강보험 비적용 병원비, 질병 치료 · 입원비, 건강검진, 의약 등을 지원한다.
한부모 자립 지원	여성새로일하기센터(경력단절여성 취업지원)를 통한 직업상담, 직업교육훈련, 재취업과 고용노동부 취업성공패키지는 통합적 취업지원프로그램으로 만 18세~만 64세 이하의 한부모 등이 지원할 수 있다.
한부모가족 근로소득 공제	한부모가족의 경제활동에 대한 동기와 스스로 능력을 키우는 자립 역량 제고를 위해 저소득 한부모가족 지원대상 선정 시 근로 · 사업소득의 30%를 공제 후 적용한다.

구분	내용
기타 저소득 한부모가족 지원	도시가스 요금 경감, 전기요금 할인, 휴대폰 요금 감면, 건강보험료 경감 등의 지원을 한다.

2) 자녀 양육비 지원

자녀 양육비 이행 서비스는 양육부 · 모(양육비채권자)의 신청을 받아 비양육부 · 모로부터 양육비를 지급받을 수 있도록 당사자 간 협의 성립, 양육비 관련 소송, 채권추심, 불이행 시 제재 조치 등을 지원하는 서비스로 양육부 · 모(양육비 채권자)는 필요한 서비스를 지원받기 위해 각각의 단계마다 필요한 서비스를 제공하는 기관을 일일이 찾아갈 필요없이 이행관리원에 1회 신청만 하면 각 단계별 서비스를 종합적으로 지원하는 것이 가능하다. 서비스 신청 대상은 「양육비 이행확보 및 지원에 관한 법률」에 따른 만 19세 미만 자녀를 양육하는 한부모 · 조손가족과 「한부모가족지원법」에 따른 자녀를 양육하는 한부모 · 조손가족이다. 양육비 1회 신청에 의한 종합지원 서비스는 그림 9-5와 같다.

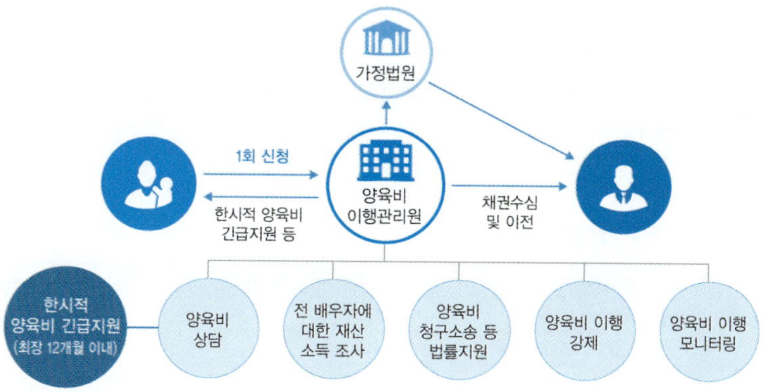

그림 9-5 양육비 1회 신청에 의한 종합지원 서비스

출처: 여성가족부 홈페이지. 한부모가족 정책정보 안내서.

자녀 양육비 지원을 아동양육비 지원, 중·고등학생 학용품비 지원, 가정양육수당 지원, 아동수당 및 영아수당으로 구분하여 살펴보면 표 9-8과 같다(최은주, 2022).

표 9-8 자녀 양육지원

<table>
<tr><th>구분</th><th>내용</th></tr>
<tr><td>아동양육비 지원</td><td>여성가족부에 의하면 저소득 한부모가족 대상 아동양육비 지원대상 가구는 소득인정액이 기준 중위소득의 52% 이하인 한부모가족 및 조손가족과 소득인정액이 기준 중위소득의 60% 이하인 청소년 한부모가족이고, 제외되는 가구는 「긴급복지지원법」에 의한 생계지원을 받거나 「아동복지법」에 의한 가정위탁 양육보조금을 받는 경우이며, 만 18세 미만의 아동이 대상이다. 지원내용은 한부모가족 및 조손가족의 아동 양육비는 아동 1인당 월 200,000원이고, 청소년 한부모가족의 아동양육비는 아동 1인당 월 350,000원이다. 저소득 조손가족 및 미혼 한부모가족, 만 34세 이하 청년 한부모의 양육지원을 강화하기 위해 추가아동양육비를 지원하는데, 지원대상 가구는 소득인정액이 기준 중위소득 52% 이하인 만 5세 이하 아동을 양육하는 조손가족과 만 35세 이상 미혼 한부모가족, 소득인정액이 기준 중위소득 52% 이하인 만 25세 이상 34세 이하 청년 한부모가족이고, 지원대상에서 제외되는 가구는 청소년 한부모가족의 5세 이하 아동과 「아동복지법」에 의한 가정위탁 양육보조금을 받는 경우와 「긴급복지지원법」에 의한 생계지원을 받는 경우는 제외된다. 지원내용은 조손가족 및 만 35세 이상 미혼 한부모가족은 만 5세 이하 자녀 1인당 월 50,000원, 25세 이상 34세 이하 청년 한부모가족은 만 5세 이하 자녀 1인당 월 100,000원, 만 6세 이상~18세 미만 자녀는 1인당 월 50,000원이다.</td></tr>
<tr><td>중·고등학생 학용품비 지원</td><td>저소득 한부모가족(조손가족 포함)의 중·고등학생 자녀의 학습지원을 강화하기 위해 소득인정액이 기준 중위소득 52% 이하인 한부모가족 및 조손가족의 중·고등학생 자녀 1인당 연 8.3만 원 학용품비를 지원한다. 단, 「국민기초생활보장법」에 의한 교육급여, 「장애인복지법」에 의한 교육비, 「긴급복지지원법」에 의한 교육지원을 받는 가구는 제외된다.</td></tr>
<tr><td>가정양육수당 지원</td><td>보육료, 유아학비, 종일제 아이돌봄서비스 등을 지원받지 않고 가정에서 양육되는 만 0~6세 영유아에게는 가정양육수당이 지원된다. 그리고, 영아수당 도입에 따라 2022년 이후 출생아는 만 2세부터 가정양육수당이 지원된다.

표 9-9 가정양육수당 지원
<table>
<tr><th colspan="2">양육수당</th><th colspan="2">농어촌 양육수당</th><th colspan="2">장애아동 양육수당</th></tr>
<tr><td>연령(개월)</td><td>금액</td><td>연령(개월)</td><td>금액</td><td>연령(개월)</td><td>금액</td></tr>
<tr><td>0~11개월</td><td>20만 원</td><td>0~11개월</td><td>20만 원</td><td rowspan="3">0~35개월</td><td rowspan="3">20 만 원</td></tr>
<tr><td>12~23개월</td><td>15만 원</td><td>12~23개월</td><td>17만 7,000원</td></tr>
<tr><td>24~35개월</td><td>10만 원</td><td>24~35개월</td><td>15만 6,000원</td></tr>
<tr><td rowspan="2">36개월 이상 ~86개월 미만</td><td rowspan="2">10만 원</td><td>36~47개월</td><td>12만 9,000원</td><td rowspan="2">36개월 이상 ~86개월 미만</td><td rowspan="2">10 만 원</td></tr>
<tr><td>48개월 이상~86개월 미만</td><td>10만 원</td></tr>
</table>
</td></tr>
</table>

<table>
<tr><th>구분</th><th>내용</th></tr>
<tr><td>아동수당</td><td>만 8세 미만 0~95개월 모든 아동에 대하여 만 8세 생일이 속하는 달의 전 달까지 최대 96개월간 월 10만 원을 지급한다.</td></tr>
<tr><td>영아수당</td><td>만 0~1세 아동(2022년생부터)에 대하여 가정양육 시 현금 지원과 어린이집 이용 시 보육료 지원, 종일제 아이돌봄 이용 시 종일제 아이돌봄 정부지원금(가, 나, 다형) 지원 중 한 가지 서비스를 지원한다.

표 9-10 영아수당 지원
<table><tr><th>영아수당(현금)</th><th>보육료</th><th>종일제 아이돌봄</th></tr><tr><td>30만 원</td><td>이용권(바우처)</td><td>이용권(바우처)</td></tr></table></td></tr>
</table>

3) 자녀 돌봄지원

자녀 돌봄지원을 아이돌보미 지원사업 및 가족역량강화 지원으로 구분하여 살펴보면 표 9-11과 같다(최은주, 2022).

표 9-11 자녀 돌봄지원

구분	내용
아이돌보미 지원사업	지원대상은 취업, 한부모, 맞벌이 가정, 부 또는 모가 장애인인 가정, 다자녀 가정 등으로 만 12세 이하 아동을 대상으로 시간 단위 돌봄을 제공하는 시간제와 만 36개월 이하 영아를 종일 돌보는 영아종일제로 구분할 수 있다. 시간제 돌봄서비스는 맞벌이가정, 다자녀가정 등의 만 12세 이하 아동을 대상으로 아이돌보미가 직접 집으로 찾아가 임시 보살핌과 놀이활동, 마련된 식사와 간식 챙겨 주기, 등·하원 동행 등의 돌봄을 제공하고, 지원비용은 기준 중위소득 150% 이하 가정의 소득 수준에 따라 차등 지원하며, 영아종일제 돌봄서비스는 생후 3~36개월 영아를 대상으로 이유식먹이기, 젖병 소독과 기저귀 갈기, 목욕시키기 등 종일 돌봄을 제공하며, 지원비용은 기준 중위소득 150% 이하 가정의 소득 수준에 따라 차등 지원한다.

구분	내용
가족역량강화 지원	한부모가족과 조손가족 및 위기가족 등 가족기능이 약화된 가족의 복합적인 문제해결 및 욕구 해소를 위해 지속적인 사례관리를 제공하여 가족기능 회복과 정서 · 경제적 자립역량 강화를 목적으로 지원대상은 기준 중위소득 100% 이하 (손)자녀를 둔 한부모 · 조손가족 등 가족기능 강화가 필요한 가족과 경제 · 사회적 위기사건에 직면한 비상상황의 가족이 해당되고, 지원내용은 심리 · 경제적 자립과 역량 강화를 위한 지속적인 사례관리, 정보제공 및 지역사회 자원 활용 · 연계, 부모교육과 가족관계 · 자녀양육교육 등 프로그램 및 자조 모임, 자녀 학습과 정서 지원, 생활도움서비스, 긴급 위기지원을 한다.

4) 청소년 한부모 자립지원

청소년 한부모 자립지원을 검정고시 등 학습지원, 고교생 교육비 및 자립촉진수당으로 구분하여 살펴보면 표 9-12와 같다(최은주, 2022).

표 9-12 청소년 한부모 자립지원

<table>
<tr><th>구분</th><th>내용</th></tr>
<tr><td>검정고시 등
학습지원</td><td>
고등학교 이하의 학업을 중단한 청소년 한부모에게 학력 취득 및 역량개발의 기회를 제공하여 취업능력 취득과 자립기반을 향상시키고, 중 · 고등학교 등에 재학 중인 청소년 한부모가 학교에 계속 다닐 수 있도록 지원한다. 가구별 연 154만 원 한도 내에서 지원하고 지원내용은 학원비, 교재비, 학용품비, 교통비, 교복구입비이다.

표 9-13 청소년 한부모 지원 현황
<table>
<tr><th>지원대상(자격)</th><th>지원내용</th><th>지원금액(지원한도)</th><th>비고</th></tr>
<tr><td rowspan="3">검정고시 응시를
준비 중인
청소년 한부모</td><td>학원비</td><td>월 30만 원 이내(실비지원)</td><td rowspan="3">연간 총 154만 원
이내 지원</td></tr>
<tr><td>교재비</td><td>연 20만 원 이내(실비지원)</td></tr>
<tr><td>학용품비</td><td>연 8.3만 원</td></tr>
<tr><td rowspan="2">중 · 고등학교 등에
재학 중인
청소년 한부모</td><td>교통비</td><td>가구당 월 3만 원</td><td rowspan="2">연간 총 154만 원
이내 지원</td></tr>
<tr><td>교복구입비</td><td>1회 50만 원 이내
(연 2회, 실비지원)</td></tr>
</table>
</td></tr>
</table>

구분	내용
고교생 교육비	학업단절 가구나 학업이 중단될 위기에 직면한 청소년 한부모가구의 정규학력을 인정받는 기회 보장을 위해 고교생 교육비를 지원하는데 지원액은 입학금, 수업료, 교과서 대금이고, 지원대상 가구는 청소년 한부모 자립지원 대상으로 선정된 가구 중 기준 중위소득 53%~60% 구간의 가구(교육급여수급자 제외)로서, 고등학교 과정(특수목적고 및 자율형사립고 포함)의 교육을 이수하는 청소년 한부모이다.
자립촉진수당	청소년 한부모가구는 경제적 빈곤과 자녀양육에 대한 부담 이외에도 학업단절이나 취업기회에 있어서의 차별로 인해 경제적으로 독립하는 자립기반 형성에 어려움을 겪고 있다. 청소년 한부모가 사회의 차별과 편견을 극복하고, 자녀를 양육하면서 자립기반을 마련할 수 있도록 스스로 자립활동을 하는 경우 자립지원촉진수당을 지원한다. 가구당 지원액은 월 100,000원이고, 지원대상 가구는 기준 중위소득 60% 이하 청소년 한부모가구이면서, 신청일 기준 최근 1년 내 학업(초 · 중 · 고 · 대학교 · 대학원 등 학교재학, 검정고시학습, 비인가 대안학교 학습) · 직업훈련 · 취업활동 등을 통해 자립활동에 참여한 실적이 있는 청소년 한부모가구에 대하여 지원한다.

5) 미혼모·부 양육 및 자립지원

미혼모, 미혼부에게 자녀의 출산과 양육에 필요한 응급지원을 제공하며, 상담과 자조모임을 통해 아동 양육은 물론 자립를 위해 다양하게 지원하는데 사업내용은 미혼모 · 부 초기 지원, 출산 및 양육 지원(병원비, 양육용품), 친자검사비 지원, 지역 유관기관 연계지원, 자조모임 운영 지원, 교육 · 문화 체험프로그램 운영, 온 · 오프라인 상담 등이다. 미혼모 · 부자 지원사업 수행기관은 전국에 19개소가 있으며, 구체적인 현황은 표 9-14와 같다.

표 9-14 전국 사업수행기관

연번	시도	사업수행기관명	전화번호
1	서울	서울시한부모가족지원센터	02-861-3020
2	서울	한국한부모가족복지상담소	02-704-4750
3	부산	부산미혼모 · 부자지원센터	051-253-5235
4	대구	대구서구가족센터	053-355-8042
5	인천	계양구가족센터	032-547-1015
6	광주	광주남구가족센터	070-4204-6314
7	대전	대전광역시가족센터	042-932-9991
8	울산	물푸레 복지재단	052-954-0100
9	경기	안산시건강가정지원센터	031-501-0033
10	경기	경기남부한부모가족거점기관	031-241-0328
11	경기	경기북부 한부모가족거점기관	070-7776-2980
12	강원	재단법인 착한목자수녀회	033-264-3655
13	충북	새생명지원센터	1577-3053
14	충남	천안시건강가정지원센터	070-7733-8318
15	전북	전주시건강가정지원센터	063-231-0386
16	전남	여수시가족센터	061-659-4172
17	경북	칠곡군가족센터	054-975-0831
18	경남	경남한부모가족지원센터	070-4334-5335
19	제주	제주시가족센터	064-725-7015

신청문의 전국 시·도별 사업수행기관 및 한부모 상담전화 ☎ 1644-6621

출처: 여성가족부, 복권위원회(2023). 2023년 한부모가족 복지서비스 종합안내서.

10

Chapter

폭력 및 학대가족

배울 내용

1. 가정폭력의 개념 및 유형
2. 가정폭력의 특징 및 발생원인
3. 가정폭력의 현황
4. 가정폭력 지원정책

학습목표

1. 가정폭력의 개념 및 유형을 설명할 수 있다.
2. 가정폭력의 특징 및 발생원인을 이해하고 예방방법을 모색해 본다.
3. 가정폭력의 현황을 파악한다.
4. 가정폭력 지원정책을 숙지한다.

1. 가정폭력의 개념 및 유형

1) 가정폭력의 개념

가정폭력이란 국가 간에도 서로 다르며, 시대적 상황이나 사회적, 문화적 환경 차이에 따라서 다양한 정의가 내려지기 때문에 명확하게 한마디로 정의를 내리기는 쉽지 않다. 하지만 일반적으로 폭력이란 다른 사람에게 의도적으로 행사하는 물리력을 의미한다. 이러한 폭력이 1차 집단인 가정에서 그리고 그 구성원들 사이에서 발생했을 때 이를 가리켜 '가정폭력'이라고 한다. 즉, 가정폭력은 1차 집단인 가족구성원 사이에서 발생하므로 고정된 대상에게 지속적이고 반복적인 형태로 행사되며, 가정이라는 테두리 안에서 묵인되고 있다는 점에서 문제의 심각성이 매우 크다.

가정폭력의 학문적 개념은 폭력의 개념을 신체적, 정신적, 재산상 피해로 한정하지 않고 정서적, 경제적 폭력, 통제, 방임 등을 포함하고 있다. 예를 들어, 일상적 비난, 언어에 의한 폭력, 경미한 폭력부터 생명을 위협하는 치명적 수준의 신체적 폭력, 경제활동이나 대인관계 등의 일상생활 통제, 스토킹, 성적 학대 등 다양한 개념으로 사용되고 있다. 또한 이러한 폭넓은 개념에 근거하여 가정폭력은 난폭한 언어나 신체적 폭력을 사용하여 가족의 한 구성원이 다른 구성원에 대하여 가해지는 폭력이거나 학대적인 행위로, 다른 사람에게 신체적 · 정서적 · 심리적 고통을 주려는 의도로 이루어지는 모든 행위를 일컫는 개념으로 정의된다(김용중, 2022).

우리나라에서는 가정폭력의 정의에 관하여 「가정폭력범죄의 처벌 등에 관한 특례법」 제2조 제1호는 "부모, 배우자, 자식, 형제자매, 친척, 사실혼 관계에 있는 사람 등 가족구성원을 대상으로 행해지는 신체적, 정신적, 또는 재산상의 피해를 수반하는 행위를 말한다"라고 규정하고 있다. 이러한 가정폭력범죄에는 상해, 폭행, 체포, 감금, 유기,

학대, 아동혹사, 협박, 강요, 공갈, 명예훼손, 주거수색, 신체수색, 재물손괴 및 아동구걸 강요 등이 있다.

가정폭력범죄에 해당하는 가정구성원이란 동법 제2조 제2호에서는 '배우자(사실상 혼인 관계에 있거나 있었던 사람) 또는 배우자였던 사람, 자기 또는 배우자의 직계존비속 관계에 있거나 있었던 사람(사실상 양친자 포함), 계부모와 자녀의 관계 또는 적모와 서자의 관계에 있거나 있었던 사람, 동거하는 친족'을 말한다.

이를 바탕으로 가정폭력 가해자와 피해자에 대한 정의를 살펴보면, 동법 제2조 제4호 가정폭력 가해자는 '가정폭력 범죄를 범한 사람 및 가정구성원인 공범'을 말하며, 동법 제2조 제5호 피해자는 '가정폭력범죄로 인하여 직접적으로 피해를 입은 사람'을 의미한다. 그리고 가정 보호사건은 동법 제2조 제6호 '가정폭력범죄로 인하여 가정폭력특례법에 따른 보호처분 대상이 되는 사건'을 말한다. 보호처분이란 동법 제2조 제7호 '법원이 가정 보호사건에 대하여 심리를 거쳐 가정폭력 행위자에게 하는 제40조에 따른 1호~8호 처분'을 말하며, 피해자 보호 명령 사건은 동법 제2조 7의 2 '가정폭력범죄로 인하여 피해자 보호가 필요한 경우 법원의 보호 명령 대상이 되는 사건'을 의미한다.

2) 가정폭력의 유형

가정폭력의 유형은 다양하게 분류할 수 있으나 일반적으로 가정폭력의 대상과 형태에 따른 유형으로 분류된다. 먼저 가정폭력의 대상에 따른 유형은 주로 부부폭력, 노인학대, 자녀학대, 기타 동거 가족 폭력으로 분류하거나 부부폭력, 자녀폭력, 형제자매간 폭력, 부모폭력으로 분류하기도 하며, 폭력의 형태에 따라서는 신체적 · 정서적 · 경제적 폭력, 성적 학대, 방임, 통제 등의 개념으로 분류될 수 있다(이경자, 2017).

가정폭력 유형 또한 가정폭력 개념이 확대되면서 형태별로 상세화되었다. 이를 반영한 통계청과 여성가족부의 "2013년 가정폭력 실태조사"에 따르면 가정폭력 유형을 부부폭력, 노인(부모)폭력, 자녀폭력, 가족원 폭력으로 분류하고, "2019년 가정폭력 실태조사"에 따르면 부부폭력에 폭력 유형을 표 10-1과 같이 분류하고 있다.

표 10-1 **부부폭력의 유형 및 행동**

유형	행동
신체적 폭력	• 상대방을 다치게 할 수 있는 물건을 던지는 행동 • 밀치거나 팔, 어깨, 머리 등을 움켜잡는 행동 • 손바닥으로 뺨이나 머리, 몸을 때리는 행동 • 목을 조르거나 코와 입을 막는 등 숨을 쉬지 못하게 하거나 고의로 화상을 입히는 행동 • 칼이나 흉기 등으로 위협하거나 다치게 하는 행동 • 허리띠, 몽둥이 등 맞으면 다칠 수 있는 물건으로 때리는 행동 • 주먹이나 발로 때리거나 사정없이 마구 때리는 행동
성적 폭력	• 무력을 사용하여, 상대방이 원하지 않을 때 성관계를 강요하거나 상대방이 원하지 않는 형태의 성관계를 강요하는 행동 • 무력은 사용하지 않았지만, 상대방이 원하지 않을 때 성관계를 강요하거나 상대방이 원하지 않는 형태의 성관계를 강요하는 행동 • 상대방이 원하지 않는 신체적 접촉(만지기, 키스, 포옹 등)을 하는 행동 • 상대방의 신체 일부 또는 성행위를 동의 없이 촬영하는 행동 • 상대방의 신체 일부 또는 성행위를 촬영한 사진, 동영상 등을 동의 없이 올리는 행동
경제적 폭력	• 생활비를 부담해야 하지만 일부러 생활비를 주지 않는 행동 • 상대방의 재산 또는 상대방에게 지분이 있는 재산을 동의 없이 처분하는 행동 • 수입과 지출을 독점하는 행동 • 돈이나 재산을 빼앗거나 빚을 떠넘기는 행동
정서적 폭력	• 모욕하거나 욕을 하는 행동 • 때리려고 위협하는 행동 • 상대방의 물건을 부수는 행동 • 상대방이 아끼는 사람이나 반려동물을 해치거나 해치겠다고 위협하는 행동 • 상대방 앞에서 자해를 하거나 자해, 자살하겠다고 위협하는 행동 • 잠을 못 자게 괴롭히는 행동

유형	행동
통제	• 친구들과 연락하거나 만나지 못하게 하는 행동 • 친정식구 또는 본가와 연락하거나 만나지 못하게 하는 행동 • 어디에 있는지 꼭 알려고 하는 행동 • 무시하거나 냉담하게 대하는 행동 • 이성과 이야기를 하면 화를 내는 행동 • 바람을 피운다고 자꾸 의심하고 비난하는 행동 • 아파서 병원에 가야 할 때에도 허락을 받도록 하는 행동 • 온라인, 오프라인에서 누구와 연락을 주고받는지 감시하는 행동 • 사회 활동(직업 갖기, 교육 받기, 사회적 성취 등)을 못하게 하거나 허락을 받도록 하는 행동 • 외출 시간, 귀가 시간 등을 허락받도록 요구하는 행동 • 피임을 거부하거나 성관계 도중 합의 없이 피임 기구를 제거하는 행동

출처: 여성가족부(2019). 가정폭력실태조사 연구.

(1) 신체적 폭력

신체적 폭력은 도구나 어떠한 물리적인 힘을 이용하여 신체를 직접적으로 구타하는 것 이외에 물건을 집어던지거나 목이나 어깨를 조르는 행위도 신체적인 폭력에 해당한다. 예를 들어, 밀치기, 때리기, 꼬집는 행위, 뺨을 때리는 행위, 발로 차는 행위, 가재도구나 가구를 부수는 행위, 사지를 비트는 행위, 머리채를 잡아당기는 행위, 담뱃불로 지지는 행위, 흉기를 휘두르는 행위 등이 해당한다.

(2) 성적 폭력

성적 폭력은 성적인 만족이나 지배를 목적으로 하는 성적 접촉을 다른 사람들에게 부적절하게 사용하는 것을 말하며 상대방과 어떠한 교감 없이 강제적으로 행하는 성적 접촉이나 교감이 있다 하더라도 어린이와 미성년자는 성적 관계의 의미를 잘 이해하지 못하기 때문에 성적 폭력에 해당한다. 예를 들어, 원하지 않는 성행위를 강요하는 행위, 동의 없이 상대방의 몸을 만지고 움켜쥐고 꼬집는 등의 행위, 상대방의 성기에 자신의 성기나 이물질을 넣는 행위, 유사성교행위를 강요하는 행위 등이 해당한다.

(3) 경제적 폭력

경제적 폭력은 신체적, 정서적 폭력과 달리 가정폭력으로 잘 인식이 되지 않는 유형이다. 그러나 생활비를 주지 않는 등의 경제력을 수단으로 상대방을 위협하고 협박하는 것도 가정폭력에 해당한다. 예를 들어, 가족구성원의 소득, 재산에 대한 권리, 의무를 방해하는 행위, 재산과 임금을 빼앗아 임의대로 소비하는 행위, 재산의 이용이나 관리에 대한 의사결정권을 통제하는 행위, 금액과 상관없이 동의 없이 금전사용을 금지하는 행위, 도박이나 카드로 지나치게 돈을 낭비하는 행위, 자동차 열쇠를 단속하거나 여권, 은행 통장, 출생증명서 등 중요한 서류를 통제하는 행위 등이 해당한다.

(4) 정서적 폭력

정서적 폭력은 언어나 주변 사물을 이용하여 심리적인 압박감 또는 공포심리를 조성하여 정신적으로 상해를 가하는 행위를 말한다. 정서적 폭력은 다른 유형의 학대와 같이 행해지기도 하고 시간이 지날수록 신체적 폭력과 같은 다른 유형의 폭력을 일으키기도 한다. 예를 들어, 무시하거나 업신여기는 말투로 모욕을 주는 행위, 큰 소리를 치거나 비난하는 행위, 능력이나 수준이 낮다고 비난하는 행위, 대화를 거절하는 행위, 놀리는 행위, 협박하는 행위, 말로 공격이나 위협, 피해자의 의사결정권을 침해하는 행위 등이 해당한다.

(5) 방임과 통제

방임과 통제는 보호나 부양의 의무를 가진 자가 가족에 대해서 냉담과 무관심으로 일관하여 위험한 상황에 방치를 하는 것으로 부작위적 가정폭력에 해당한다. 이 유형들은 주로 보호가 필요한 아동이나 노인에게 많이 발생하는 학대유형이다. 예를 들어, 방임에는 교육을 시키지 않는 행위, 음식을 주지 않는 행위, 병원에 데려가지 않거나 불결한 생활환경에 장기간 방치하는 행위 등이 해당한다. 통제에는 직장이나 학교에 가지 못하게 하는 행위, 친구나 가족을 만나지 못하게 하는 행위, 상대방이 직장이나 집에 있을 때 전화를 계속하여 상대방의 모든 행동과 외출을 감시하는 행위 등이 있다.

2. 가정폭력의 특징 및 발생원인

1) 가정폭력의 특징

가정폭력은 가정에서 일어나는 폭력인 만큼 외부에 잘 노출되지 않고 잘 드러나지 않는다. 이웃과 단절되어 폐쇄적인 공간에서 발생하면서 은밀하게 일어나는 경우가 대부분이기 때문에 은폐되는 경우가 많아 가정폭력의 실태를 정확하게 파악한다는 것은 매우 어렵다. 그리고 가정폭력이 발생하더라도 사적인 영역에 침범하는 것으로 간주하여 개인적 공포심이나 자녀문제, 경제적 문제 등의 이유로 주위에 도움을 청하기 꺼려 하는 것도 가정폭력이 은폐될 수밖에 없는 요인 중의 하나이다(김민지, 2014). 또한 다른 일반범죄와 비교하여 범죄로 인식하는 경우가 낮고 가정폭력 가해자들이 피해자에게 폭력을 행사해도 아무런 비난이나 처벌을 받지 않는다.

가정폭력은 가족구성원 간의 특수적인 관계로 인해 발생하는 폭력이다. 가족이란 2명 이상의 개인이 결혼, 혈연, 입양으로 연결이 되며 함께 거주하는 집단으로, 혈연관계가 아니더라도 2인 이상 친밀한 관계의 다양한 집단을 구성하며 사회·정치적 개입을 통해 변화하고 적응할 수 있는 중요한 사회제도 중 하나이다(조흥식 외, 2017). 이러한 관계의 밀접성과 친밀성 때문에 가정폭력의 피해자는 폭력을 당해도 경찰에 신고하지 못할 뿐만 아니라, 신고했더라도 강력한 처벌을 요구하지 못하고 망설이게 된다. 또한 피해자는 신고에 대한 보복의 두려움으로 인해 신고를 취소하는 경우도 발생하기도 한다. 이러한 특성들로 인해 가정폭력은 암수범죄로 이어질 가능성이 있다. 암수범죄란 실제로 범죄가 발생했으나 수사기관에 인지되지 않거나 인지되어도 용의자 신원파악 등 공식범죄통계에 집계되지 않은 범죄이다(김평식, 이상인, 2017).

여성가족부에서 3년마다 실시하는 가정폭력 실태조사(2016)에 따르면, 경찰에 도움을 요청한 적이 없다고 응답한 사람(428명)에게 경찰에 도움을 요청하지 않은 이유에 대해서 질문했는데 폭력이 심각하지 않다고 생각하는 사람이 41.2%로 가장 높았으며, 집안일이 알려지는 게 창피해서가 29.6%, 신고해도 소용없을 것 같아서가 14.8% 순이었다. 이는 가정폭력을 여전히 사적인 일이라고 치부하여 신고하기를 꺼리는 등 가정폭력의 심각성을 제대로 인식하지 못하고 있는 것으로 보인다.

가정폭력의 또 다른 특징은 처음 발생하고 난 후 시간이 지날수록 가해자의 지배관계가 강해지면서 폭력이 습관화되고 강도가 세지는 경향이 있다는 것이다. 처음에는 가장 경미한 수준에서 나중에는 매우 심각한 수준에 이르기까지 일련의 연속선상으로 배열되면서 확대되어 간다(김영만, 2010). 즉, 처음에는 폭력인지 아닌지 의심할 정도로 별 것 아닌 것으로 지나가지만 나중에는 물건을 던지고 손과 발을 이용하여 구타를 하거나 흉기로 위협을 하여 다치는 일까지 그 강도가 매우 심각해진다는 것이다. 또한 가정폭력에서 폭력은 어떤 패턴을 가지고 지속적이고 반복적으로 일어난다(김민지, 2014).

워커(Walker)는 학대받은 여성의 사례를 분석하여 여성에 대한 폭력이 반복되는 원인에 대해 '학대받은 여성 증후군(Battered Woman Syndrome)' 이론을 처음 주장하였다. 이 이론은 반복되는 가정폭력으로 인해 여성이 무기력해지는 과정을 3단계로 나누어 설명하고 있다. 이러한 폭력이 순환되는 과정을 '폭력의 순환(Cycle of Violence)'으로 정의하였다.

표 10-2 폭력의 순환 단계

단계	구분	내용
1단계	위험이 수반된 긴장의 고조단계	이 단계에서는 남성의 사소한 구타나 언어폭력을 통해 남성과 여성 사이에 긴장감이 형성된다. 이 단계에서 여성은 되도록 남성이 바라는 대로 맞춰 줌으로써 그 상황을 진정시키고 피하려고 한다.
2단계	격렬한 구타단계	이 단계에서는 긴장이 계속해서 고조되는 상황에서 남성은 육체적, 정신적으로 여성을 학대하기 시작한다. 이 단계로 들어서면 여성은 남성에 의해 심각한 상해를 입게 되고 대부분의 여성들은 남성의 폭력에 의해 절망감을 느끼고 어떠한 시도도 하지 않게 된다.
3단계	사랑의 회개단계	이 단계에서는 남성은 여성에게 사과하고 여성에게 사랑한다는 것을 표현하기 위해 선물을 주기도 한다. 그리고 남성은 여성을 다시는 때리지 않겠다고 약속을 하고 여성은 남성이 개선될 것이라는 믿음을 가지게 된다. 하지만 이러한 믿음은 다시 남성이 폭력을 사용하도록 허용하게 되고 순환하게 된다.

또한 폭력의 순환은 긴장과 위험이 높은 상태로 유지되며 다시 원래 상태로 되돌아오지 않는다고 설명하고 있다(Walker, 2009). 그리고 가정폭력의 특징을 가정폭력의 가해자와 피해자로 구분하여 살펴볼 필요성이 있는데, 구체적인 내용은 표 10-3과 같다.

표 10-3 가정폭력의 가해자와 피해자 특징

가해자	피해자
행위자는 아내, 자녀, 부모 등과 집이나 가구 같은 재산이 모두 자신의 소유물이라 여긴다.	전통적인 가족관과 성역할에 대한 편견으로 피해자는 심각한 폭력 상황을 감수하려고 한다.
가정에서 자신이 모든 권력과 힘을 가졌다고 생각하며, 자신이 결정한 규칙과 기준에 맞지 않으면 언제든지 폭력을 행사한다.	피해자는 가해자의 폭력을 자신의 책임으로 느낀다.

가해자	피해자
행위자는 아내에 대한 성역할이 고정화되어 있어 여성의 역할에 충실하지 않거나 남편에게 대응하는 것조차 '맞을 짓'을 했다고 생각한다.	피해자는 신체적 증상뿐 아니라 심리적인 증상 등 심한 스트레스 반응을 보인다.
행위자는 밖에서는 분노 등 자신의 감정을 참고 숨기지만 집 안에서는 가족에게 마음대로 분노를 표출하며 폭력을 행사한다.	극도의 자존심 손상으로 숨은 적개심을 드러내거나 변명하기도 한다.
행위자가 하는 다양한 폭력은 아내와 자녀를 길들이고, 통제하기 위한 행동으로 생각한다.	심한 공포와 불안감으로 독립심이 결여되어 결단을 내리지 못하기도 한다.
행위자는 폭력행위를 자신의 힘을 과시하는 중요한 수단이라 여긴다.	자살 충동 또는 술, 약물중독 등 정신적인 문제를 호소하기도 한다.

출처: 경찰청(2020). 가정폭력 수사 매뉴얼(여성대상범죄수사과).

가정폭력 가해자들에게 가장 일반적으로 나타나는 특성들은 강한 질투심과 과잉 반응, 가정환경, 가부장적 사고와 인지적 왜곡, 대인관계에서 어려움을 겪고 있거나, 감정을 표현하는 데 있어서 서투른 경우가 많다. 또한 자신의 폭력에 대해서 잘못된 것이 아니라는 인지적 왜곡을 가지며 알코올, 약물남용의 빈도가 높을 뿐만 아니라 의존적이고 낮은 자아존중감과 감정폭발을 잘하며 자기 행동을 변명하기 위해서 다른 사람들을 비난하고 책임지지 않으려고 한다(이영희, 2016).

가정폭력의 피해자들에게 흔히 제기되는 문제는 무기력과 불안, 의사소통의 악화 등으로 인해 전반적으로 심리적인 안정과 외부를 통제할 수 있는 사회적인 능력이 감퇴되는 등의 부정적인 심리상태가 된다(박인황, 2009). 구체적으로 가정폭력의 피해자들은 폭력을 경험하거나 벗어나는 과정에서 외상 후 스트레스장애(Post Traumatic Stress Disorder: PTSD)를 경험하기도 하고 자녀와 함께 살아남기 위해서 외상 후 성장(Post Traumatic Growth: PTG)을 경험한다(이경자, 2017). 더 심각한 것은 가정폭력이 계속 지속, 반복될수록 PTSD보다 더 심각한 복합외상(complex trauma)이 나타나기도 하는데, 즉 정서조절의 변화나 자기지각의 변화, 가해자 지각의 변화, 의식의 변화, 의미체계의 변화, 타인과의 관계변화, 신체화 증상 등을 경험할 수 있다.

2) 가정폭력의 발생원인

가정폭력이 발생하는 원인을 설명하기 위해서는 다양한 이론이 적용된다. 왜냐하면 가정폭력의 원인은 매우 복합적이고 다면적인 특성을 가지기 때문에 어느 한 요인만으로는 명확하게 밝혀질 수 없기 때문이다(Rounsaville, 1978). 가정폭력 원인을 현재 우리나라에서 가정폭력 행위자들에게 적용이 되는 개인내적 이론(Intraindividual Theory), 사회 · 심리학적 이론(Social-Psychological Theory), 사회 · 문화적 이론(Sociocultural Theory)을 통해 살펴보면 다음과 같다.

(1) 개인내적 이론

개인내적 이론은 정신병리학적 모델로서 가정폭력 행위자 개인의 내적 또는 인적 특성에 초점을 맞추어 정신병과 성격적 결함, 알코올, 약물남용, 개인의 비정상적인 심리특성에 맞추어 설명하고 있다. 대표적으로 정신병리학적 이론(Psychopathological Theory)과 알코올 이론(Alcohol Theory)이 가정폭력의 원인을 설명하는 데 가장 많이 사용되고 있다(서효정, 2019).

① 정신병리학적 이론

가족폭력의 원인을 선천적으로 신체적, 정신적 장애를 가지거나 후천적으로 정신적 질환을 가지고 있는 사람이 가족을 대상으로 가학적인 폭력을 행사한다고 보는 관점이다. 선천적인 정신병은 자폐증이나 각종 콤플렉스, 정신이상 증세를 들 수 있고, 후천적인 병질로는 알코올 중독이나 약물남용, 부부폭력의 경우에는 의처증, 의부증이 가정폭력을 요인으로 작용하는 경우도 있다. 그러나 정신병리학적 이론은 가장 오래된 이론임에도 불구하고 가정폭력의 원인이라고 주장하는 학자들은 거의 없다. 왜냐하면 정신병리학적 이론은 가정폭력의 가해자들이 모두 정신적인 문제를 가지고 있는 것이 아니기 때문에, 정상적인 사람도 가정폭력을 행사하는 경우가 많다는 한계점을 가지고 있기 때문이다.

② 알코올 이론

술이나 약물을 남용하여 스스로 통제할 수 있는 능력을 상실하여 폭력이 발생한다고 보는 이론이다. 또한 알코올은 가정폭력의 직접적인 원인이라기보다 가정폭력이 발생하는 과정에서 나타나는 매개변수라는 주장도 존재한다. 그러나 이 이론은 알코올의 순기능을 무시하고 알코올에 의한 가정폭력을 스스로 통제할 수 없는 현상이라고 하는 점에서 한계점을 가지고 있다. 또한 피제이(Pizzey, 1974)는 알코올 중독자에게 술을 마시지 못하게 한다고 해서 아내에 대한 학대행위를 그만두지 않는다고 언급하며 비판하고 있다.

(2) 사회 · 심리적 이론

가정폭력 발생원인을 개인의 내적 특성이 아닌 개인과 사회의 상호작용에서 획득된 사회적인 경험에 초점을 두고 가정폭력을 이해한다. 즉, 사회조직과 개인의 상호작용, 사회환경, 집단 및 타인과의 상호작용을 말하며, 여기에 해당되는 이론으로는 사회학습이론(Social Learning Theory), 좌절-공격이론(Frustration-Aggression Theory), 갈등이론(Conflict Theory), 교환이론(Exchange Theory) 등이 있다(서효정, 2019).

① 사회학습이론

사회학습이론은 반두라(Bandura)에 의해 처음으로 만들어진 이론이다. 이 이론은 개인이 다른 사람의 폭력 행위를 관찰하고 모방하여 새로운 공격행위의 기술을 습득하고 죄의식이나 양심의 가책 없이 폭력을 사용할 수 있다고 보는 관점이다(Bandura, 1973). 즉, 가정폭력 행위는 아동이 그들의 부모나 다른 중요한 사람의 행동을 관찰하고 모방함으로써 내면화하고 자신의 행동으로 학습한 결과이다. 예를 들어, 과거에 가정폭력을 당하거나 가족구성원 중 누군가가 가정폭력을 당하는 것을 목격하면서 성장한 사람은 가정폭력의 가해자가 될 가능성이 있다는 것을 의미한다. 하지만 가정폭력을 경험해 온 사람들이 모두 가해자가 되는 것은 아니다. 단지 지금까지 연구들을 보면 공통적으로 가정폭력에서 가해자가 비가해자에 비해 어린 시절 가정폭력에 노출된 경험이 많다는 것은 사실이다.

② 좌절-공격이론

좌절-공격이론은 어떠한 목적을 가진 행동이 좌절되는 경험을 겪거나 방해를 받았을 때 그 개인은 가정폭력을 발생시키게 된다고 본다. 가족이라는 구성원은 구조와 기능적으로 심각한 좌절을 경험할 수 있는 기회가 많아 가정폭력을 설명하기에 유용하다. 즉, 소득수준이 낮을수록 가정폭력이 더 빈번하게 발생하며, 아버지가 실직상태이거나 안정된 직업을 갖지 못한 경우 가정폭력의 가능성이 높다는 것이다. 하지만 이 이론은 어떠한 상황에서 공격적으로 되는지에 대한 설명이 부족하고, 여성, 아동, 노인의 경우에는 좌절감이 공격성으로 연결되지 못하는 상황을 적절하게 설명하지 못하는 한계점을 가지고 있다.

③ 갈등이론

집단과 조직의 규모나 구성원들 간에 친밀성과는 상관없이 지배와 복종, 경쟁적인 목적에 의해서 특징지어지는 모든 집단과 조직에서 갈등이 불가피하게 발생한다고 본다. 따라서 개인이나 가족 집단은 협력과 상호 공존을 추구하기보다는 개별적인 이익을 추구하는 집단으로써 발생된 갈등을 관리하는 데 많은 관심을 가지고 자신의 이익을 추구하기 위해 여러 가지 방법을 사용하다가 다른 방법이 적용되지 않을 때 가장 많이 사용하는 방법이 폭력이라는 것이다(이영희, 2016).

④ 교환이론

공평의 원리에 의해 대인관계를 맺고 자신이 투자한 비용에 비해서 보상이 적으면 분노가 일어나고 폭력을 사용하게 된다는 것이다. 이 이론은 미숙아나 장애를 가진 아동들 중에 학대를 당하는 아동이 많은 이유를 잘 설명하고 있다. 하지만 폭력을 사용하는 가해자가 어떤 교환가치를 얻어 내지 못할 경우에는 폭력이 사용되지 않는다는 한계점이 있다.

(3) 사회 · 문화적 이론

가정폭력 원인을 개인의 사회 · 심리학적 관점뿐만 아니라 사회적 가치나 구조, 제도, 규범 등의 사회적 조건을 고려하여 거시적 관점에서 설명하고자 한다. 여기에 해당되는 이론으로는 구조적 이론(Structural Theory), 문화적 이론(Cultural Theory), 여성주의적 이론(Feminist Theory) 등이 있다(서효정, 2019).

① 구조적 이론

스트레스와 좌절, 박탈과 같은 폭력유발요인의 차별적인 분포에 초점을 두고 있으며, 빈곤층, 다자녀 가족, 인구밀집 지역 등과 같이 특정 사회에서 폭력이 보다 빈번하게 발생한다. 또한 가정폭력의 원인을 사회 · 구조적 요인에 의해 발생하는 것임을 강조하고 있고 가정 내에서의 사회화 과정 이외에 구조화된 사회적 틀에 의해서 가정폭력이 발생한다고 본다. 구조이론은 좌절-공격이론과 학습이론, 스트레스 등의 연구를 통합한 이론으로 가정폭력의 원인을 다양한 관점에서 볼 수 있는 장점이 있지만, 가족의 내적 관계 측면을 간과한다는 한계점이 있다.

② 문화적 이론

가정폭력을 사회구조 내에서 고르게 분포되어 있지 않고 가족의 사회 · 경제적인 위치에 따라서 차별적 분포를 폭력과 관련된 문화적 규범이나 가치의 기능을 원인으로 보는 이론이다. 즉, 박탈감이나 스트레스를 강하게 느끼거나 갈등을 해결하기 위한 자원이 부족한 가족에게 나타나기보다는 사회화 실천(socialization practices)이 폭력과 깊게 관련된 가족에게서 가정폭력이 더 빈번하게 발생한다고 보는 것이다(Steinmetz, 1987).

③ 여성주의적 이론

가장 일반적인 가정폭력의 형태에서 볼 수 있는 유형으로 가정폭력의 발생원인을 가해자인 가장의 개인적인 특성이나 가족구성원에 의해서 발생하기보다는 가부장적 중심인 남성 중심의 사회, 문화, 인종, 종교, 민족적인 구조에 있다고 본다. 이 이론에서 가정폭력은 가족구성원 사이에서 발생하는 갈등에서 비롯된 단순한 폭력은 해당되지 않으며 남녀불평등에서 비롯된 폭력만이 해당한다고 본다. 또한 남성의 폭력은 여성에 대한 통제의 수단이며 대부분의 가족들에게서 볼 수 있는 일반적인 현상이라고 본다. 여권주의자들은 학대의 관계에서 벗어나기로 결심한 아내가 처한 현실은 수입의 격감과 이혼녀로서의 낙인, 편모로서의 생활, 탁아서비스의 결여로 인해서 발생한 불이익 등이 있다고 한다(김인숙 외, 2000). 그리고 학대받은 아내들이 남편에 대한 심리적, 경제적 의존으로부터 벗어나기 위해서는 서비스의 연속체가 필요하다고 보지만, 아내의 욕구에 대한 직접적인 지원보다는 가족의 가치 변화, 남성의 동등한 가치, 다양한 가족의 형태, 모든 여성들의 평등권 취득을 통한 사회의 변형에 초점을 두고 있다. 하지만 여성주의적 이론은 여성과 남성이 동등한 권한을 갖도록 하였지만, 여성이 당면한 현실적인 욕구는 해결해 주지 못하고 있다. 그리고 동일한 사회문화권에서 자란 남성 중에서 많은 수의 남성들이 폭력을 행사하지 않는 이유와 폭력행위에 대한 직접적인 개입을 구체적으로 설명하지 못한다는 한계점을 가진다.

3. 가정폭력의 현황

1) 여성가족부 실태조사

가정폭력 실태는 「가정폭력방지 및 피해자 보호 등에 관한 법률」 제4조의2에 근거하여 2004년부터 3년마다 실시하고 있다. 최근에 이루어진 제7차 '2022년 가정폭력 실태조사'에 따른 부부폭력 등의 조사 결과는 다음과 같다(여성가족부, 2022).

(1) 부부폭력

만 19세 이상 유배우(사실혼 포함) 응답자의 배우자에 의한 폭력 경험을 조사하였는데, 유형별 폭력행위 중 하나라도 경험하였다고 응답한 비율은 지난 1년간 배우자에 의한 신체적 · 성적 폭력 피해율은 여성 5.9%, 남성 1.3%였으며, 4개 유형 폭력(신체적 · 성적 · 경제적 · 정서적 폭력) 피해율은 여성 10.9%, 남성 6.6%였고, 5개 유형 폭력(신체적 · 성적 · 경제적 · 정서적 폭력 · 통제) 피해율은 여성 28.9%, 남성 26.0%로 나타났다.

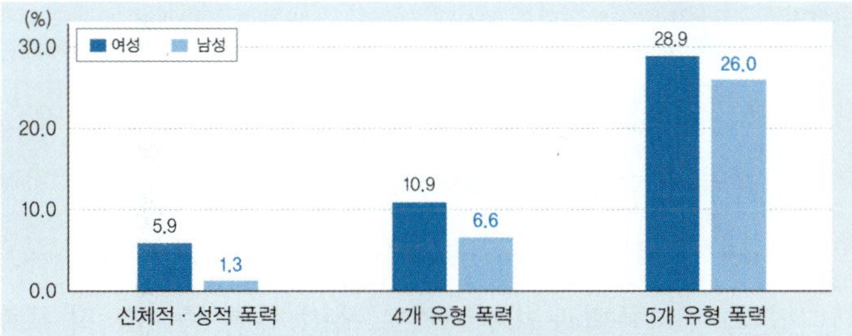

그림 10-1 **유형별 폭력경험율**

주: 4개 유형 폭력(신체적 · 성적 · 경제적 · 정서적 폭력)
5개 유형 폭력(신체적 · 성적 · 경제적 · 정서적 폭력 · 통제)

또한 지난 1년간 배우자에 의한 폭력 피해 경험률을 폭력 유형별로 나누어 보면, 여성의 경우 지난 1년간 통제 25.4%, 정서적 폭력 8.3%, 성적 폭력 4.6%, 신체적 폭력 2.1%, 경제적 폭력 1.2% 순이었고 남성은 통제 24.5%, 정서적 폭력 6.0%, 신체적 폭력 0.9%, 경제적 폭력 0.8%, 성적 폭력 0.6% 순이었다.

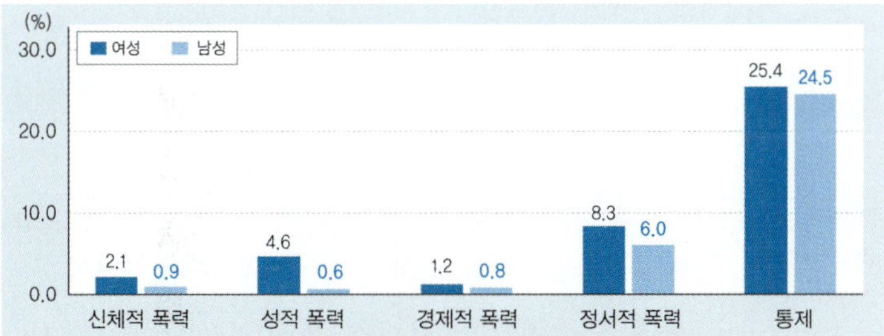

그림 10-2 **배우자에 의한 폭력 피해 경험률**

그림 10-2에서 보는 것과 같이, 정서적인 폭력이나 통제적인 부분이 신체에 대한 폭력보다 가정폭력 유형 중 많은 부분을 차지한다고 볼 수 있다.

(2) 자녀 학대

지난 1년간 18세 미만의 아동을 양육하고 있는 응답자를 대상으로 아동에 대한 신체적, 정서적 폭력 및 방임 가해 경험을 조사하였는데, 지난 1년간 양육자에 의한 아동폭력 가해율은 27.6%이며, 폭력 유형별로는 정서적 폭력 24.0%, 신체적 폭력 11.3%, 방임 2.0% 순으로 나타났다. 부부폭력과 마찬가지로 폭력 유형 중 정서적 폭력이 가장 높은 비율을 차지하고 있는 것으로 나타났다.

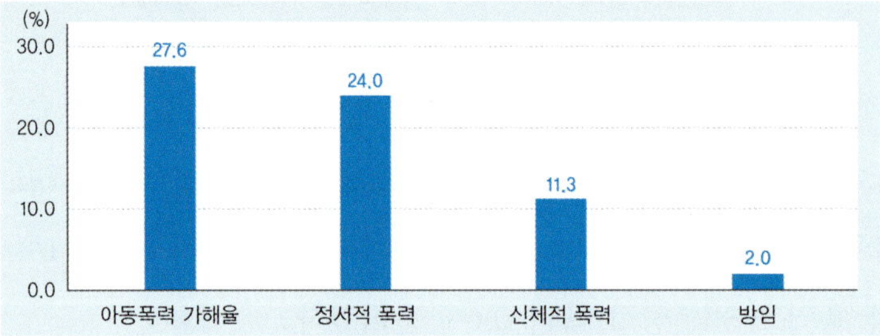

그림 10-3 **양육자에 의한 아동폭력 가해율**

(3) 노인 학대

만 65세 이상 응답자를 대상으로 지난 1년간 자녀, 사위, 며느리, 손자녀로부터의 정서적, 신체적, 경제적 폭력 피해 및 방임 피해 경험을 조사하였는데, 지난 1년간 노인폭력 피해율은 3.8%이며, 폭력 유형별로는 정서적 폭력 3.5%, 방임 0.3%, 신체적 폭력과 경제적 폭력이 각각 0.2% 순이었다. 노인폭력 피해를 경험했을 때 주위에 도움을 요청한 비율은 11.1%(여성 10.1%, 남성 12.6%)로 나타났다.

2) 경찰청 112신고 통계

여성가족부 실태조사와 더불어 가정폭력 실태를 알아볼 수 있는 공식통계로는 가정폭력 신고 건수를 통계화한 경찰청 112신고 통계가 있다. 경찰에서 관리하는 가정폭력 신고 건수는 2013년부터 112신고 시스템 내에 '가정폭력' 코드를 별도로 신설하면서부터 공식적으로 집계되고 있다(경찰청, 2020).

표 10-4 2013~2019년 가정폭력 신고 건수 통계

구분	2013년	2014년	2015년	2016년	2017년	2018년	2019년
건수	160,272	227,608	227,630	264,567	279,082	248,660	240,723

출처: 경찰청(2021). 가정폭력통계자료.

2013년에 가정폭력 코드가 신설되었을 때는 가정폭력 신고 건수가 16만 건 정도였고, '4대 악 근절'에 가정폭력이 포함되면서 국민의 관심이 높아지게 되고, 신고가 활성화되면서 신고 건수는 2014년부터 점점 증가하게 되었다. 하지만 가정폭력 신고 건수는 2013년부터 2017년까지 증가 추세를 유지하다가 2018년부터 감소하는 추세를 보이는 것으로 나타났다.

2019년 가정폭력 요일별 신고 건수를 살펴보면, 총 24만 건 신고 중에 월요일 13%, 화요일 13.1%, 수요일 12.9%, 목요일 12.7%, 금요일 13.3%, 토요일 16.8%, 일요일 18.2%로 주말인 토요일 및 일요일에 조금 더 가정폭력이 발생하는 것으로 나타났다. 그리고 가정폭력 신고 시간대는 저녁 20시부터 새벽 02시 사이에서 다른 시간대에 비해 많이 발생하는 것으로 나타났다. 가정폭력 성별 신고 건수에 대한 조사결과는 표 10-5와 같다.

표 10-5 **가정폭력 성별 신고 건수 통계**

구분	계	남성	여성	불상
건수	240,723	70,718	158,491	11,514
비율(%)	100.0	29.4	65.8	4.8

출처: 경찰청(2021). 가정폭력통계자료.

신고자 성별은 여성들이 남성보다 2배 이상 신고하는 비율이 높은 것으로 나타났다. 이 결과는 가해자가 남성인 경우가 많고 여성이 피해자인 경우가 대다수이기 때문으로 보이며, 또한 남성이 피해자인 경우 남성들은 가정폭력 피해를 본인 스스로 해결하고자 하는 경향이 강하기 때문에 경찰에 신고하지 않는 경우가 흔하기 때문으로 볼 수 있다. 2013년~2019년 가정폭력 처벌 현황은 표 10-6과 같다.

표 10-6 **2013년~2019년 가정폭력 처벌 현황**

구분	검거 건수	검거인원
2012년	8,762	9,345
2013년	16,785	18,000
2014년	17,557	18,666
2015년	40,828	47,543
2016년	45,619	53,511
2017년	38,583	45,264
2018년	41,905	43,576
2019년	49,873	58,987

출처: 경찰청(2021). 가정폭력통계자료.

가정폭력 검거 건수와 검거 인원은 2012년부터 2015년까지 대폭 증가하는 추세를 보이다가 2015년부터 2019년까지 소폭 증가하거나 감소하는 추세를 보였다. 특히 2015년에 검거 건수와 검거 인원이 대폭 증가한 이유는 전국 경찰서에 여성·청소년수사팀이 신설되었기 때문으로 볼 수 있다. 가정폭력 피의자 현황에 대한 결과는 표 10-7과 같다.

표 10-7 가정폭력 피의자 현황

(단위: %)

성별		연령별					
남성	여성	미성년	30세 이하	31~40세	41~50세	51~60세	60세 이상
78	22	1.4	10.9	23.6	29.2	22.6	12.2

출처: 경찰청(2021). 가정폭력통계자료.

가정폭력 피의자 현황을 살펴보면, 남성이 78%, 여성이 22%로 남성이 피의자인 경우가 여성보다 3배 이상 높은 비율을 차지하고 있으며, 연령대별로는 30세 이하와 60세 초과를 제외하고는 30세~60세 사이가 고르게 비율을 차지하고 있는 것으로 나타났다. 가정폭력 피해자 현황은 표 10-8과 같다.

표 10-8 가정폭력 피해자 현황

(단위: %)

구분	20세 이하	21~30세	31~40세	41~50세	51~60세	60세 이상
남성	3.7	2.4	2.5	2.6	2.6	2.5
여성	4.4	9.2	18.1	18.3	13.8	8.5

출처: 경찰청(2021). 가정폭력통계자료.

가정폭력을 당한 피해자 현황을 보면, 연령대별로 여성이 남성보다 평균 6배 이상 피해자인 경우가 많았다. 하지만 112신고 통계 분석상 남성들은 가정폭력 피해자가 된 경우라도 신고를 하지 않는 경우가 많으므로 신고자 중에 여성이 피해자인 비율이 높다고 이해하는 것이 바람직할 것으로 보이며, 나이별로는 31세에서 60세 사이의 여성 피해자가 가장 높은 비율을 차지하고 있는 것으로 나타났다.

4. 가정폭력 지원정책

1) 사법적 개입

가정폭력의 심각성에 대한 공감대가 형성되면서 「가정폭력방지 및 피해자 보호 등에 관한 법률」과 「가정폭력범죄의 처벌 등에 관한 특례법」이 1998년 7월부터 시행되었다. 이 법의 제정을 통해 가정폭력이 더 이상 가정 내의 문제가 아니라 가정폭력에 대하여 사회의 적극적인 제도적 개입과 예방이 가능하게 되었다. 이 법안에 따르면 가족 내에서 발생하는 학대에서 가정보호사건을 심리한 결과 일정한 처분이 필요하다고 인정될 때에는 학대 행위자에 대해 보호처분을 할 수 있다. 접근 제한, 친권행사 제한, 「보호관찰 등에 관한 법률」에 의한 사회봉사와 수강명령, 보호관찰, 보호시설에 감호위탁 등의 사법적 구속력이 그것이다. 예를 들어, 배우자를 학대한 남성에게 가해진 수강명령 처분의 경우, 민간 상담 기관에 위탁교육 방식으로 이루어지는데, 교육에 소요되는 경비는 국가나 지방자치단체가 부담하는 것을 원칙으로 '가해자 상담 교육'을 1주일에 한 번씩 20주 동안 받을 수 있다.

아직 현재 우리나라의 실태는 예산이 전혀 책정되지 않았으므로 학대 행위자들은 검찰로부터 위탁교육을 실시하는 민간기관의 상담 프로그램에 참석하여 본인이 실비의 비용을 부담하도록 하고 있다. 피해자에게 내려지는 보호처분으로는, 학대로 인해 신체적 · 정서적 손상을 치료하고 재적응시키기 위한 의료기관에의 치료위탁, 상담소 등에의 상담 위탁이 있다. 피해자 보호제도 내지 피해자 보호활동에는 표 10-9와 같은 것이 있다(남상인, 2022; 임대희, 2022).

표 10-9 **사법적 피해자 보호제도**

구분	내용
응급조치	• 내용: 현장 출동한 경찰관이 즉시 조치 • 유형: 폭력행위 제지 · 분리 · 수사, 상담소 · 보호시설 인도, 의료기관 인도, 폭력재발 시 임시조치 신청할 수 있음을 통보 • 근거: 「가정폭력처벌법」 제5조
긴급임시조치	• 내용: 응급조치에도 불구, 재발의 우려가 있고 긴급을 요하는 경우 피해자 신청 또는 경찰관 직권으로 결정하여 조치 • 유형: 주거 퇴거 등 격리, 주거 · 직장에서 100m 이내 접근금지, 전기통신 이용 접근금지 ☞ 위반 시 300만 원 이하 과태료 부과 • 작성서류: 가정폭력 위험성 조사표, 긴급임시조치 확인서, 긴급임시조치 통보서, 긴급임시조치 결정서 ※ (주의) 담당수사관은 지체 없이 검사에게 임시조치를 신청해야 함 • 근거: 「가정폭력처벌법」 제8조
가정보호사건	• 내용: 피해자가 처벌을 원하지 않으나 재범 우려가 있거나 폭력성행교정이 필요한 경우 가정보호사건으로 처리 가능, 이 경우 형사처벌 대신 보호처분이 부과됨 • 처분유형: 접근행위 제한, 전기통신 이용 접근행위 제한, 피해자 친권 행사 제한, 사회봉사 · 수강명령, 보호관찰, 의료기관 치료위탁 등
피해자 보호명령 제도	• 개요: 형사절차와는 별개로 피해자 또는 법정대리인이 직접 법원에 '피해자보호명령' 청구, 법원이 피해자 보호조치 결정 • 내용: 피해자 또는 가정구성원 주거의 퇴거 등 격리, 피해자 또는 가정구성원 주거 · 직장 100m 접근금지, 전기통신 이용 접근금지, 친권행사의 제한, 면접교섭권행사의 제한 • 청구방법: 거주지 또는 현재지 가정법원(지방법원)에 청구서 및 증명서류 제출 • 기간: 6개월, 2개월 단위로 연장 최장 2년 • 벌칙규정: 위반 시 2년 이하의 징역 또는 2천만 원 이하의 벌금 또는 구류 • 근거: 「가정폭력처벌특례법」 55조

2) 상담 서비스

(1) 가정폭력상담소

가정폭력상담소는 「가정폭력방지 및 피해자보호 등에 관한 법률」에 의거 설치 · 운영되고 있다. 가정폭력상담소의 주요 기능은 표 10-10과 같다.

표 10-10 가정폭력상담소의 주요 기능

- 가정폭력을 신고받거나 이에 관한 상담을 실시하는 일
- 가정폭력으로 인하여 정상적인 가정생활 및 사회생활이 어렵거나 의료기관 또는 가정폭력 피해자 보호시설로 인도하는 일
- 행위자에 대한 고발 등 법률적인 상황에 관한 자문을 얻기 위하여 관련 기관에 협조와 지원을 요청하는 일
- 경찰서 등으로부터 인도받은 피해자를 임시 보호하는 일
- 가정폭력의 예방 및 방지에 관한 홍보, 기타 가정폭력 및 피해에 관한 조사 · 연구 등

(2) 긴급전화운영

노인, 여성, 아동에 대해 가해지는 학대 발생 시의 긴급전화로서, 1366(가정폭력, 성폭력), 1391(아동학대), 1388(청소년보호), 1922(노인학대) 등이 있다. 이 외에 민간단체에 의해 운영되는 노인의 전화, 여성의 전화, 아동학대 예방 전화 등의 상담센터들도 있다. 이 중 '여성1366'은 폭력피해자 등을 위한 긴급전화 상담서비스로 1998년 1월 1일 개통되어 '한국여성의 전화 연합'에 의탁하여 운영하고 있다. '여성1366'은 여성 폭력 상담창구가 다원화되어 있어 적절한 안내를 받지 못하는 문제점을 해결하기 위하여 요보호 여성이 언제라도 전화를 통하여 안내와 상담을 할 수 있도록 전국적으로 통일된 전화번호를 확보하여 권역별로 365일 24시간 운영하도록 만들어졌다.

(3) 가정폭력 보호시설 서비스

가정폭력 피해자 보호시설은 2022년 상반기 현재 국고지원 65개 시설이 설치 · 운영 중에 있으며, 지방자치단체별로 운영하는 시설들이 설치되어 있다(업무 특성상 비공개 시설이므로 시설 확인이 쉽지 않다). 보호시설은 보호 중인 가정폭력 피해자 위주의 상담 업무, 피해자를 일시 보호하는 일, 피해자의 신체적 · 정신적 안정, 가정 복귀를 돕는 일 등을 한다. 입소 대상은 가정폭력 피해자나 가족구성원으로 제한하고 있으며, 보호 기간은 3일 이내(필요하다고 인정하는 경우 7일 이내로 연장 가능)이며, 일시 보호는 원칙적으로 2개월 이내로 하고 있다.

(4) 의료서비스

가정폭력 피해자에 대한 의료적 서비스로는 「국민건강보험법」에 의무적으로 적용 대상이 되며, 진료비는 본인 부담 능력이 없는 경우에만 국고에서 보조된다. 또한 80병상 이상의 종합병원에서는 사회사업실의 운영이 의무화되어 있다. 의료기관으로서는 국 · 공립병원과 보건소, 민간병원이 있는데 「성폭력특별법」과 「가정폭력피해자보호법」에는 성폭력 피해 여성의 경우 지정병원을, 가정폭력 피해 여성의 경우는 피해자나 상담소, 피해자 보호시설에서 요청할 때 적절한 치료보호를 제공하도록 명시하고 있다.

3) 전국 범죄피해자 지원연합회의 지원 서비스

전국 범죄피해자 지원연합회에서는 표 10-11과 같이 범죄피해자에게 경제적 지원, 심리지원, 법률지원 및 주거지원 등을 하고 있다.

표 10-11 전국 범죄피해자 지원연합회 지원 서비스

구분	내용
경제적 지원	신체적 · 정신적 피해를 입은 범죄피해자와 가족에게 치료비, 심리치료비, 긴급생계비, 장례비, 학자금, 간병비, 돌봄비용, 취업지원비 등의 지원
심리지원	불의의 범죄피해로 인해 정신적 충격을 받고 일상적인 생활이 어려운 범죄피해자와 가족에게 심리상담, 개별 · 집단 치유프로그램(자조모임) 등의 지원
법률지원	법과 형사사건 절차의 어려움으로 자문 및 안내가 필요한 범죄피해자와 가족에게 재판모니터링, 법정동행 등의 지원
주거지원	범죄피해로 기존 집에서 생활이 어려운 범죄피해자와 가족에게 주거환경개선, 임대아파트 주거 변경 신청 등의 지원
기타 지원	보건에 관한 상담 및 지도, 임산부(태아)의 심리적 안정을 위한 치료프로그램 등의 지원 ※ 위 항목 중 치료비 본인 부담액, 건강보험 · 의료급여 비적용 진료비용 지원

11

Chapter

다문화가족

배울 내용

1. 다문화의 개념
2. 한국의 다문화 현황
3. 한국 다문화사회의 문제점
4. 다문화가족 지원정책

학습목표

1. 다문화의 개념을 설명할 수 있다.
2. 한국의 다문화 현황을 파악한다.
3. 한국의 다문화사회의 문제점을 파악하고 대처방안을 모색해 본다.
4. 다문화가족 지원정책을 숙지한다.

1. 다문화의 개념

1) 다문화와 다문화사회 및 다문화주의

다문화는 다양한 혹은 다수의 문화가 함께 공존하는 것을 말하며, 사전적 의미로 '여러 나라의 생활양식'을 의미한다. 즉, 다문화라는 용어는 여러 문화 간에 발생하는 충돌이 가시화되면서 문화 간에 생기는 여러 유형의 문제를 조화롭게 극복하자는 의도에서 만들어졌으며, 다문화란 여러 나라의 문화를 연결시키고 반영하고 적용하는 것으로 각 문화의 차별화를 강조하고 문화의 다양성을 추구하는 것이다(김성혁 외, 2012).

다문화사회는 '한 국가나 한 사회 속에 다른 인종, 민족, 계급 등 여러 집단이 지닌 문화와 함께 존재하는 사회'를 의미하며, 가치 · 규범 · 생활 스타일 · 언어 · 기대 등 모든 영역에서 문화적 다양성이 존재한다(노인숙 외, 2018).

그리고 다문화주의(multiculturalism)란 한 국가 내에서 다양한 문화의 공존을 추구하는 이념이다. 문화의 우열을 가리지 않고 문화를 있는 그대로 인정하고 존중하며, 문화 차이에 대한 관용을 중시한다. 이는 다양한 문화와 인종이 어우러져 더 나은 미래를 열 수 있는 새로운 문화를 창출해 낼 수 있을 것이라는 이상적인 기대를 하는 형태를 말한다. 다문화주의의 이념은 1970년 서구 민주주의 국가인 캐나다, 호주 등에서 나타났으며, 우리나라도 1980년대 말 이후 외국인근로자, 결혼이주자 등이 증가하면서, 최근 들어 다문화주의에 대한 관심이 폭발적으로 증가하고 있다.

20세기 말의 신자유주의의 등장은 자본과 노동의 세계화에 따른 불가피한 이주노동자, 난민의 발생, 그리고 인종과 문화의 이동을 가져왔다. 신자유주의에 의한 세계화의 물결은 인종과 종교, 문화가 다른 소수자들이 단일문화 국가에 등장함에 따라 전통적인 개별 국민국가 내부의 국민적 단일성을 위협하고 여러 가지 갈등을 초래하고 있다. 현재 이러한 민족주의적 정서에 대한 도전, 근대성에 대한 인식론적 도전 그리고 세계화가 가져온 변화에 대처하거나 세계화로 초래한 갈등을 해결할 수 있는 하나의 대안으로 다문화주의가 제시되고 있다.

다문화주의는 하나의 '사회학적 사실'로서, 현재 서구사회는 다양한 관점과 요소(인종, 언어, 종교, 계급, 성, 이데올로기, 민족성, 국가 등)에 있어서의 현저한 문화적 차이를 갖는 집단들로 구성되어 있다는 사실을 반영한다. 이러한 '기술적' 차원을 넘어서서 다문화주의가 비교적 새로운 현상으로 부각된 것은 그것이 '강력한 규범적 성격'을 가지는 윤리, 정치적 원리로서 제시된 데 있다. 즉, 다문화주의는 정치원리 또는 정책의 구상이 다양한 문화집단들의 목소리를 반영해야 할 뿐만 아니라 나아가서 모든 사회문제(행정과 법, 교육과 고용, 가족, 이민 등)에 관련된 정부정책의 기본목표로서 문화적 다양성을 추구해야 한다는 규범적 주장을 내포한다.

다문화주의에 대비되는 개념은 단문화주의(Monoculturalism)이다. 단문화주의는 하나의 국가나 민족이 하나의 문화를 가진다는 것을 의미하는 것으로 민족의 동질성을 강조하는 개념이다. 단일문화로서의 전통적 문화개념은 18세기 말 독일의 철학자 헤르더(Herder)에 의해 정립되었으며, 이는 우리가 강조해 온 단일민족, 단일문화라는 관념과 매우 비슷한 것이다. 단일문화로서의 전통적 문화개념은 사회적인 동질화, 인종적인 기반 그리고 상호 문화적 경계설정으로 특징지을 수 있다. 즉, 하나의 문화는 연관된 민족의 삶을 전체에서뿐만 아니라 개인적인 영역에서도 영향을 미쳐야 하며, 문화는 문화로부터 특수하게 구별되고 경계를 갖고 있어야 함을 의미한다. 현재 세계적으로 단문화주의 국가는 10%도 되지 않는 것으로 알려져 있다.

한편 다문화주의와 유사한 개념으로 문화적 다원주의(cultural pluralism)가 있다. 이는 미국에서 널리 사용되는 개념으로 여러 집단이 고유한 문화를 유지하면서 전체 사회에 참여하는 것을 의미하는 것으로 지배적인 문화에서 다른 집단의 문화를 보유할 가치가 있다고 간주하는 것이다(김성혁 외, 2012). 다문화주의와 대비되는 동화주의(cultural assimilation)는 소수민족, 이민자, 혹은 정복당한 민족들이 지배 문화나 사회 주류 문화로 흡수 · 동화시키는 것을 장려하는 사회정책을 의미한다.

오늘날 다문화사회의 유형은 크게 2가지로 구분할 수 있다. 첫 번째 유형은 유럽국가(영국, 독일, 프랑스, 스웨덴)처럼 비교적 동질적인 문화를 가졌던 전통적인 국민국가들이 자본과 노동의 세계화를 겪게 되고, 그 결과 이민을 받아들이면서 문화적 다양성을 가지게 된 경우이다. 두 번째 유형은 미국, 캐나다, 호주 등 국가의 출범 초기부터 다양한 인종과 문화공동체가 국가를 이룬 경우이다. 단일민족과 단일문화를 강조해 온 우리나라는 첫 번째 유형에 가깝다(김남국, 2010).

유럽에서 이민자들의 유입과 함께 다문화주의로의 변화에 직면했을 때 대응 방식은 (그림 11-1), '너그러운 관용', '비차별의 법제화', '다문화주의 인정'의 세 단계를 통해 이루어졌다(노인숙 외, 2018).

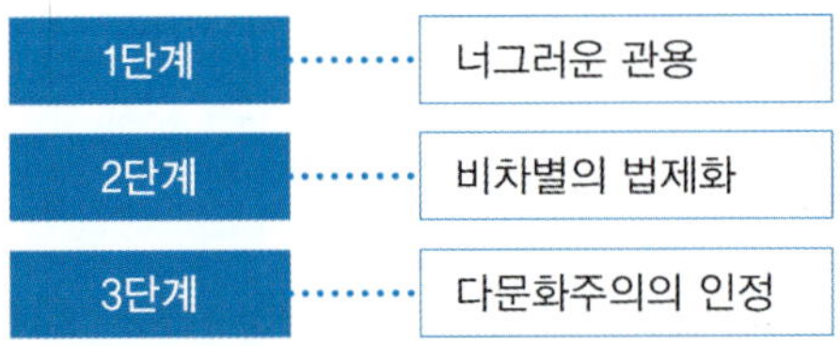

그림 11-1 다문화사회로의 대응 방식

첫 번째 단계인 '너그러운 관용'은 다수가 소수의 다름을 사회 전체의 평화를 위해 너그러운 마음으로 참아 주는 것이다. 하지만 점차 증가하는 소수 민족 인구를 다수의 자민족이 흡수 · 동화하는 것을 현실적으로 불가능하게 만들고, 소수 민족 집단의 숫자가 적다는 이유로 우월한 위치를 차지해 온 다수 인구 집단의 정당성을 부정하면서 더 이상 다수의 관용에 호소하지 않게 된다.

두 번째 단계인 '비차별의 법제화'는 다수 민족에 의한 소수 민족의 차별은 거친 말이나 특정 자격시험이나 집을 구하는 일 등 일상생활에서 접근을 방해하는 형태의 차별로, 더욱 심하게는 소수 민족에게 이유 없는 폭력을 행사하는 물리적 형태로 나타나기도 한다. 이러한 차별의 양상을 구체적으로 법제화하여 객관적이고 합리적으로 적용하는 것은 관용보다 한 단계 더 나아간 조치라고 할 수 있다.

세 번째 단계인 '다문화주의의 인정'은 단순히 단일문화에서 다양한 문화로 변화해 가는 사회의 현상을 가리키는 가치중립적 용어로 사용할 수 있고, 소수의 권리를 적극적으로 보호해야 한다는 규범적 의미로 사용하기도 한다.

현재 우리 사회는 아직 '관용'을 호소하는 단계에 있는 것이 현실이지만 국제결혼, 외국인근로자 등의 증가 추세를 감안할 때, 비차별의 법제화와 다문화주의 인정의 단계로 나아갈 것으로 예측된다.

이주자들과 소수 민족들은 다문화사회에서 주류 문화와 협상하면서 문화적응(acculturation)을 해 나간다. 베리(Berry, 1990)에 의하면, 이들은 네 가지 문화적응의 유형, 즉 동화(지배문화와 동일화), 통합(두 문화와 밀접한 동일화), 분리(민족문화와 밀접한 동일화) 및 소외(두 문화와 저조한 동일화) 중 한 유형으로 귀결하게 된다고 주장하고 있다(Dayer-Berenson, 2014). 이에 주류 문화에 속하는 사람들은 소수 문화 집단이 자신들과 평등한 문화적, 정치적 지위를 가질 수 있도록 편향된 시각으로 보거나 해석하는 자문화중심주의에서 벗어나, 그들을 분리와 소외가 아닌 통합의 문화적응 단계로 나갈 수 있도록 다문화주의에 입각하여 도움을 주어야 한다.

2) 한국 다문화사회의 발전 현황 및 원인

한국은 상대적으로 폐쇄적인 반도의 지리 위치로 비교적 긴 기간 동안 단일한 민족 구성 형태를 유지하였다. 그러나 한국 경제가 발전하고 외국인 인구가 대량으로 유입됨에 따라 이 형태는 점차 깨지고 있다.

1960년대 초기, 전쟁 후의 한국은 자원이 부족하고, 경제 기반이 약하며, 기술력이 부족하고, 가난하고 낙후된 농업국이었다. 1962년, 한국은 '제1차 경제개발 5개년 계획'을 실행하기 시작되면서 한국 정부는 수출 위주의 대외지향형 경제발전전략을 제정하여 국가 경제가 급속하게 발전하기 시작하였다. 1970년대 중공업 육성에 역점을 두고 발전시켜 점차 신흥공업국 반열에 들어섰으며, 1980년대에는 국제시장에서 경쟁력을 갖춘 국가로 성장하였다. 반세기도 안되어 한국은 가난한 농업국에서 선진 제조업을 갖춘 현대 공업 국가로 급속히 발전하였다. 1961년부터 1996년까지 불과 30년 동안 한국의 경제는 연평균 9%의 성장을 이루어 냈고, 1인당 국민총생산은 82달러에서 12,518달러를 달성하였으며, 한국은 세계에서 가장 빈곤한 국가에서 선진국 대열에 진입한 '한강의 기적'으로 불린다.

한국은 경제를 발전시키는 동시에 국내 노동력의 수출도 장려하였다. 1960년대 한국 정부는 미국 및 미주 지역에 노동력을 수출하고 독일에 광부와 간호사, 베트남에 근로자를 수출하였다. 1970년대부터 한국의 해외 공사 청부 건설의 발전에 따라, 한국 건설 회사들은 잇달아 중동 건설 시장에 진입하여, 중동으로 대량의 노동력을 수송하였다. 그러나 경제 도약에 따른 저출산 · 고령화 문제는 한국 내 노동력 부족사태를 초래하게 되었다. 이 문제를 해결하기 위해 정부는 외국인 근로자를 도입하기 시작하면서 한국은 점차 노동력 수입국으로 바뀌었다. 외국인 근로자는 주로 중국과 동남아시아 국가 출신이며 대부분 제조업, 서비스업, 건설업, 수산업 및 농 · 축업 등에 집중되어 있다. 또한 자국민 삶의 질이 높아지고 고용환경에 대한 요구도 높아지면서 근로자들이 '3D' 근무를 기피하게 되면서 '3D' 기업의 노동력이 부족하게 되자, 이러한 일자리들은 자연스럽게 외국인 근로자들이 채우게 되었다.

1980년대 후반부터 한국 외국인 근로자의 수가 급격히 증가하기 시작하였다. 1991년부터 1995년까지 3만 명에서 12만 명으로 증가하였다. 21세기에 들어선 후, 외국인 근로자의 수가 지속적으로 증가하여 2003년에는 39만 1,000명에 이르렀다. 통계청에 따르면, 2022년 현재 재한 외국인 취업자는 843만 명에 이르며, 직종별로는 관리자와 전문가 등 전문기술인의 4.6% 정도를 제외하고는 거의 단순 체력 근로자였다. 대부분 중소기업, 건설 현장, 농장 등에서 일을 하고 있으며, 이 중 불법체류자는 38만 8,700명이 넘는다.

외국인 근로자 외에도 급성장하고 있는 한국 경제에 여성 이민자들이 대거 유입되고 있다. 통계청에 따르면, 2022년 5월 기준 15세 이상 국내 상주 외국인은 109만 3,891명으로 한국 전체 인구(5,163만 8,809명)의 약 2.12%를 차지하였다. 또한 2022년까지 한국의 다문화가구는 약 385,219가구로 나타났다. 한국의 가구원 수가 평균 2.97명임을 고려할 때 다문화가구원은 약 109.3만 명으로 보면 한국 다문화가족의 수는 이미 백만 명에 이를 것으로 추정해 볼 수 있다.

한국의 다문화가족 수는 이미 한국 총인구에서 일정한 비중을 차지하고 있다. 국제결혼을 통해 구성된 가족 유형은 상고시대까지 거슬러 올라간다. 가야국 때 김수로왕과 인도 아유타국 공주 허황옥은 혼인을 통해 가정을 이뤘다고 전해진다. 몽골의 침략과 일본의 약탈은 통해 많은 국제결혼을 촉진했으며, 또 어떤 우연한 사건들은 다른 국적의 사람들 결합을 촉진하였다. 예를 들어, 1653년 제주도 근해에서 좌초된 후 살아남은 네덜란드 선원 36명은 한국 여성과 결혼하여 한국에 남았다. 그러나 1990년대 이전까지 국제결혼은 한국에서 매우 드물었고 대부분은 한국 여성과 외국 남성의 결합이었다. 특히 6 · 25전쟁 이후 대부분의 국제결혼은 미군과 한국 여성, 또는 경제적 여건이 좋은 일본이나 서유럽 남성과 한국 여성의 결합이 보편적이어서 1990년 이후 국제결혼 상황과는 대조적이다.

1980년대 말, 한국은 북방 정책을 통해 중국 및 소련과 교류하기 시작하였다. 1990년대 초 한국에서 농어촌저소득층 남성을 대상으로 '농어촌 청년 장가 보내기' 운동이 국제결혼을 추진하면서 한국 남성과 외국 여성의 국제결혼이 증가하기 시작하였다.

2. 한국의 다문화 현황

우리나라의 다문화 현황을 결혼이민자, 외국인근로자, 북한이탈주민 및 다문화가정의 자녀를 중심으로 살펴보면 다음과 같다.

1) 결혼이민자

우리나라에서 1980년대 전반까지의 국제결혼은 주로 외국인 남성과 한국인 여성 사이에서 이루어졌으나 1980년대 후반부터는 한국인 남성과 외국인 여성의 결혼 건수가 점차 증가하였다. 1990년대 초반까지는 국제결혼 건수가 전체 결혼 건수에 비해 1% 수준에 불과하였다. 당시 한국인 남성과 결혼한 외국인 여성은 대부분 미국과 일본 여성이었다. 그러나 1992년 중국과의 수교 이후에는 한국계 중국인 여성과 한국인 남성의 결혼이 증가했으며, 1997~1999년 사이에는 증가 추세를 보이던 국제결혼 건수가 IMF 경제체제로 인한 경제 사정의 악화로 현저히 퇴조하였다. 우리나라의 결혼이민자 현황은 그림 11-2와 같다. 2024년에는 결혼이민자가 181천 명으로 나타나 2020년 이후 꾸준히 증가한 것으로 나타났다.

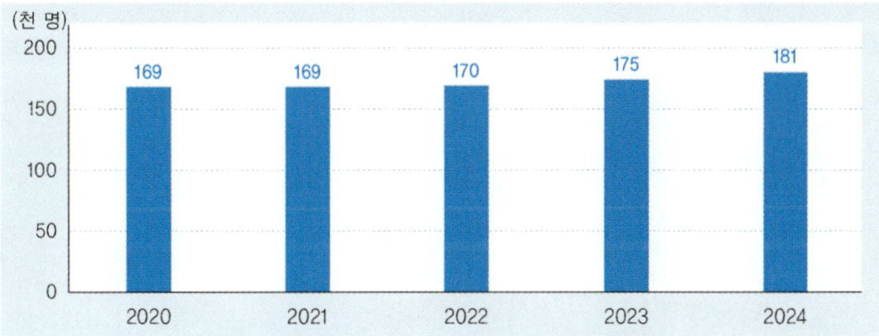

그림 11-2 **연도별 결혼이민자 현황**

출처: 법무부(2024). 출입국통계.

다문화 혼인 유형별로는 2023년 외국인 아내의 혼인이 69.8%로 가장 많았고, 외국인 남편(17.9%), 귀화자(12.3%) 순으로 나타났다. 외국인 아내의 혼인은 전년 대비 22.5%, 외국인 남편은 5.2% 증가하였고, 귀화자는 8.9% 각각 증가한 것으로 나타났다. 따라서 전체 국제결혼 중 한국 남성과 외국인 아내의 결혼이 대부분을 차지하고 있음을 알 수 있다(**표 11-1**, **그림 11-3**).

표 11-1 **다문화 혼인 유형별 규모 및 비중(2021~2023년)** (단위: 건, %)

	2021		2022		2023		전년대비	
		비중		비중		비중	증감	증감률
다문화	13,926	100.0	17,428	100.0	20,431	100.0	3,003	17.2
외국인 아내[1)]	8,645	62.1	11,649	66.8	14,268	69.8	2,619	22.5
외국인 남편[2)]	3,059	22.0	3,479	20.0	3,659	17.9	180	5.2
귀화자[3)]	2,222	16.0	2,300	13.2	2,504	12.3	204	8.9

1) 외국인 아내: 출생기준 한국인 남자 + 외국인 여자의 혼인
2) 외국인 남편: 외국인 남자 + 출생기준 한국인 여자의 혼인
3) 귀화자: 남녀 모두 또는 어느 한쪽이라도 귀화자인 경우
출처: 통계청(2024). 2023년 다문화 인구동태 통계.

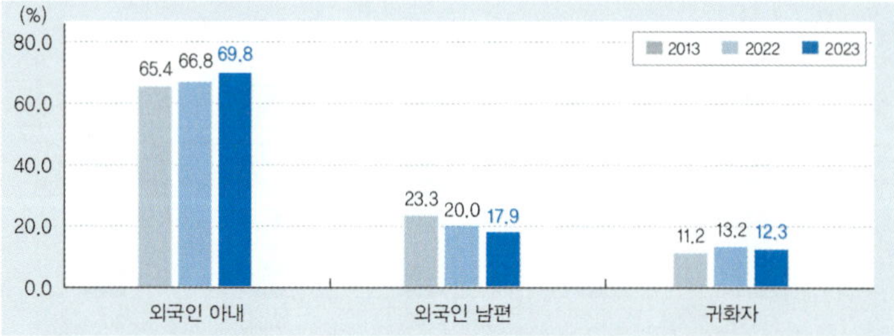

그림 11-3 **다문화 혼인 유형별 비중(2013년, 2022년, 2023년)**

출처: 통계청(2024). 2023년 다문화 인구동태 통계.

2023년 다문화 혼인을 한 외국 출신의 남편 국적은 미국과 중국이 6.9%로 가장 많았고, 베트남 3.9% 순으로 나타났다. 그리고 외국 출신의 아내 국적은 베트남이 27.9%로 가장 많았으며, 중국 17.4%, 태국 9.9% 순으로 나타났다. 최근에 이르러 그동안 절대 다수를 차지하던 중국 조선족 출신 여자 배우자의 비중이 점차 낮아지면서, 여자 배우자의 출신국가가 동남아시아와 미국 등 여러 국가로 다양해졌다. 중국인 여자 배우자와의 결혼 건수가 2005년 이후 감소 추세로 반전된 것은 중국 조선족이 친지 방문의 목적으로 입국하여 취업이 가능하도록 정부가 관련 법규를 개정함에 따라 한국인과의 결혼에 대한 수요가 감소하였기 때문이다.

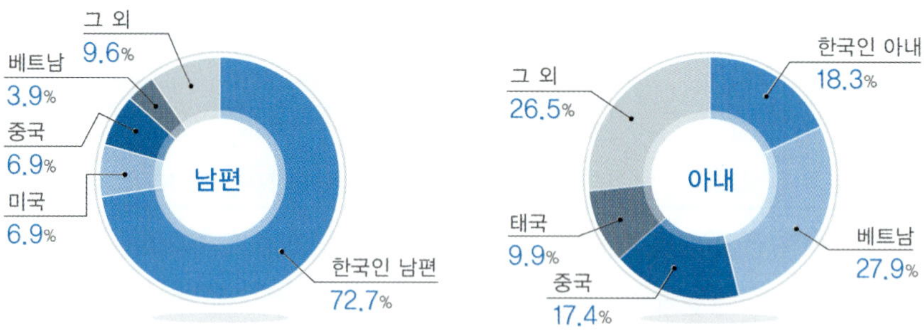

그림 11-4 **출신 국적별 혼인 비중(2023년)**

출처: 통계청(2024). 2023년 다문화 인구동태 통계.

2) 외국인근로자

체류외국인이란 「출입국관리법」 제31조의 규정과 「재외동포의 출입국과 법적지위에 관한 법률」 제6조의 규정에 따라 입국한 날부터 90일을 초과하여 체류할 목적으로 출입국·외국인관서의 장에게 외국인등록이나 국내거소신고를 한 자 및 90일 미만 동안 체류할 목적의 단기체류외국인을 포함한 총 국내 체류외국인을 의미한다.

법무부 출입국·외국인정책본부의 2024년 기준 통계자료에 의하면, 체류외국인은 2,650,783명으로 인구대비 체류외국인비율은 5.18%로 나타났다.

표 11-2 인구대비 체류외국인 현황

(단위: 명)

구분	2020	2021	2022	2023	2024
전체 인구	51,829,023	51,638,809	51,439,038	51,325,329	51,217,221
체류외국인	2,036,075	1,956,781	2,245,912	2,507,584	2,650,783

출처: 출입국, 외국인정책본부(2022). 2021년도 출입국·외국인정책 통계연보.

체류외국인을 국적(지역)별로 살펴보면, 한국계 중국인을 포함한 중국이 42.9%로 가장 많았으며, 베트남 10.7%(208,740명), 태국 8.8%(171,800명), 미국 7.2%(140,672명), 우즈베키스탄 3.4%(66,677명), 러시아 2.5%(48,680명) 순으로 나타났다(**그림 11-5**).

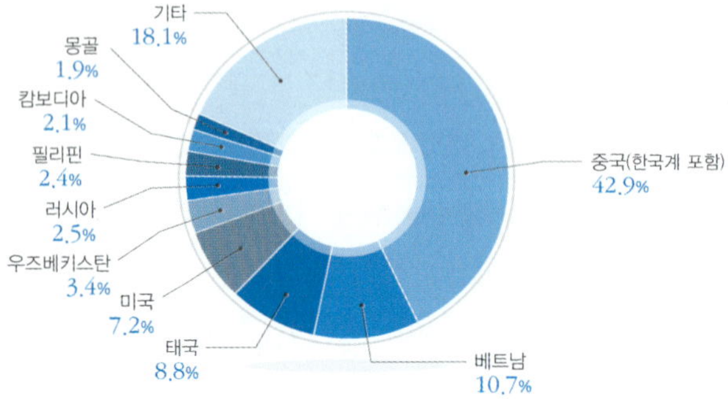

그림 11-5 **체류외국인 국적(지역)별 구성 현황**

출처: 출입국, 외국인정책본부(2022). 2021년도 출입국 · 외국인정책 통계연보.

3) 북한이탈주민

「북한이탈주민의 보호 및 정착지원에 관한 법률」 제2조 1항에 따르면, 북한이탈주민이란 군사분계선 이북지역에 주소, 직계가족, 배우자, 직장 등을 두고 있는 사람으로서 북한을 벗어난 후 외국 국적을 취득하지 아니한 사람을 말한다. 우리나라에서 북한이탈주민에 대한 용어는 여러 번 바뀌어 왔다. 즉, 1993년 이전에는 귀순자, 귀순용사로, 1994년부터 2004년까지는 탈북자로, 2005년에서 2008년까지는 새터민으로, 2008년 이후에는 북한이탈주민으로 불리고 있다.

북한이탈주민의 현황을 살펴보면, 1990년 중반부터 북한의 식량 사정의 악화를 계기로 꾸준히 증가하기 시작하였으며, 2001년 1,000명을 넘어선 이래 2011년에는 2,706명이 입국하는 등 해마다 증가추세를 보였으나, 2012년부터 점차 감소추세를 보이며, 2021년에는 63명이 입국하였다. 또한 북한이탈주민 여성의 입국비율이 높았지만 2021년에는 남성이 여성보다 많은 것으로 나타났다.

표 11-3 북한이탈주민 입국현황

(2022. 9월말 기준, 단위: 명)

구분	~'98	~'01	'02	'03	'04	'05	'06	'07	'08	'09	'10	'11	'12	'13	'14	'15	'16	'17	'18	'19	'20	'21	'22.9 (잠정)	합계
남	831	565	510	474	626	424	515	573	608	662	591	795	404	369	305	251	302	188	168	202	72	40	17	9,492
여	116	478	632	811	1,272	960	1,513	1,981	2,195	2,252	1,811	1,911	1,098	1,145	1,092	1,024	1,116	939	969	845	157	23	25	24,365
합계	947	1,043	1,142	1,285	1,898	1,384	2,028	2,554	2,803	2,914	2,402	2,706	1,502	1,514	1,397	1,275	1,418	1,127	1,137	1,047	229	63	42	33,857

출처: 통일부(2022). 북한이탈주민 정착지원실무편람.

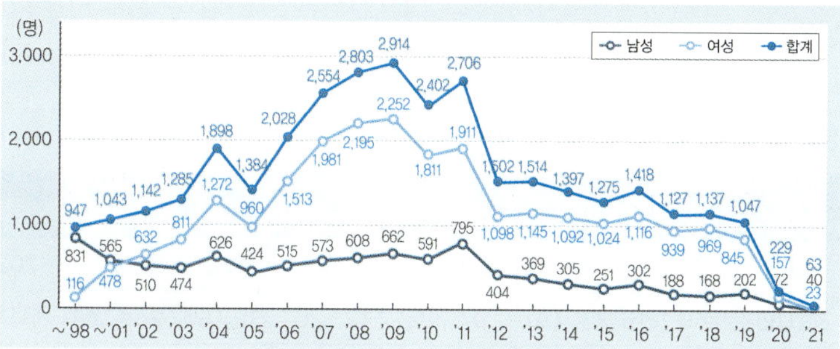

그림 11-6 연도별 입국 추세

출처: 통일부(2022). 북한이탈주민 정착지원실무편람.

연령대별 비율로는 30~39세(9,714명)가 가장 많았으며, 다음은 20~29세(9,592명), 40~49세(6,004명) 순으로 나타났다(표 11-4).

표 11-4 북한이탈주민 연령대별(입국 시 연령 기준) 입국현황

(단위: 명)

구분	0~9세	10~19세	20~29세	30~39세	40~49세	50~59세	60세 이상	계
남	651	1,705	2,623	2,157	1,396	586	352	9,470
여	646	2,106	6,969	7,557	4,608	1,461	995	24,342
합계	1,297	3,811	9,592	9,714	6,004	2,047	1,347	33,812
비율	3.8	11.3	28.4	28.7	17.8	6.1	4.0	100

* 최근 입국하여 보호시설에 있는 일부 인원 제외

출처: 통일부(2022). 북한이탈주민 정착지원실무편람.

4) 다문화가정의 자녀

2023년 다문화 출생아는 12,150명으로 전년 12,526명보다 376명이 감소하였다. 우리나라 2023년 전체 출생이 23천 명으로 전년보다 19,158명 감소한 것으로 나타났다. 또한 다문화 출생아 중 남아는 6,371명, 여아는 5,779명, 성비(여아 100명당 남아)는 110.2명으로, 출생기준 한국인 부모의 출생성비 104.8명보다 높은 것으로 나타났다(표 11-5, 그림 11-7).

표 11-5 다문화 출생아 수 및 출생성비, 2021~2023년 (단위: 명, %, 여아 100명당 남아 수)

		전 체*			다문화 부모[1]			출생기준 한국인 부모[2]		
		2021	2022	2023	2021	2022	2023	2021	2022	2023
출생아 수		260,562	249,186	230,028	14,322	12,526	12,150	244,144	234,051	215,413
비 중		100.0	100.0	100.0	5.5	5.0	5.3	93.7	93.9	93.6
전년 대비	증 감	−11,775	−11,376	−19,158	−2,099	−1,796	−376	−9,082	−10,093	−18,638
	증감률	−4.3	−4.4	−7.7	−12.8	−12.5	−3.0	−3.6	−4.1	−8.0
남 아		133,516	127,454	117,862	7,322	6,410	6,371	125,164	119,731	110,215
여 아		127,046	121,732	112,166	7,000	6,116	5,779	118,980	114,320	105,198
출생성비		105.1	104.7	105.1	104.6	104.8	110.2	105.2	104.7	104.8

* 부모 국적 미상(기아, 영아사망 등) 포함

1) 다문화 부모: 부모 중 한 명이 외국인 또는 귀화자인 경우 또는 부모 모두 귀화자인 경우

2) 출생기준 한국인 부모: 부모 모두 출생기준 한국인인 경우

출처: 통계청(2024). 2023년 다문화 인구동태 통계.

그림 11-7 **다문화 출생아 수 및 전체 출생 중 다문화 비중 추이(2013~2023년)**

출처: 통계청(2024). 2023년 다문화 인구동태 통계.

2022년 현재 학교에 재학 중인 결혼이민자 가정 자녀는 전체 168,645명으로 초등학교 111,640명, 중학교 39,714명, 고등학교 16,744명으로 나타났다(그림 11-8).

그림 11-8 **학교 급별(초 · 중 · 고) 다문화학생 수**

3. 한국 다문화사회의 문제점

우리나라 다문화사회의 문제점을 결혼이민자, 외국인근로자 및 북한이탈주민을 중심으로 살펴보면 다음과 같다(박혜숙 외, 2021).

1) 결혼이민자

(1) 사회적 편견

우리나라는 다문화주의 전통이 없으며 단일민족이라는 문화적 자부심과 순혈주의를 중요시 여기는 풍토로 인해 결혼이민자에 대한 편견 및 차별이 존재하며, 결혼이민자를 비정상적인 가족 등 사회문제의 원천으로 보는 시각이 잔존하고 있다. 또한 불쌍하다고 보는 시각, 불행한 삶을 살고 있다고 판단하는 시각, 위장결혼자가 대다수라고 보는 시각 등 선입견도 팽배하다. 이러한 편견은 결혼이민자의 국적이 선진국인지, 후진국인지에 따라 사회적 시각에 차이가 있을 뿐 아니라 결혼이민자의 한국사회로의 문화적 흡수를 더디게 하는 요인으로 작용하고 있다. 이러한 사회적 분위기는 결혼이민자가 지역사회에서 소외감과 정신적 긴장감을 느끼게 할 뿐 아니라 한국사회의 적응과정에서도 문제를 야기할 수 있다.

(2) 언어 문제

결혼이민자는 서로 다른 언어를 사용하며 서로 다른 문화적 배경을 가지고 있기 때문에 한국사회 생활에서의 적응에 있어 신체적으로나 정신적으로 갈등이 발생하게 된다. 특히 여성결혼이민자의 언어소통 문제에 따른 가족 갈등과 자녀양육 문제가 많이 발생하고 있다. 그리고 의사소통의 어려움뿐만 아니라 한국의 가부장적 문화, 유교사상, 남성 중심의 한국문화는 한국사회에서의 적응에 가장 큰 어려움으로 나타나고 있다.

(3) 부모역할의 어려움

우리나라의 경우 자녀양육과 교육의 역할은 어머니의 고유한 역할로 간주하고 있고 자녀와 관련된 모든 책임을 어머니의 책임으로 전가하는 문화이므로 결혼이주여성들의 경우 자녀양육의 문제는 가장 흔하게 경험하는 어려움 중의 하나이다. 결혼이주여성들은 한국 생활에서 가장 어려운 점으로 자녀양육의 문제를 보인다. 다문화가정의 자녀양육상의 어려움은 한국어소통 능력 미흡, 양육비, 교육비 지출, 자녀양육자 및 보육시설의 부재, 자녀양육 방식의 갈등으로 분류할 수 있다.

결혼이주여성들의 한국어능력 부족은 자녀의 언어 수준 발달 차이뿐만 아니라 모자관계에도 영향을 미치게 되는데, 한국어를 가르칠 수 없으며 자녀의 숙제를 돕지 못하고 언어로 타이르기보다는 행동적 체벌이 더 강화되는 것으로 나타나고 있다. 어머니의 한국어능력 부족과 경제적 활동으로 자녀들을 조기에 어린이집에 위탁하게 되고, 그 결과 자녀들이 어머니보다 한국어를 더 빨리 습득하게 되어 어머니를 무시하거나 도움을 요청하지 않음으로써 모자 간의 부정적 상호작용을 보이고 있다.

(4) 이혼 문제

외국 여성과의 결혼이 증가한 반면, 그에 따른 부작용으로 인해 이혼도 상대적으로 증가하고 있다. 전체 이혼 중 국제결혼 부부의 이혼이 차지하는 비중 역시 2000년대 중반 이후 빠르게 증가하는 추세이다. 돈을 매개로 이루어진 상업화된 결혼, 시댁과 친척의 비우호적인 환경, 남편의 정서적 불안정 등의 이유로 인하여 가정폭력과 불화로 이어지는 경우가 적지 않다. 또한 알코올 중독, 성도착증, 습관적 폭력 등 결혼이 불가능한 상태인 사람이 국제결혼 시장에 유입되어, 이들이 결혼생활을 유지하기 위해 결혼이민자를 철저히 통제하고 성적 학대를 저지르는 등 심각한 수준인 경우가 많은 것으로 보고되고 있다(이정용, 2012).

표 11-6에서 확인할 수 있듯이, 2023년 다문화 이혼 건수는 8,158건이며, 이 중에 외국인 아내와의 이혼이 3,960건, 귀화자 이혼 2,842건, 외국인 남편과의 이혼 1,356건으로 나타났다. 이혼·별거의 사유로는 성격 차이(52.0%)가 가장 많았고 경제적 문제(12.6%), 학대·폭력(8.6%), 외도 등 애정문제(8.4%) 등의 순서로 나타났다. 특히 이전 조사에 비해 학대·폭력 때문에 이혼이나 별거에 이르렀다는 응답이 3.0% 증가한 것으로 나타났다(통계청, 2019).

표 11-6 다문화 이혼 유형별 규모 및 비중, 2021~2023년

(단위: 건, %)

	2021		2022		2023		전년대비	
		비중		비중		비중	증감	증감률
다문화	8,424	100.0	7,853	100.0	8,158	100.0	305	3.9
외국인 아내[1]	4,154	49.3	3,777	48.1	3,960	48.5	183	4.9
외국인 남편[2]	1,368	16.2	1,324	16.9	1,356	16.6	32	2.4
귀화자[3]	2,902	34.4	2,752	35.0	2,842	34.8	90	3.3

1) 외국인 아내: 출생기준 한국인 남자 + 외국인 여자의 이혼
2) 외국인 남편: 외국인 남자 + 출생기준 한국인 여자의 이혼
3) 귀화자: 남녀 모두 또는 어느 한쪽이라도 귀화자인 경우
출처: 통계청(2024). 2023년 다문화 인구동태 통계.

(5) 경제적 어려움

결혼이민자 여성이 한국 남성과 결혼을 선택하는 가장 큰 이유는 경제적으로 더 나은 삶에 대한 동경 및 자국의 열악한 경제적 사정으로 인하여 상대적으로 부유한 한국

사회로의 유입을 희망하는 데 있다고 할 수 있다. 그러나 경제적으로 불안한 남성과 결혼한 결혼이민자 여성들은 심각한 수준의 생계문제로 어려움을 겪고 있다. 다문화가구의 월평균 가구소득을 살펴보면, 200~300만원 미만이 24.8%로 가장 많았고, 그 다음으로는 300~400만원 미만(22.7%), 400~500만원 미만(15.3%), 100~200만원 미만(14.3%)의 순으로 나타났으며, 전체 다문화가구의 절반에 가까운 47.5%가 200~400만원 구간에 있는 것으로 나타났다(그림 11-9).

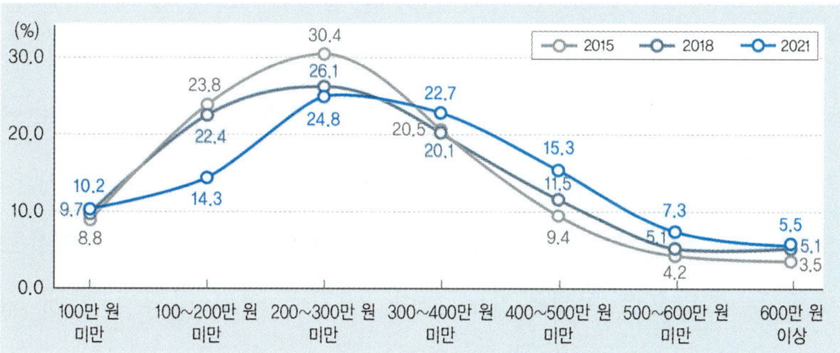

그림 11-9 다문화가구의 월평균 가구소득(2015, 2018, 2021)

출처: 통계청(2022). 한국의 사회 동향.

2) 외국인근로자

(1) 언어 문제

외국인근로자의 경우에도 입국 전에 준비되지 않은 한국어 수준으로 인해 유발되는 문제가 다양하게 나타나고 있다. 이들이 한국어 연수를 받는 기간은 너무 짧으므로 한국어를 이해할 수 있을 정도로 습득하기는 쉽지 않다. 한국어를 모르는 외국인근로자가 장비 조작법에 대한 설명을 이해하지 못하여 작업장에서 상해를 입거나 사고를 일으키는 경우가 종종 발생하고 있으며, 자신의 불합리한 근로 조건에 대하여 항의하거나 정당한 대우를 받기 위한 주장을 할 수 없는 경우도 있다. 이들을 위한 직장이나 단체에서의 한국어교육이 절실한 형편이지만 체계화되어 있지 않고, 홍보도 제대로 되고 있지 않는 실정이다.

(2) 문화 문제

종교적 혹은 문화적 요인으로 문화적 갈등을 낳을 수도 있다. 손으로 음식을 먹고 돼지고기를 먹지 못한다며 비웃고, 술을 억지로 먹이거나, 종교 활동을 강요하는 등 문화적 차이를 이해하지 못하는 사례도 있다. 또한 더운 나라에서 온 근로자들의 경우 비교적 낙천적이고 여유로운 성격의 소유자들이라 할 수 있다. 그러나 빨리빨리 문화에 익숙한 한국인들은 그들이 게으른 것으로 오인하여 갈등을 빚거나 여유로움을 쉽게 받아들일 수 없는 부분으로 치부하기도 한다. 이처럼 서로 다른 문화에 대한 이해가 부족할 때 불필요한 마찰과 갈등이 유발되기 쉽다.

(3) 경제적 어려움

최저임금을 받으며 일하는 외국인근로자들이 임금을 제때 받지 못하거나 떼이는 것이 가장 큰 문제 중의 하나이다. 임금체불은 외국인근로자의 이직을 방지한다는 명분으로 남용되고 있다. 불법체류 외국인근로자의 임금체불 사례에서 가장 큰 문제점은 고용노동부 출석조사에 나오는 것을 매우 불안해한다는 것이다. 체불임금이 있는 미등록 외국인근로자가 건설현장에서 일을 하다가 사장이 잠적하여 고용노동부에 고소하는 경우도 있다. 이 경우 외국인근로자는 사실관계 조사를 위해 출석을 해야 되지만 미등록 외국인근로자들은 모두 출석할 수 없으며, 사업주도 연락이 되지 않는 등의 이유로 임금체불이 확정되지 않아 반려되는 경우도 있다. 또한 임금체불의 진정으로 고용노동부에서 사업주와 불법체류 외국인근로자가 함께 조사를 받은 경우, 사업주는 임금을 주지 않으면서 불법체류 외국인근로자에게 신고한다고 겁을 주며 협박을 하거나 미등록 외국인근로자가 조사를 받다가 뛰쳐나가는 사건 등 임금체불의 경우가 많이 발생하고 있다. 또한 경제적 이유로 좁은 공간에 많은 사람들이 기거하며 보온·냉방·샤워·세탁시설이 제대로 갖추어지지 않은 곳에서 집단 거주하는 경우도 많다.

3) 북한이탈주민

(1) 사회·심리적 문제

북한이탈주민의 경우에는 한국인들의 무관심, 냉대, 멸시 속에서 힘겨운 삶을 살고 있다. 특히 북한이탈주민이 남한 생활에서 겪는 가장 큰 어려움은 외로움이다. 즉, 남한 사회에서 완전히 새로운 인간관계를 시작하는 데서 오는 외로움으로 고통받고 있다. 또한 단독으로 남한으로 온 북한이탈주민이 겪는 가장 큰 심리적 고통 중 하나는 북한에 두고 온 가족에 대한 죄책감이다. 이러한 죄책감이 직접적인 원인은 아닐지라도, 남한 사회에 대한 적응이 어려울수록 우울감이 커지고 그것은 다시 죄책감으로 연결되어 적응에 어려움을 증가시키는 악순환이 될 가능성이 높다. 더구나 최근 가족 단위 입국이 많아지고 있어 가족을 데리고 오지 못한 심리적 갈등은 더욱 커지고 있다.

그리고 북한이탈주민은 미래의 불확실성으로 인한 심리적 불안을 경험하고 있다. 이러한 불안감은 북한이탈주민의 결혼 문제에서도 나타나고 있다. 북한이탈주민 신분으로서 남한 사회의 일원으로 확실하게 편입되고 인간관계를 형성하는 방법은 남한 사람과 결혼하는 것이다. 실제로 남한에서 결혼을 한 북한이탈주민은 외로움의 해소, 빠른 경제적 안정, 남한 사회에 대한 소속감 등에 결혼이 매우 도움이 되기 때문에 주변 북한이탈주민에게 결혼을 권하고 있다. 그러나 북한에서 결혼을 했던 북한이탈주민은 남한에서 재혼 후 북한에 두고 온 가족에 대한 미안함, 남존여비 관념이 강한 북한에서 살다가 그러한 개념이 상대적으로 적은 남한 여성과 결혼하는 경우 느끼는 어려움 등으로 심리적 갈등을 경험하고 있다.

(2) 언어 문제

북한이탈주민은 남한 사회의 적응상의 어려움 중에서 '언어적 이질감'을 많이 이야기한다. 남한과 북한은 한국어를 사용하기 때문에 많은 사람들은 남북한의 언어적 특징이 유사하다고 생각한다. 그러나 남북한의 언어는 많은 부분에서 차이가 있다. 남한은 북한에 비해 개방된 문화를 가지고 있으며 외국과의 활발한 교류로 인해 외래어가 국어에 많이 유입되어 사용된다. 그러나 북한은 여전히 폐쇄적인 사회로서 우리말로 이루어진 표현이 더 많다. 예를 들어, 우리가 흔히 쓰고 있는 단어로 '아이스크림'을 북한에서는 '얼음과자'라고 하며, '에스컬레이터'는 '계단 승강기'라고 한다.

남북한 언어 차이는 외래어가 가장 대표적이지만 다른 영역에서도 나타난다. 남한에서 사용하는 언어와 북한에서 사용되는 언어에는 많은 차이가 있다. 가족을 지칭하는 단어로 장인(장모)을 '가시아버지(어머니)'라고 하며, 의붓아버지(어머니) 혹은 계부(계모)를 '홋아버지(어머니)'라고 한다. 한편 북한사회에서 혁명투사로 대접받으며 출신성분이 좋은 사람을 '백두산 줄기', 1980년대 중산 신흥세력으로 등장한 일본에 친척을 둔 사람을 '후지산 줄기', 월남자나 탈북자 가족은 '한라산 줄기'라고 한다.

(3) 문화 문제

북한이탈주민 역시 문화적 이질감을 느끼면서 여러 방면에서 심리적 스트레스를 경험하고 있다. 북한이탈주민은 남한 사회에 편입된 후 자본주의와 물질만능주의로 인한 무한 경쟁이 만연하고 학연 · 지연 · 인연을 중시하는 풍조에서 생존을 위해 고군분투

하고 있다. 그들은 자본주의 경제 논리나 고용 원리에 익숙하지 않아 혼란을 겪기도 하고, 가치관이 다르고 도덕성을 평가하는 잣대가 달라 혼란을 겪기도 한다.

또한 북한사회가 주민에게 배급하는 식량, 진학, 대학 전공, 직장 배정 등은 위로부터 일률적이어서 남한 사회에서의 민주주의, 다양성과 자유의지에 의한 선택과 결정은 이들의 혼란을 더욱 가중시킨다.

또한 북한 출신 근로자들이 직장문화와 노동문화에 적응하는 데에도 많은 어려움이 따른다. 집단주의적 문화에서 살아온 그들은 개인주의적 성향이 강한 우리 사회의 분위기에 쉽게 적응하지 못하며, 공산주의 체제 아래 '느릿느릿 일하기'가 일반화되어 대충대충 일하는 것이 체질화되어 있는 그들을 용납하지 않는 우리 문화에서 심한 스트레스를 경험하기도 한다.

(4) 경제적 어려움

북한이탈주민이 남한 사회에 적응하기 위해서는 무엇보다도 경제적 자립이 중요하다. 사회주의 체제에서 생활했던 북한이탈주민은 남한 사회에 들어와 자본주의 세계에서 살아남기 위해서는 돈을 벌어야 한다는 강박관념을 가지고 있다. 따라서 북한이탈주민은 경제적으로 자립할 수 있는 능력을 가지지 못하기 때문에 남한 사회 정착에 어려움을 겪는다.

북한이탈주민이 겪는 경제적 어려움의 일차적 원인은 이들이 원하는 직장이 없다는 것이다. 이들은 안정된 직장을 원하지만 전문성과 업무능력 부족 등으로 인해 대부분 일용직이며 불안정한 고용조건하에서 일하고 있어 장래가 불안한 상황에 놓여 있다. 이에 정부는 북한이탈주민이 정착 초기에 기초생계를 해결할 수 있도록 기본금과 가산금, 주거지원금과 각종 장려금 등 일정 금액의 정착지원금을 지급하고 있지만 금액이 현실적으로 낮아 경제적 어려움을 호소하고 있는 실정이다.

4. 다문화가족 지원정책

2000년대 중반 본격적으로 추진된 한국의 다문화가족정책은 우리 사회에서 다문화가족의 존재와 정책적 지원의 명분을 분명히 제시하고, 인도적 차원의 지원을 강화하는 등 사회적 이슈로 급속히 발전하여 우리나라 가족정책 및 외국인정책의 한 영역으로 자리매김하게 되었다. 그동안 다문화가족 관련 정책 환경은 빠른 속도로 변화하였고, 변화하는 정책만큼이나 우리 사회에서 다문화가족의 규모 또한 지속적으로 증가하였다.

다문화가족정책은 결혼이민자 등이 한국생활에 안정적으로 정착 · 생활할 수 있도록 기본방향, 제도개선, 재원확보 · 배분 등에 관한 사항을 포함하여 2010년부터 총 4차례에 걸쳐 수립되었고, 2023년 4월 “제4차 다문화가족정책 기본계획”(2023~2027년)을 확정하여 각종 다문화가족 지원사업을 추진하고 있다. 즉, 그림 11-10과 같이 “다문화가족과 함께 성장하는 조화로운 사회”를 비전으로, 목표는 다문화 아동 · 청소년의 동등한 출발선 보장과 다문화가족의 안정적 생활환경 조성이다. 이를 위한 대과제는 다문화 아동 · 청소년 성장단계별 맞춤형 지원, 결혼이민자 정착주기별 지원, 상호존중에 기반한 다문화 수용성 제고 및 다문화가족정책 추진기반 강화이다(관계기관 합동, 2023).

비전	다문화가족과 함께 성장하는 조화로운 사회	
목표	다문화 아동 · 청소년의 동등한 출발선 보장	다문화가족의 안정적 생활환경 조성

대과제	중과제
다문화 아동 · 청소년 성장단계별 맞춤형 지원	① 영유아 자녀양육 지원 ② 학령기 다문화 아동 학습역량 제고 ③ 다문화 청소년 진로개발 지원 ④ 다문화 아동 · 청소년의 정서안정 기반 조성
결혼이민자 정착주기별 지원	① 건전한 국제결혼 환경 조성 ② 다문화가족 가구상황별 맞춤형 지원 ③ 결혼이민자 경제활동 참여 확대 ④ 가정폭력 예방 및 피해자 보호
상호존중에 기반한 다문화 수용성 제고	① 다문화 이해교육 확대 ② 다양성 존중 인식 확산 ③ 다문화가족 사회참여 활성화
다문화가족정책 추진기반 강화	① 다문화가족정책 환류 시스템 구축 · 운영 ② 다문화가족 지원 서비스 접근성 제고 ③ 다문화가족정책 협력체계 강화

그림 11-10 제4차 다문화가족정책 기본계획의 비전, 목표 및 추진과제

출처: 관계기관 합동(2023). 제4차 다문화가족정책 기본계획(2023~2027).

1) 다문화 아동·청소년 성장단계별 맞춤형 지원

다문화 아동 · 청소년이 우리 사회의 미래인재로 성장할 수 있도록 영유아기부터 후기 청소년기까지 성장단계별 맞춤형 지원 체계 구축 · 운영으로 구체적인 과제는 영유아 자녀양육 지원, 학령기 다문화 아동 학습역량 제고, 다문화 청소년 진로개발 지원 및 다문화 아동 · 청소년의 정서안정 기반조성이다. 이를 구체적으로 살펴보면 **표 11-7**과 같다.

표 11-7 다문화 아동 · 청소년 성장단계별 맞춤형 지원의 구체적인 내용

구분	내용
영유아 자녀양육 지원	• 결혼이민자가 자녀양육에 어려움을 겪지 않도록 단계별 부모교육을 제공하고 지역사회 내 돌봄품앗이 활동 지원 및 공동육아나눔터 확대 등 자녀돌봄 지원 • 가족센터에서 자녀 생활지도 서비스 및 언어발달 상태에 맞춘 언어교육 제공
학령기 다문화 아동 학습역량 제고	• 초등학교 입학 전 · 후 기초학습 지원 확대 및 서비스 접근성 제고 * 기초학습 지원 : ('22) 90개소 → ('23) 138개소 → ('24) 160개소 내외(잠정) → ('25~) 단계적 확대 • 학교 내 한국어학급과 가족센터 간 한국어교육 연계 · 협력 강화 * 한국어학급이 운영되지 않는 지역이나 학교밖 지원이 필요한 경우 가족센터로 연계하여 한국어교육 제공 • 학제 · 학교생활 정보 안내 및 교육정보 나눔을 위한 품앗이 자조모임 운영, 학교 공지 · 가정통신문에 대한 통 · 번역 서비스 제공
다문화 청소년 진로개발 지원	• 가족센터 내 청소년 상담사를 통한 진로컨설팅 확대* 및 대학생 멘토링 연계 등 다문화 청소년 진로프로그램 다양화 * 진로컨설팅 : ('22) 78개소 → ('23) 113개소 → ('24) 130개소 내외(잠정) → ('25~) 단계적 확대 • 다문화 청소년 강점 개발을 위해 가족센터에서 이중언어 교실을 운영하고 우수학습자를 인재 DB에 등재하여 적재적소에 활용 • 다문화 후기 청소년 실태 파악 및 직업훈련 등 맞춤형 서비스 연계
다문화 아동 · 청소년 정서안정 기반 조성	• 다문화 또래상담 프로그램 보급 및 학교 안팎 심리상담 지원 강화 • 교원의 다문화교육 역량을 강화하고 학교폭력 대응 시 통역사 · 상담사 참여 및 다문화 감수성 제고 등 차별 없는 학교환경 조성

2) 결혼이민자 정착주기별 지원

결혼이민자의 정착주기와 가구구성에 따라 다양해진 지원수요에 대응하여 전 생애를 포괄하는 사각지대 없는 지원서비스 구축 추진으로 구체적인 과제는 건전한 국제결혼 환경 조성, 다문화가족 가구상황별 지원, 결혼이민자 경제활동 참여 확대 및 가정폭력 예방 및 피해자 보호이다. 이를 구체적으로 살펴보면 표 11-8과 같다.

표 11-8 이민자 정착주기별 지원의 구체적인 내용

구분	내용
건전한 국제결혼 환경 조성	• 국제결혼중개업체의 온라인상 인권침해성 표시 · 광고를 점검하는 법적 근거를 마련하고 상시 점검체계 강화 • 국제결혼중개업체 종사자에 대한 다문화 이해 증진 · 인권교육 확대 * 교육대상 : (현행) 업체 대표→(개선) 대표 및 종사자 / 온라인 교육 도입 등
다문화가족 가구상황별 맞춤형 지원	• 결혼이민자 초기 적응*부터 장기정착**까지 정착주기별 맞춤형 지원 강화 * 초기 적응을 위한 통번역, 다국어 상담, 한국어교육, 사례관리 등 제공 ** 한국사회에 안착한 가족 대상 가족관계 증진, 생활안전, 노년준비 교육 등 프로그램 다양화 • 다문화 한부모의 자녀양육 및 본국귀환 가족의 현지 생활 지원* 등 취약가족 지원 * 본국 정부와 협력하여 귀환가족 · 자녀 규모 파악, 돌봄 · 교육 · 체류 · 의료 등 서비스 제공, 한국어 · 한국문화 교육 및 한국 학생들과의 교류 기회 확대
결혼이민자 경제활동 참여 확대	• 새일센터 · 평생교육지원체계* 등을 통한 직업훈련 및 직업역량 강화 * K-MOOC 플랫폼을 통해 한국어 강좌 운영, 다양한 학문분야 강좌에 외국어 자막서비스 확대 • 통번역 · 이중언어 등 결혼이민자 맞춤형 일자리 발굴 · 연계 및 창업 지원
가정폭력 예방 및 피해자 보호	• 다문화가족 내 가정폭력 실태 파악을 위한 연구 조사 추진 • 다기관(다누리콜센터-경찰-상담소-보호시설) 협업을 통한 긴급지원 및 폭력피해 이주여성 보호시설*을 통한 보호 · 법률 · 의료 · 자립 지원 강화 * 쉼터, 그룹홈, 자활지원센터

3) 상호존중에 기반한 다문화 수용성 제고

다문화가족이 우리 사회의 구성원으로 자리매김하여 조화롭게 살아갈 수 있도록 우리 사회의 다문화 이해 증진 및 다양성 존중 인식 확산에 대한 추진으로 구체적인 과제는 다문화 이해교육 확대, 다양성 존중 인식 확산 및 다문화가족 사회참여 활성화이다. 이를 구체적으로 살펴보면 표 11-9와 같다.

표 11-9 상호존중에 기반한 다문화 수용성 제고의 구체적인 내용

구분	내용
다문화 이해교육 확대	• 온라인 다문화 이해교육을 운영하는 다누리배움터의 접근성을 제고하고, 기업 · 학교 등으로 찾아가는 교육을 통한 일반 국민 대상 다문화 이해교육 확대 • 고령층 · 학부모 · 보육교직원 등 연령별 · 대상별 맞춤형 교육과정 개발 운영 • 유관부처, 교육 · 연수기관 간 전문강사, 콘텐츠 연계를 통한 교육 저변 확산
다양성 존중 인식 확산	• 정부 주요 정책, 간행물 등에 대한 다문화가족 차별 요소 점검 · 컨설팅을 실시하고 점검의 제도화를 위한 정책추진 기반 마련 • 가족다양성 모니터링단을 운영하여 간행물 · 대중매체 등에 대한 모니터링과 인식 개선 활동 실시 • 방송심의규정에 의거, 인종 · 문화 차별적 방송내용에 대한 심의 강화
다문화가족 사회참여 활성화	• 가족센터 내 다문화가족과 지역주민 간 교류 · 소통공간 확대 및 상호교류 프로그램 운영 • 다문화가족이 직접 정책을 제안하는 참여회의 운영 및 유관기관 협의체에 결혼이민자 참여 확대 추진 * 가족센터 운영위원회, 지자체 다문화가족지원협의회 등 • 결혼이민자가 직접 다문화 이해교육 강사로 활동하며, 지역기관 등으로 찾아가는 다문화친화활동 활성화

4) 다문화가족정책 추진기반 강화

다문화가족정책 환경에 대한 분석과 환류를 통해 다문화가족 지원체계를 내실화하고, 효율적 정책 추진을 위한 다양한 정책 추진체계 간 연계 · 협력 강화로 구체적인 과제는 다문화가족정책 환류 시스템 구축 · 운영, 다문화가족 지원 서비스 접근성 제고 및 다문화가족정책 협력체계 강화이다. 이를 구체적으로 살펴보면 표 11-10과 같다.

표 11-10 **다문화가족정책 추진기반 강화의 구체적인 내용**

구분	내용
다문화가족정책 환류 시스템 구축 · 운영	• 3년 주기 다문화가족 실태조사를 통해 다문화가족의 현황, 어려움, 지원수요 등을 파악하여 기본계획 및 각종 대책 수립 시 활용 • 국민 다문화 수용성 조사를 통해 다문화 수용성 변화 추이 분석 • 가족센터 등 다문화가족지원 현장간담회 등을 통한 의견수렴 강화
다문화가족 지원 서비스 접근성 제고	• 서비스 대상자 발굴과 안내를 위한 기관 간 입국자 정보 연계 강화 * 조기적응프로그램(법무부), 현지사전교육(여가부) 수료자 중 개인정보에 동의한 결혼이민자 정보를 가족센터로 연계, 주민센터 · 출입국 관서 등과 연계 강화 • 행정복지센터 찾동이(찾아가는 동주민센터)와 연계하여 지역주민에게 '찾아가는 가족센터' 운영 • 정부24, 복지로 등 플랫폼을 통해 온라인으로 편리하게 다문화가족지원 서비스를 신청할 수 있도록 시스템 연계 추진
다문화가족정책 협력체계 강화	• 다문화가족정책위원회 등 정부위원회를 통한 정책조정 · 협력 강화 • 시 · 도 과장 회의 및 지자체 간담회 등을 통한 중앙–지방 간 소통 강화, 지역자원을 활용한 지역 특화 서비스 등 우수사례 발굴 · 공유 • 베트남 국제결혼이민관을 지속 파견하여 결혼이민자 인권침해 예방을 위한 국제협력 강화 및 결혼이민자 다수 국가 대상 파견 확대 추진

12
Chapter

중독자가족

배울 내용

1. 중독의 이해
2. 중독의 유형
3. 중독의 현황
4. 중독자가족 지원정책

학습목표

1. 중독의 정의, 특성 및 원인을 설명할 수 있다.
2. 중독의 유형을 파악한다.
3. 중독의 현황을 파악한다.
4. 중독자가족의 지원정책을 이해하고 개입방안을 모색해 본다.

1. 중독의 이해

1) 중독의 정의

중독이라는 용어는 크게 두 가지의 의미가 있는데, 하나는 '독으로 지칭되는 유해물질에 의한 신체 증상인 중독(intoxication, 약물중독)'이고, 다른 하나는 '알코올, 마약과 같은 약물남용에 의한 정신적인 중독이 주로 문제되는 중독(addiction, 의존증)'이다(조근호 외, 2011). 또한 정신적 의존증으로서의 중독은 알코올, 니코틴, 마약과 같은 물질중독(substance addiction)과 인터넷, 도박, 쇼핑과 같은 행위중독(behavioral addiction)으로 구분될 수 있으며, 특히 우리나라에서 심각한 사회적 문제가 되고 있는 중독인 알코올, 도박, 인터넷, 마약 중독을 최근 보건복지부에서는 4대 중독으로 분류하고 있다(중독포럼, 2013).

또한 표준국어대사전에서는 '중독'을 '생체가 음식물이나 약물의 독성에 의하여 기능장애를 일으키는 것', '술이나 마약 따위를 지나치게 복용한 결과, 그것 없이는 견디지 못하는 병적 상태' 또는 '어떤 사상이나 사물에 젖어 정상적으로 사물을 판단할 수 없는 상태'로 정의하고 있으며(국립국어원, 2003), 미국중독의학협회(American Society of Addiction Medicine)에 따르면 중독은 보상, 동기, 기억과 관련된 뇌 회로의 일차적이며 만성적인 질환으로 정의한다(ASAM, 2011).

한편 미국정신의학회의(APA)는 지난 2013년 『정신장애 진단 및 통계편람 제5판(DSM-5)』을 통해 물질 관련 및 중독성 장애(substanced related and addictive disorders)에 대한 새로운 진단 기준을 제시하고 있다. 구체적으로 DSM-5에서는 '물질 사용 장애'와 '물질 유도성 장애'로 구분하고 있는데, '물질 관련 장애'는 개인의 신체와 정신, 그리고 사회에 해가 될 정도로 물질에 의존하고 남용하거나 중독되어 금단증상이 나타나는 것으로, 술, 담배, 마약과 같은 중독성 물질을 사용하거나 중독성 행위에 몰두함으로써 생겨나는 다양한 부적응적 증상을 포함한다(American Psychiatric Association, 2013). 또한 물질 관련 장애의 하위항목으로는 알코올, 카페인, 대마, 환각제, 아편계, 진정제 · 수면제 · 안정제, 흥분제, 담배가 포함되며, 비물질 관련 장애의 하위항목에는 도박이 포함된다.

리치필드와 리치필드(Litchfield & Litchfield, 2002)는 중독의 영어 단어인 Addiction은 '~에 사로잡히다', '~의 노예가 되다'라는 뜻의 라틴어 'addicere'에서 유래되었으며, 처음에는 물질 사용과 관련 없이 사용되었다는 것으로 보아 행위 중독의 개념이 물질 중독보다 선행함을 알 수 있다고 하였다. 그러나 일상적으로 중독이라는 용어는 주로 술과 담배, 마약 등의 물질과 관련해서 사용되어 왔으며, 최근에는 인터넷, 도박, 쇼핑, 성형, 일 등의 행위에 확장되어 그 범위가 넓어지고 있다. 실제로 두 가지 유형의 중독이 공존하는 경우가 흔하며, 둘 다 유사한 발생기전으로 한 가지 중독은 다른 중독의 시발점이 된다(행위중독치유해법포럼, 2017).

2) 중독의 특성

오퍼드(Orford, 2001)은 인간에게 일상적으로 즐거움과 만족을 가져다주기도 하지만, 과도해졌을 때 삶의 질을 손상시키고 특정시점에서는 자기조절이 어려워지고 과도하게 되어 상당한 비용을 지불하게 만드는 대상이나 활동에 대한 탐닉이 중독의 핵심이라고 주장하였다. 그러나 중독이란 특정 대상의 탐닉만을 의미하는 것이 아니라, 대상에 지나치게 몰두함으로써 그 대상으로부터 만족감과 편안함을 찾게 되는 의존성(dependency), 시간이 지남에 따라 점점 의존의 강도가 높아지는 내성(tolerance), 그리고 그 대상과 접촉하지 않으면 부정적인 신체적, 심리적 현상을 경험하게 되는 금단

증상(withdrawal symptom)을 수반하는 경우를 의미한다(박성은, 2016). 또한 에거와 라우터버그(Egger & Rauterberg, 1996)는 중독의 보편적 특성으로 표 12-1과 같이 4가지를 제시하고 있다.

표 12-1 중독의 보편적 특성

- 대상에 상관없이 특정 물질이나 활동에 몰입한다.
- 물질이나 활동에 대한 통제력을 상실한다.
- 중독으로 인해 주위에 피해를 입힌다.
- 부정적인 결과에도 불구하고 지속적으로 이용한다.

샤퍼(Shaffer, 1999)는 중독이라는 개념이 복잡함에도 표 12-2와 같은 세 가지 특성으로 중독의 존재 여부를 규명할 수 있음을 지적하고(윤상오, 이해경, 2006), 그리피스(Griffiths, 1999)는 중독 행동의 핵심요소로 특정 행동에 대한 집착, 내성, 금단, 기분의 변화, 파생된 갈등현상, 재발(recurrence) 등을 제시하고 있다.

표 12-2 중독의 존재 여부를 규명할 수 있는 특성

- 강박적인 것에 대한 갈망으로부터 동기가 부여되는 행위
- 부정적인 사회적 · 심리적 · 생물학적 결과에도 불구하고 약물 또는 행위에 대한 지속적 몰입
- 통제의 상실로 자신의 행위를 더 이상 통제할 수 없다고 생각하게 되는 주관적 느낌

이와 같이 많은 학자들은 중독의 공통된 특성으로 몰입, 내성, 금단현상 등을 보고하고 있다. 또한 중독질환자들의 특징은 중독적 사고(addictive thinking)를 한다는 것이다. 구체적으로 중독은 부정적인 심리적 특징을 갖는데, 자신의 문제를 인정하지 않는 부정, 자신의 문제를 은폐하거나 축소하는 최소화, 중독의 원인을 남의 탓으로 돌리는 투사, 중독에 들어갈 수밖에 없다고 정당화시키는 합리화, 다양한 수준의 우울증을 경

험하는 정서장애를 동반하며, 신체적 건강 악화와 성격의 변화도 일어난다는 것이다(Twerski, 2009). 이러한 중독적 사고는 중독의 회복을 어렵게 한다. 이경숙(2017)은 중독은 당사자가 물질을 조절할 수 없다는 사실과 물질 앞에서 완전히 무력하다는 사실을 인정함으로써 회복의 단계를 시작하게 되는데, 부정과 최소화는 회복의 진입부터 어렵게 한다고 주장하고 있다.

3) 중독의 원인

중독은 유전적, 생물학적, 심리적, 사회·문화적 등 다양한 원인을 가진다. 유전적 원인은 가족력을 통해 알 수 있으며, 중독자의 자녀도 중독 가능성이 높은 것으로 조사되었다(이경숙, 2017). 특히 알코올은 유전적 요인과 높은 관련이 있다고 알려졌는데, 가족력이 있는 알코올중독은 보다 조기에 시작되며, 알코올중독의 증상이 더 심하고, 반사회적 행동이 더 빈번하며, 학습과 사회능력이 더 불량하고, 신체적 합병증이 심각하고, 경제 상태는 낮고, 정신병리가 더 심각하다고 하였다. 이러한 요소들 때문에 치료의 예후도 좋지 않다고 주장한다(Frances et al., 1984). 중독의 원인을 생물학적 원인과 사회·문화적 요인으로 구분하여 살펴보면 다음과 같다.

(1) 생물학적 원인

생물학적 원인은 도파민 등의 신경전달물질이 관여하는데, 이 기전은 보상회로에 영향을 주어 비정상적인 쾌락을 유발하고 지속적인 갈망을 유도한다. 다시 말해, 중독물질은 도파민 회로를 활성화시켜 손쉽게 강한 행복과 흥분을 야기하며 이것이 반복되어 익숙해지면 신경적응(neuroadaptation)이 일어나 도파민 수용체가 감소한다. 그 결과 도파민 양이 감소하여 시냅스에서의 신호전달이 약해진다. 즉, 이전 수준의 자극에 활성화되기 어렵다는 것이다. 이러한 보상회로는 알코올, 약물, 도박 등의 행위에 공통적으로 적용되는 신경적응 기전이다(이경숙, 2017).

네스틀러(Nestler, 2005)는 다양한 성분들로 구성된 남용성 중독물질이나 약물은 뇌나 말초신경계에서 세부적으로 저마다 다른 방식으로 작동하지만, 반복 노출되었을 때는 표 12-3과 같은 유사한 공통효과를 나타낸다고 보았다(김교헌, 2007).

표 12-3 남용성 중독물질이나 약물의 공통효과

- 단기적으로 보상적인 효과를 맛보게 되어 반복 사용하게 되면 취약한 사람들이 물질사용의 통제력을 상실하는 중독에 이르게 된다.
- 물질사용을 중단했을 때 부정적인 정서적 증상들이 나타난다.
- 물질에 대한 민감화 현상을 나타낸다.
- 물질과 관련되는 환경적 단서들에 대한 연합학습 현상을 나타낸다.
- 물질사용을 중단했을 때 물질에 대한 강렬한 갈망을 나타낸다.
- 오랜 중단 뒤에도 빈번하게 재발된다. 이런 도파민 관련 회로의 변화는 자연 보상물(성이나 음식)에 대한 중독의 경우에도 유사하게 적용된다.

물질 중독과 행위 중독은 공통된 뇌 회로가 관여하며, 유사한 일련의 단계(행동 전에 신체적, 정서적 각성이 유발되고, 행동 중에 쾌락과 안심을 느끼며, 행동 후에 각성이 급격히 감소하고 후회와 죄책감이 뒤따르는 과정)를 거치며, 내성과 금단증상이 발달할 수 있으며, 충동성(impulsivity)이 발달의 초기단계에 중요하게 작용하며 강박성(compulsivity)이 행동의 유지에 핵심적으로 관여하는 점 등에서 유사하다는 보고가 있다(Hollander & Allen, 2006). 실제로 최근의 여러 연구들은 생리적 문제점을 중요시하는 경향이 있으며, 이 점은 중독이 단순한 습관의 문제가 아니라 뇌의 질병임을 밝혀 준다(김충렬, 2010).

(2) 사회 · 문화적 원인

사회 · 문화적 원인은 스트레스와 긴장 해소를 위해 물질 의존성을 가지게 되고, 그 결과 계속적으로 물질이나 행위 자극을 추구하도록 만든다(이경숙, 2017). 우리나라는 중독에 대한 높은 접근성을 갖고 있을 뿐만 아니라 사회적으로도 허용적인 문화가 존재한다. 대표적으로 주류광고는 청소년 및 성인의 음주의도와 행동에 영향을 미침에도 불구하고, 음주를 미화하는 각종 광고와 드라마가 난무하고 있으며, 게임 마케팅 등으로 인하여 사행성 게임 등의 체험 연령이 낮아지고 있다(이해국, 이보혜, 2013). 또한 알코올이나 약물 사용을 조장하기 쉬운 환경적 요인으로 높은 인구 밀도, 범죄율, 신체적 퇴화, 불법 약물의 접근 이용성 등 '이웃의 해체'가 있다고 주장한다(Hawkins et al., 1992).

2. 중독의 유형

최근 중독 관련 전문가들은 중독을 관례적으로 물질 중독(substance addiction)과 행위 중독(behavioral addiction)으로 구분한다(김교헌, 2007). 다시 말해, 중독 대상이 물질이면 물질 중독, 행위이면 행위 중독이라고 구분하는데, 알코올, 담배, 약물은 물질 중독으로 분류되고, 도박, 인터넷, 인터넷 · 스마트폰 게임은 행위 중독으로 분류할 수 있다. 이들 중독에 대해 구체적으로 살펴보면 다음과 같다.

1) 알코올중독

알코올중독에 대한 국내의 문헌은 '사회적 또는 직업상의 기능 장애를 초래하는 알코올의 병적인 사용, 즉 알코올을 지속적으로 빈번히 마시며 알코올로 인한 심각한 문제에도 불구하고 지속적으로 음주 행위를 유지하는 인지 · 행동 · 생리적 증상'으로 기술하고 있다(보건복지부, 2011).

알코올은 뇌를 비롯하여 인체 각종 장기에 영향을 주는 유해 물질로, 섭취하는 양과 패턴, 그리고 섭취하는 기간 등에 따라 사람에게 다양한 형태의 위험을 증가시키며, 개인뿐만 아니라 간접적 · 이차적인 영향을 사회 전반에 미친다(이해국, 이보혜, 2012). 우리나라의 알코올 사용 장애 유병률은 세계적으로 높은 수준이며, 알코올 문제는 만성적으로 지방간, 간경변을 일으키고(Savolainen et al., 1993), 간암, 구강암, 식도암 등 각종 암의 발생률을 증가시킬 뿐 아니라(Bagnardi et al., 2001), 우발적인 상해나 상호 간의 폭행 등을 발생시켜 수많은 건강문제와 사회문제를 유발한다. 이처럼 알코올중독은 개인의 건강뿐 아니라 수많은 사회문제를 일으켜 사회의 안전을 위협하는 사회적으로 심각한 문제이다(이해국, 이보혜, 2013).

그리고 알코올이 뇌에 미치는 영향을 구체적으로 살펴보면(그림 12-1), 판단력이 흐려져 사소한 일에도 참지 못하고(전두엽), 혀가 꼬부라져 발음이 잘 되지 않고(브로카 영역), 말할 때 단어가 생각나지 않고(베르니케 영역), 감정의 기복이 심하고(변연계), 비틀거리면서 걷고(소뇌), 기억이 사라지는(해마) 등의 경험을 하게 된다. 소위 '필름이 끊긴다'고 말하는, 즉 술을 마시고 기억이 사라지는 현상을 블랙아웃(black out)이라고 한다. 이는 알코올이 대뇌의 측두엽 해마 부분에 직접 영향을 미쳐 뇌의 정보 입력, 저장, 출력과정 중 입력과정에 이상을 일으킬 때 발생한다.

술을 급히 마시면 간이 알코올을 충분히 분해할 수 없고, 알코올은 혈액 공급량이 많은 뇌에 손상을 주게 된다. 여기에 과음이 반복되면 취중에 무슨 이야기를 하고 무슨 행동을 했는지 기억할 수 없게 되는 블랙아웃을 경험하게 되고, 이는 알코올이 뇌에 손상을 주고 있으니 술을 자제해 달라는 위험신호이다. 이러한 신호를 무시하면 음주는 광범위한 뇌 구조의 위축을 일으키며, '알코올성 치매'로 진행될 수 있다.

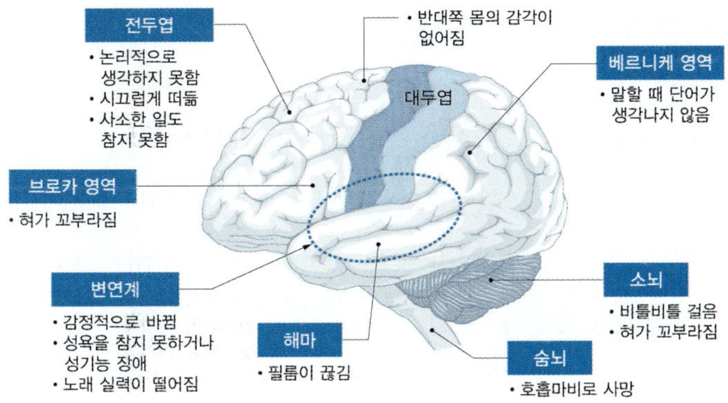

그림 12-1 알코올이 뇌에 미치는 영향

2) 흡연중독

담배 연기 속에는 4천여 종의 화학물질이 포함되어 있으며, 이 중에서 발암물질이 약 40여 종, 발암을 촉진하는 물질이 약 2백여 종이나 되는 것으로 밝혀져 있다(장은영, 2008). 담배 안에 들어 있는 니코틴이라는 성분에 의해 급성이나 만성의 신체 증상이 발생하는 것을 니코틴 중독(nicotine dependency)이라고 한다. 니코틴은 흡연에 대한 중독을 야기하는 약물학적 원동력 역할을 한다(Kluger, 1996). 이러한 흡연은 심혈관계뿐만 아니라 호흡기 질환을 일으키는 것으로 알려져 있다. 특히 청소년은 세포, 조직, 장기가 아직 완전하게 성숙하지 않은 상태에 있기 때문에 담배와 같은 독성 물질에 접촉하는 경우 그 손상 정도가 성숙한 세포나 조직에 비하여 더욱 커지게 되고, 결국 더 많은 피해를 유발하게 된다(조광희, 2007).

또한 흡연은 호흡기와 폐 등에 부정적인 영향을 미친다는 보고 외에 백내장, 급성 골수백혈병, 자궁암, 신장암, 췌장암 및 위암을 비롯해 신체 내 거의 모든 장기에 부정적인 영향을 미치는 것으로 나타났다. 그리고 최근에는 간접흡연의 부작용에 대한 연구들이 진행되어 그 부작용에 대해 이야기하고 있다. 즉, 담배 연기 속에 포함되어 있는 각종 유독성 물질과 발암물질로 인해 흡연자는 비흡연자에 비해 전반적으로 건강하지 못하고, 일찍 질병에 걸려 사망하는 것으로 보고되고 있다.

지금까지 흡연의 부작용은 주로 신체적인 질병과의 관련성에 대한 연구들이 대부분이었다. 그러나 최근 장기간의 흡연이 지능(IQ)에도 영향을 미친다는 연구가 보고되어 그 흥미를 더해 주고 있다.

3) 도박중독

도박이란 돈이나 가치 있는 소유물을 걸고 결과가 불확실한 사건에 내기를 거는 행위를 말한다(한국도박문제관리센터, 2016). 도박장애(Gambling Disorder)는 도박으로 인하여 본인, 가족 및 대인관계의 갈등과 재정적, 사회적, 법적 문제가 발생함에도 불구하고 자신의 의지로 도박행위를 조절하지 못하고 지속적으로 도박을 하게 되는 것을 말한다(한국도박문제관리센터, 2016).

DSM-5에서는 개인, 가족, 직업적인 장애를 유발하면서도 지속적이고 반복적인 부적응적 도박행동을 도박장애의 필수적인 특징이며, 도박으로 인한 문제점으로는 자살, 노숙의 증가뿐만 아니라 불법 사채를 사용하는 경우가 많으며, 도박중독 문제를 겪는 사람들은 결혼생활 및 가족관계에서 많은 어려움을 겪고 있는 것으로 보고하고 있다(손덕순, 정선영, 2007). 또한 도박중독 문제를 겪는 사람들은 자존감이 낮고, 우울감이 높으며, 술과 담배의 사용이 흔하다(이민규 외, 2003).

안성원과 한상철(2013)은 도박중독으로 인해 발생하는 경제적 붕괴 또는 도박 자금 마련을 위한 동기로 우발적인 2차 범죄가 발생하는 경우가 흔해 사회적 문제가 되고 있다고 주장하였다. 이것은 도박중독이 단순한 개인의 문제만이 아니라 불특정 다수에게 2차적 피해를 일으키며, 우리 사회의 안정성을 위협하는 공공의 문제임을 시사한다(중독포럼, 2017).

도박중독의 수준은 사교성 도박자, 위험 도박자, 문제성 도박자 및 병적 도박자의 4단계로 구분할 수 있다(**표 12-4**와 **그림 12-2**).

표 12-4 **도박중독의 수준**

구분	내용
사교성 도박자	• 대부분의 도박 경험자가 해당됨 • 도박을 하는 시간과 돈을 통제할 수 있음 • 도박의 목적은 오락 또는 친목 도모
위험 도박자	• 사교성 도박에서 문제성 도박으로 가고 있는 도박자 • 문제성 도박이나 병적 도박으로 발전할 수 있음
문제성 도박자	• 도박이 삶에 문제를 일으키고 있는 도박자 • 도박을 하는 시간과 돈을 제한하는 데 어려움이 있음 • 병적 도박자를 포함하는 개념으로 사용되기도 함
병적 도박자	• 내성, 금단증상, 통제력 감소 • 중독 증상 때문에 중요한 활동을 포기 • 다른 곳에 분류되지 않는 충동조절장애

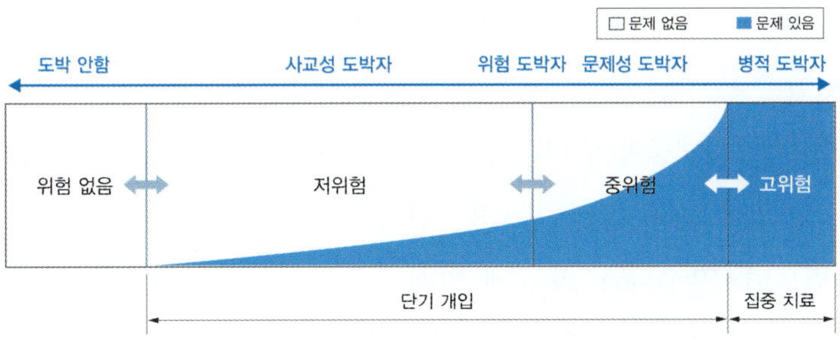

그림 12-2 **도박문제의 연속성**

출처: 한국도박문제관리센터(www.kcgp.or.kr).

사교성 도박자는 저위험 수준으로 도박에 대하여 자기조절이 가능하고, 오락이나 친목을 목적으로 도박을 하는 것이다. 위험 도박자는 저위험에서 중위험으로 넘어가는 수준으로 사교성 도박에서 문제성 도박으로 가고 있는 도박자이다. 문제성 도박자는 중위험 수준이며 도박으로 인해 개인적, 사회적으로 문제가 발생되고 도박행위에 대한 자발적 조절이 어려운 도박자이다. 그리고 병적 도박자는 고위험 수준으로 도박으로 인해 일상생활 및 주요 사회생활을 포기한 도박자로써 집중치료가 필요한 대상이다.

4) 인터넷과 인터넷 게임 중독

2015년 인터넷 과의존 실태조사에 따르면, 청소년의 10명 중 1명 이상(13.1%)이 인터넷중독(과의존)이라고 보고하고 있다(미래창조과학부, 한국정보화진흥원, 2016). 인터넷중독을 나타내는 용어로는 사이버 중독(virtual addiction), 병리적 인터넷 사용(pathological internet use), 인터넷 증후군(internet syndrome), 웹 중독(webaholism), 사이버 의존(cyberspace dependence) 등이 있다. 이처럼 인터넷중독은 학자들에 따라 조금씩 다르게 정의되고 불리어지고 있으나, 결국 인터넷중독이란 과도한 인터넷 사용으로 인해 신체적 · 심리적 · 사회적 문제를 가지며 계속해서 인터넷 사용에 몰입하는 증상으로 정의할 수 있다(주혜윤, 2009).

많은 학자들은 인터넷중독이 다른 물질 중독과 마찬가지로 실제적인 질병이라고 주장하고 있다. 골드버그(Goldberg, 1996)는 인터넷 장애 또는 인터넷중독이라는 용어를 처음 제안하였으며, 영(Young, 1996)에 의해 사람들에게 알려지게 되었다. 영(1996)은 인터넷중독이 알코올중독이나 충동적 도박과 같은 실제적인 것이라고 하며, 다른 중독들과 마찬가지로 통제상실, 갈망과 내성증상, 사회적 철수, 학업 실패 등 다양한 사회적인 문제를 야기할 수 있다고 경고하였다. 또한 스테인(Stein, 1997)은 인터넷에서 과도

한 시간을 보내거나 진정한 실제 관계를 피상적인 가상적 관계로 대치시키는 인터넷중독은 심각한 고통이나 기능적 손상을 가져온다고 하였다.

슐러(Suler, 1996)는 인터넷에 의한 중독현상이 단지 인터넷을 사용하는 문제에 국한되지 않고 컴퓨터 게임을 사용하는 문제로까지 발전된다고 하였는데, 실제로 컴퓨터 게임에 빠진 청소년들은 일상적인 생활이 어려울 정도로 매일 4, 5시간 이상 컴퓨터 게임에 몰입하거나 심한 경우 밤새워 게임을 하기도 한다. 특히 최근의 무선 인터넷의 접근성 증가로 인해 온라인 게임을 포함한 인터넷 게임 중독의 노출 위험이 높아지고 있으며, 이로 인한 인터넷 게임 중독은 신체적 질환과 우울, 불안 등 공존질환뿐만 아니라 문제행동과 폭력발생 위험으로 개인 및 사회 · 경제적으로 심각한 피해를 유발한다고 보고하고 있다(중독포럼, 2016).

5) 스마트폰 중독

'스마트폰 중독'이라는 용어를 학술연구에서 일반화하여 사용되기 시작한 것은 2011년부터이다(황하성 외, 2011). 최근에는 중독이라는 용어에서 과의존으로 변경하여 사용하는 추세이다. 하지만 스마트폰 과의존을 구성하는 개념은 기존에 사용했던 중독척도와 같은 것이다(한국정보화진흥원, 2015). 스마트폰 중독(과의존)은 과도한 스마트폰 이용으로 스마트폰에 대한 현저성이 증가하고, 이용 조절력이 감소하여 문제적 결과를 경험하는 상태로 조절 실패, 현저성, 문제적 결과 3요인으로 구성된다(한국정보화진흥원, 2016). 구체적으로 조절 실패(self-control failure)란 이용자의 주관적 목표 대비 스마트폰 이용에 대한 자율적 조절능력이 감소하는 것이며, 현저성(salience)은 개인의 삶에서 스마트폰을 이용하는 생활패턴이 다른 형태보다 두드러지고 가장 중요한 활동이 되는 것을 의미한다. 마지막으로 문제적 결과(serious consequences)는 스마트폰 이용으로 인해 신체적·심리적·사회적으로 부정적인 결과를 경험함에도 불구하고 스마트폰을 지속적으로 이용하는 것을 의미한다(여정윤, 2017). 스마트폰 증후군이 유발하는 다양한 문제들을 살펴보면 표 12-5와 같다.

표 12-5 스마트폰 증후군의 문제

구분	내용
충동장애	스마트폰을 지속적으로 사용하게 되면 과도한 영상 자극에 노출되어 이성적 판단으로 충동을 조절하고 억제하는 기능이 발달하지 못해 주의력결핍 과잉행동장애(ADHD)를 유발할 수 있다.
우뇌증후군	스마트폰을 지속적으로 사용하게 되면, 스마트폰의 자극이 우뇌의 발달을 저하시키는 우뇌증후군을 유발할 수 있다. 우뇌는 면역 기능을 억제하는 브레이크 역할을 하고 좌뇌는 면역 기능을 촉진하는 엑셀과 같은 역할을 하는데, 만약 좌우 뇌의 기능이 균형을 갖추지 못하면 면역 기능에 이상이 생기면서 ADHD나 틱장애와 같은 질환이 생길 수 있으며, 균형감각이나 공간지각 능력에 문제가 생길 수 있다.
팝콘브레인	미국 연구발표에 따르면, 지나치게 스마트 기기에 노출된 아이는 현실에 무감각해지는 팝콘브레인으로 뇌 구조가 변한다는 결과를 발표하였다. 스마트폰에서 나타나는 영상들은 빠르고 강한 정보이기 때문에 이것에 익숙해진 아이들은 현실의 약한 자극에는 반응을 하지 않는 것이 바로 팝콘브레인의 증상이다.
VDT증후군	VDT증후군(Visual Display Terminal Syndrome: 컴퓨터단말기 증후군)은 스마트폰, 태블릿 PC나 컴퓨터 모니터와 같은 영상기기를 오랫동안 사용해 생기는 현대병을 의미하는데, 가장 큰 원인으로 지목받는 것이 스마트폰이다. 특히 스마트폰 사용에 따라 생길 수 있는 나쁜 자세는 아무리 유연한 아이들이라 할지라도 경추 압박을 받게 된다. 미국 뉴욕의 척추전문의사인 케네투 한스라이 교수 연구진이 국제외과기술저널(Surgical Technology International)에 보고한 논문에 따르면, 스마트폰을 사용하면서 고개를 숙이는 각도에 따라 성인의 경우 최대 27kg의 부담이 가해지는 것으로 나타났다.
사회성·정서발달	표현을 잘하지 못하여 말을 할 때도 눈을 잘 마주치려 하지 않고 자기만의 세계에 빠져 또래와의 대화나 놀이에 흥미를 느끼지 못하게 되어 사회성 및 정서발달에도 부정적인 영향을 미치게 된다.
성장장애	스마트폰을 볼 때 눕거나 엎드려서 사용하면 체형이 삐뚤어지고 척추 측만증 등이 생겨 학습능력이 떨어지고 성장장애를 나타낼 수도 있다. 또한 눈 깜박임이 줄어 안구건조증이나 근시도 가져올 수 있고 휴대전화의 전자파가 뇌에 침투할 수 있다.

6) 약물중독

약물(drugs)은 인간의 체내에 들어가서 신체적, 정신적, 기능에 변화를 초래하는 물질(substances)을 말한다. 약물에는 질병의 진단이나 치료 또는 예방 목적으로 사용하는 의약품과 본드, 신나, 부탄가스 등과 같이 의약품으로 사용되지 않으면서 인간의 신체적, 정신적 기능에 변화를 초래하는 물질이 포함되어 있다. 따라서 넓은 의미의 약물에는 마약도 포함되어 사용되고 있음을 알 수 있다(최원석, 2008). 우리나라는 마약류 중독자의 현황 및 유병률 자료가 없는 현실로, 현재 적발된 마약류 사범의 공식적인 숫자를 통한 추정치만이 연구 및 제반 정책 수립에 이용되고 있을 뿐 전 국민을 대상으로 한 마약류 약물 사용의 실태 조사는 전혀 이루어지지 않고 있다(이해국, 김보혜, 2013).

우리나라는 세계화 추세에 따른 활발한 국제 교류로 인하여 외국에서 개발된 다양한 신종마약이 국내로 반입되고 있으며, 2011년 마약류 사범 중 78.7%가 향정신성의약품 사범으로 특히 프로포폴이나 각종 수면제(졸피뎀 등) 등과 같은 향정신성 의약품들이 사회적 이슈가 되고 있다(식품의약품안전청, 2010). 다이어트 식품 및 약물들의 경우 인터넷을 통해서 에페드린 등 마약 성분이 함유된 알약 형태의 약품들이 광범위하게 유통되고 있으며, 이들 약물을 만성적으로 복용했을 경우 발생하는 심각한 부작용들이 지속적으로 보고되고 있다(이해국, 김보혜, 2013).

대마 재배 시설

재배 중인 환각버섯

그림 12-3 주거지에서의 대마 · 환각버섯 재배 사진

출처: 대검찰청(2021). 마약류 범죄백서.

3. 중독의 현황

중독의 현황을 알코올중독, 흡연중독, 도박중독, 인터넷중독, 스마트폰 이용 현황 및 마약류 범죄 현황으로 구분하여 살펴보면 다음과 같다.

1) 알코올섭취의 현황

질병관리청(2024)의 조사에 의하면, 2024년 전국 255개 시 · 군 · 구 월간 음주율의 중앙값에 대한 이용현황은 표 12-6과 그림 12-4와 같다.

표 12-6 2015~2024 전국 월간 음주율 추이 (단위: %)

구분	2015	2016	2017	2018	2019	2020	2021	2022	2023	2024
시·군·구 중앙값	61.3	61.0	61.5	60.9	59.9	54.7	53.7	57.7	58.0	58.3

출처: 질병관리청(2024). 2024 지역건강통계 한눈에 보기.

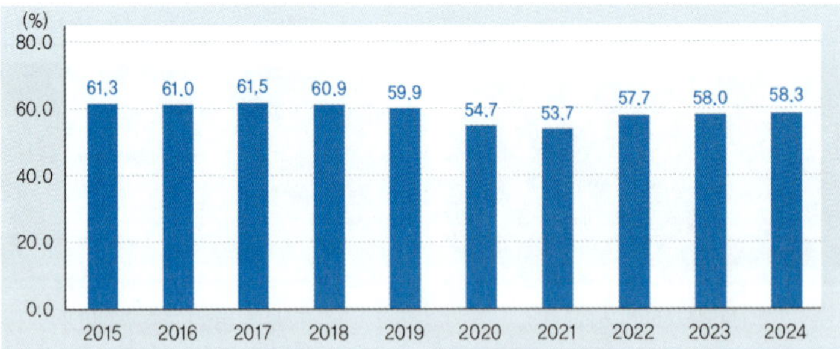

그림 12-4 2015~2024 전국 월간 음주율 추이

표 12-6과 그림 12-4에서 보는 것과 같이 2024년 전국 255개 시 · 군 · 구 월간 음주율의 중앙값은 58.3%로 2017년 이후 지속적으로 감소하고 있는 것으로 나타났다. 2024년 전국 255개 시 · 군 · 구의 고위험음주율에 대한 조사 결과는 표 12-7과 그림 12-5와 같다.

표 12-7 2015~2024 전국 고위험음주율 추이

(단위: %)

구분	2015	2016	2017	2018	2019	2020	2021	2022	2023	2024
시·군·구 중앙값	15.0	14.8	15.3	15.0	14.1	10.9	11.0	12.6	13.2	12.6

출처: 질병관리청(2024). 2024 지역건강통계 한눈에 보기.

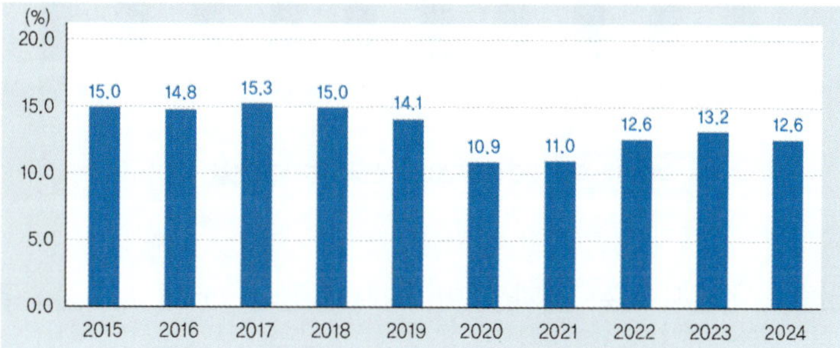

그림 12-5 2015~2024 전국 고위험음주율 추이

표 12-7과 그림 12-5에서 보는 것과 같이 2024년 전국 255개 시 · 군 · 구의 고위험음주율의 중앙값은 12.6%로 2017년 이후 지속적으로 감소하고 있는 것으로 나타났다.

2) 흡연의 현황

질병관리청(2024)의 조사에 의하면, 2024년 전국 255개 시 · 군 · 구의 현재흡연율의 중앙값에 대한 이용현황은 표 12-8과 그림 12-6과 같다.

표 12-8 **2015~2024 전국 현재흡연율 추이** (단위: %)

구분	2015	2016	2017	2018	2019	2020	2021	2022	2023	2024
시·군·구 중앙값	22.3	22.5	21.7	21.7	20.3	19.8	19.1	19.3	20.3	18.9

출처: 질병관리청(2024). 2024 지역건강통계 한눈에 보기.

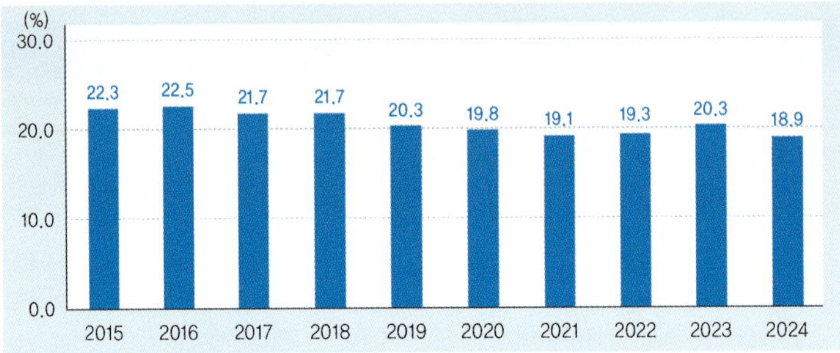

그림 12-6 **2015~2024 전국 현재흡연율 추이**

표 12-8과 **그림 12-6**에서 보는 것과 같이, 2024년 전국 255개 시 · 군 · 구의 현재흡연율의 중앙값은 18.9%로 2016년 22.5%로 가장 높았으며, 이후 감소하고 있는 것으로 나타났다. 2024년 전국 255개 시 · 군 · 구의 남자 현재흡연율의 중앙값에 대한 이용현황은 **표 12-9**와 **그림 12-7**과 같다.

표 12-9 **2015~2024 전국 남자 현재흡연율 추이** (단위: %)

구분	2015	2016	2017	2018	2019	2020	2021	2022	2023	2024
시·군·구 중앙값	41.6	41.9	40.7	40.6	37.4	36.6	35.6	35.3	36.1	34.0

출처: 질병관리청(2024). 2024 지역건강통계 한눈에 보기.

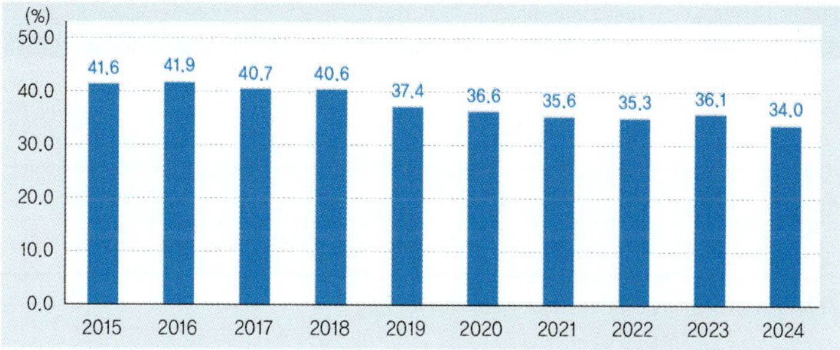

그림 12-7 2015~2024 전국 남자 현재흡연율 추이

표 12-9와 그림 12-7에서 보는 것과 같이, 2024년 전국 255개 시 · 군 · 구의 남자 현재 흡연율의 중앙값은 34%로 2012년 46.4%로 가장 높았으며, 이후 감소하고 있는 것으로 나타났다.

3) 도박중독의 현황

건강보험심사평가원(2022)의 2017~2021년 도박중독 현황에 대한 조사결과는 표 12-10과 그림 12-8과 같다.

표 12-10 2017~2021년 도박중독 현황

(단위: 명)

연령대	2017	2018	2019	2020	2021
계	1,119	1,205	1,491	1,661	2,056
10~19세	39	65	93	98	127
20~29세	349	414	535	603	754
30~39세	427	422	508	607	763
40~49세	166	185	219	235	273

연령대	2017	2018	2019	2020	2021
50~59세	97	84	109	109	100
60~69세	42	42	41	39	66
70~79세	17	14	21	15	12
80세 이상	1	1	1	1	3

출처: 건강보험심사평가원(2022). 2017~2021년 도박중독 현황.

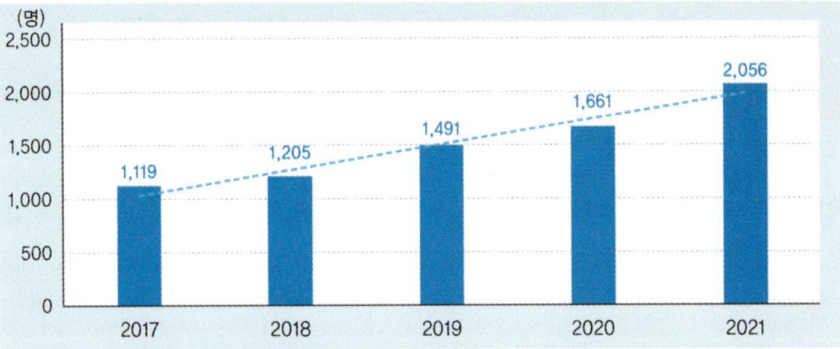

그림 12-8 2017~2021년 도박중독 현황

표 12-10과 그림 12-8에서 보는 것과 같이 도박중독은 2021년 2,056명으로 2017년 이후 꾸준히 증가하고 있는 것으로 나타났으며, 연령대는 30~39세가 763명으로 가장 많았으며, 20~29세 754명으로 나타났다. 특히 도박중독으로 치료받은 환자 수가 가장 많이 증가한 연령대는 10대로 2017년 39명에서 2021년 127명으로 225.6% 증가한 것으로 나타났다. 같은 기간 20대 도박중독 환자도 349명에서 754명으로 116% 증가하며 10대 다음으로 많이 증가한 것으로 나타났다.

청소년의 도박문제에 대해 조사한 한국도박문제예방치유원(2022)의 연구결과를 살펴보면 그림 12-9와 같다.

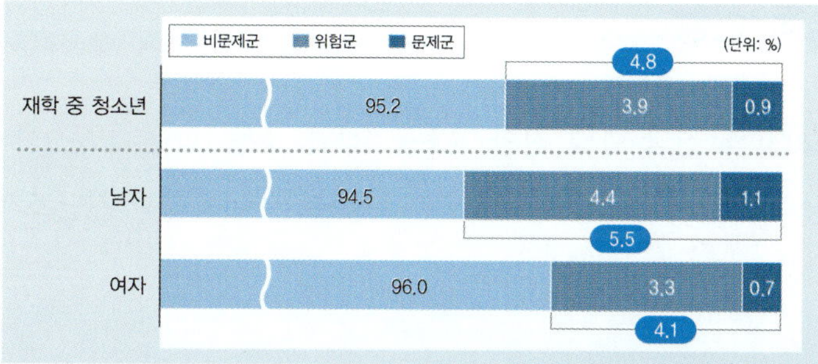

구분	사례수 (명)	비문제군 (Green)	위험군 (Yellow)	문제군 (Red)	위험집단 (위험군+ 문제군)	계
전체(비율)	(18,444)	95.2	3.9	0.9	4.8	100.0
모수추정값(명)	–	3,795,841	155,597	34,965	190,562	3,986,403

그림 12-9 재학 중 청소년 도박문제 수준

출처: 한국도박문제예방치유원(2022). 2022년 청소년 도박문제 실태조사.

그림 12-9에서 보는 것과 같이, 2022년 기준 재학 중 청소년 도박문제 위험집단은 4.8%로 100명 중 5명은 도박문제에 노출된 것으로 나타났다. 구체적으로 재학 중 청소년의 도박문제 수준에 대한 조사 결과, 전체 응답자의 0.9%가 문제군으로 나타났으며, 한편 위험군은 3.9%, 비문제군은 95.2%로 나타났다. 그리고 위험군과 문제군의 비율을 합한 위험집단의 비율은 4.8%로 나타났으며, 문제군의 비율을 성별로 살펴보면, 남자(1.1%)가 여자(0.7%)보다 높았으며, 위험집단(위험군 + 문제군)의 비율도 여자(4.1%)에 비해 남자(5.5%)가 높게 나타났다.

4) 인터넷중독 현황

여성가족부(2020)의 전국 학령 전환기(초등 4학년, 중등 1학년, 고등 1학년) 청소년 133만여 명을 대상으로 실시한 '2020년 인터넷 · 스마트폰 이용습관 진단조사' 결과를 살펴보면 표 12-11과 같다.

표 12-11 유형별 과의존 청소년 (단위: 명)

구 분	2018년	2019년	2020년
과의존위험군(A+B-C)	196,337	206,102	228,120
위험사용자군(A)	27,764	29,246	28,671
주의사용자군(B)	233,497	248,768	283,363
중복위험군(C)	64,924	71,912	83,914

출처: 여성가족부(2020). 2020년 인터넷스마트폰 이용습관 진단조사.

조사 결과, 인터넷과 스마트폰 중 하나 이상에서 위험군(과의존 위험군)으로 진단된 청소년은 22만 8,120명으로 나타났으며, 두 가지 문제를 모두 갖고 있는 청소년(중복위험군)은 8만 3,914명으로 나타났다. 인터넷 과의존 청소년 현황은 표 12-12와 같다.

표 12-12 인터넷 과의존 청소년 (단위: 명)

구 분		2018년	2019년	2020년
인터넷 과의존 위험군	합 계	140,421	154,407	175,496
	위험사용자군	13,440	14,790	14,770
	주의사용자군	126,981	139,617	160,726

출처: 여성가족부(2020). 2020년 인터넷스마트폰 이용습관 진단조사.

특히 인터넷 과의존 위험군은 17만 5,496명으로, 이 중 위험사용자군은 1만 4,770명, 주의사용군은 16만 726명으로 나타났다.

5) 스마트폰 이용 현황

최근 연간 100만 명 이상의 청소년들이 인터넷 환경과 스마트폰의 사용이 가져다준 미디어 중독으로 인해 학습장애와 정서문제 등의 심각한 정신적 위기를 맞고 있는 것으로 보고되고 있다. 특히 스마트폰 사용의 연령이 점점 낮아져 영유아에게도 부정적인 영향을 미치는 것으로 나타나고 있다. 과학기술정보통신부와 한국정보화진흥원(2024)의 연령대별 스마트폰 과의존 위험군 비율에 대한 조사 결과는 **그림 12-10**과 같다.

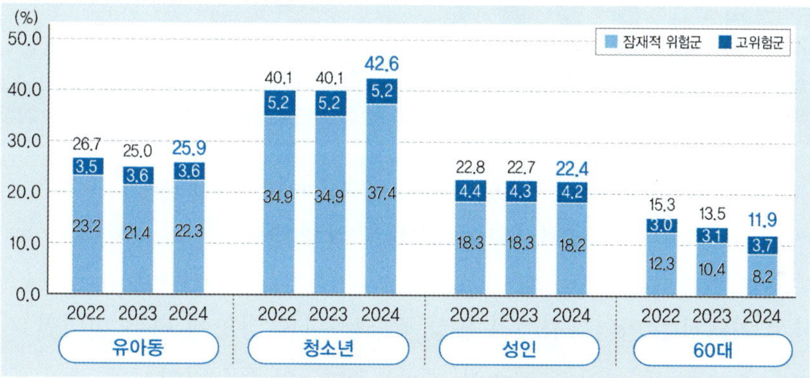

그림 12-10 연령대별 스마트폰 과의존 위험군 비율

주: 유아동은 만 3~9세, 청소년은 만 10~19세, 성인은 만 20~59세, 60대는 만 60~69세에 해당함.
출처: 과학기술정보통신부, 한국지능정보사회진흥원(2024). 2024년 스마트폰 과의존 실태조사.

그림 12-10에서 보는 것과 같이 2024년 유아동은 잠재적위험이 22.3%, 고위험 3.6%, 청소년의 경우 잠재적 위험이 37.4%, 고위험 5.2%, 성인의 경우 잠재적 위험이 18.2%, 고위험 4.2%, 60대의 경우 잠재적 위험이 8.2%, 고위험 3.7%로 해마다 증가하고 있는 것으로 나타났다.

6) 마약류 범죄 현황

대검찰청(2024)의 마약류사범 적발 추이와 밀수사범 적발 추이에 대한 현황은 그림 12-11과 같다.

그림 12-11 연도별 마약류 사범 및 마약류 압수향 현황

출처: 대검찰청(2024). 마약류 범죄백서.

은밀하게 이뤄지는 마약류범죄의 특성 및 코로나19 상황에 따른 비대면 거래의 증가, 인터넷·SNS 이용 마약류 밀수입·판매 증가, 외국인 마약사범 증가 등에 따라 2023년 마약류사범 사상 최다인 27,611명을 적발하여 2019년 16,044명 대비 58.1% 증가한 것으로 나타났으며, 압수량은 998kg으로 나타났다.

그리고 검찰의 외국 유관기관과의 공조수사, 검찰·세관 합동으로 공·항만 밀수입 마약류 집중 수사 결과, 밀수·밀매 등 공급사범은 2020년 4,793명으로 2019년 4,225명 대비 13.4% 증가하였고, 특히 국내 마약류 공급 원천인 밀수사범은 2016년 383명에서 2017년 481명, 2018년 521명, 2019년 783명, 2020년 837으로 4년 만에 118.5% 급증한 것으로 나타났다. 전체 마약류 압수량에 대한 현황은 그림 12-12와 같다.

그림 12-12 마약류 압수량

출처: 대검찰청(2021). 마약류 범죄백서.

그림 12-12에서 보는 것과 같이, 전체 마약류 압수량은 321.4kg으로 전년(362.0kg)과 비슷한 수준이지만, 신종 마약류는 162.8kg으로 전년(82.7kg) 대비 97.0% 급증하였고, 대마계는 49.9kg으로 전년(21.7kg) 대비 130% 급증한 것으로 나타났다. 특히 신종 마약류 중, 야바 압수량은 22.8kg으로 전년(17.4kg) 대비 31.0%로 증가하였고, 엑스터시 압수량은 11.9kg으로 전년(3.1kg) 대비 283.9%가 증가한 것으로 나타났다.

4. 중독자가족 지원정책

정부는 국정현안점검조정회의(2021)에서 "온국민 마음건강 종합대책(제2차 정신건강복지기본계획)"을 논의하고, 코로나 19 극복과 전(全) 국민 정신건강 증진을 위해 향후 5년간 정신건강 분야에서 국가책임과 공공성을 강화하기로 하였다. 즉, "마음이 건강한 사회, 함께 사는 나라"를 구현하기 위해 6대 전략과 핵심과제를 마련하였으며, 특히 일반국민, 정신건강 고위험군, 당사자 및 가족, 중독 및 자살 고위험군 대상자별로 필요한 정신건강서비스를 지원할 수 있는 계획을 마련하였다. 구체적인 온국민 마음건강 종합대책에 대한 내용은 그림 12-13과 같다.

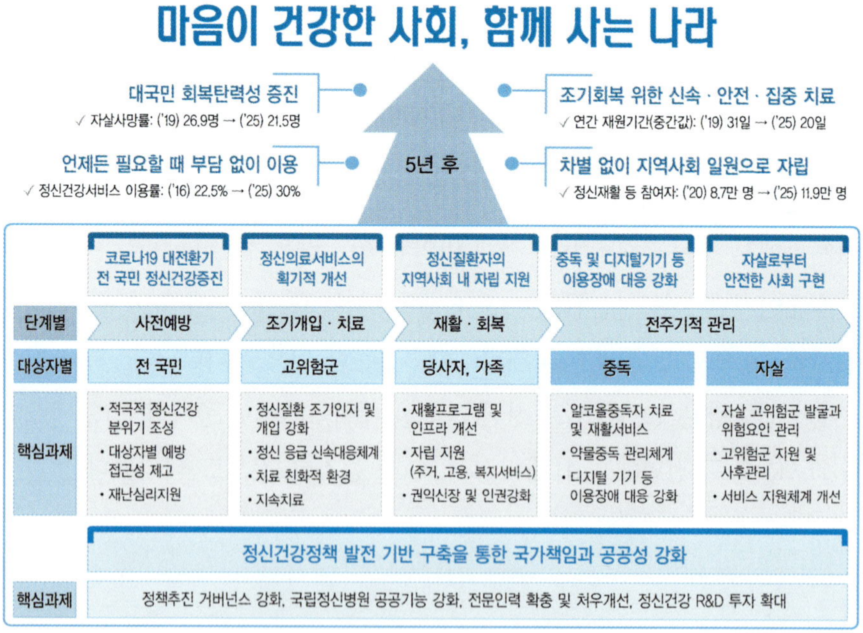

그림 12-13 온국민 마음건강 종합대책

"마음이 건강한 사회, 함께 사는 나라"을 위해 6대 추진전략별 주요 정책과제, 즉 코로나 19 대전환기 전 국민 정신건강 증진, 정신의료서비스의 획기적 개선, 정신질환자의 지역사회 내 자립 지원, 중독 및 디지털기기 등 이용장애 대응 강화, 자살로부터 안전한 사회 구현 및 정신건강에 대한 국가책임과 공공성 강화를 제시하고 있으며, 이 중 중독 및 디지털기기 등 이용장애 대응 강화에 대한 주요 정책과제는 표 12-13과 같다.

표 12-13 중독 및 디지털기기 등 이용장애 대응 강화의 주요 정책과제

주요 현황 및 문제의식		
알코올중독자 정신건강서비스 이용률 저조	마약류 등 약물중독자에 대한 관리체계 미흡	인터넷, 스마트폰 등 디지털기기 이용장애 증가
알코올사용장애는 타 정신질환에 비해 유병률이 높은 반면, 정신건강서비스 이용률은 저조한 실정 알코올중독자 정신건강서비스 이용률 12.1% *VS* 타 정신질환 이용률 22.2%	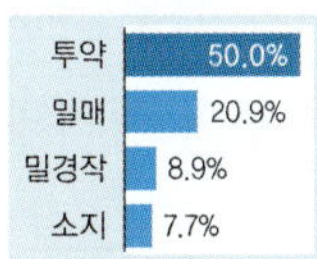 마약류중독자 관리는 미흡한 상황 식욕억제제 등 일상에서 접하기 쉬운 의약품 오남용으로 인한 약물중독은 사각지대에 방치	 ➔ 이용장애는 조기 발견이나 접근 제한이 용이하지 않은 어려움 존재

▼

중독 및 이용장애 대응 강화를 위한 개선방향	
알코올중독 초기부터 치료 이후 재활까지 알코올중독관리체계 개선	그간 관리가 미흡했던 약물 및 이용장애에 대한 관리체계 적극 구축

▼

주요 핵심과제					
4-1	알코올중독자 치료 및 재활서비스 강화	4-2	마약류 등 약물중독 관리체계 구축	4-3	디지털기기 등 이용장애 대응 강화

지표로 본 기대효과			
알코올사용 장애 정신건강서비스 이용률	(2016) 12.1%	➔	(2025) 18.1%
중독 전문병원 제도 도입	(2020) -	➔	(2023) 도입
스마트폰 과의존 위험군 비율	(2019) 20.0%	➔	(2024) 16.0%

중독 및 디지털기기 등 이용장애 대응 강화의 주요 정책과제를 살펴보면, 첫째, 집중적인 치료 지원이 필요한 알코올과 마약류 등 약물중독자에 대한 치료 · 재활 서비스를 강화한다. 이를 위해 알코올중독 특성을 고려한 서비스모델과 치료 · 재활 프로그램을 개발 · 보급하고, 치료동기를 강화하여 재발을 방지할 수 있도록 회복자 자조모임 운영을 지원한다. 또한 중독문제로 어려움을 겪는 국민이 가까운 곳에서 도움을 받을 수 있도록 지자체 정신건강복지센터 중독지원사업과 중독재활시설을 확대한다는 것이다.

둘째, 코로나 19 장기화로 스마트폰 등 디지털기기 사용이 증가함에 따라 디지털기기 등 이용 장애 예방사업과 치료 협력을 강화한다. 디지털기기 과몰입 우려가 큰 유아 · 청소년을 대상으로 스마트폰 바른 사용을 유도하고, 치유 프로그램 · 온라인 상담 등을 통해 게임 · 도박 · 인터넷 등 디지털기기 이용장애에 대한 지원을 강화한다. 또한 이용장애 관리 · 모니터링 협력을 위한 관계부처 협의체를 강화하고, 미래 이용장애에 대한 선제적 대응을 위해 국립정신건강센터를 중심으로 국내 · 외 연구 교류 및 모니터링도 추진한다는 것이다. 중독 및 디지털기기 등 이용장애 대응 강화의 주요 정책과제에 대한 세부 추진 내용을 구체적으로 살펴보면 표 12-14와 같다(국정현안점검조정회의, 2021).

표 12-14 중독 및 디지털기기 등 이용장애 대응 강화의 주요 정책과제

구분	세부 추진 내용
알코올중독자 치료 및 재활서비스 강화[1]	• 초기 알코올중독에 대한 조기 개입 강화 • 알코올중독 특성을 고려한 치료 · 재활 프로그램 개발 • 지역사회 알코올중독 서비스 전달체계 개선 • 중독자 회복을 위한 중독자 치료 · 재활시설 확충
마약류 등 약물중독 관리체계 구축[2]	• 약물중독 예방을 위한 정보제공 강화 • 약물중독 고위험군에 대한 개입 강화 • 마약류 중독자 치료보호 지원 확대 • 약물중독자 치료 · 재활 인프라 확충

구분	세부 추진 내용
디지털기기 등 이용장애 대응 강화[3]	• 게임이용장애 민관 협의체의 합리적 의사결정에 필요한 근거 마련 • 인터넷, 스마트폰 등의 건강한 사용을 유도하는 지원환경 기반 마련 • 디지털기기 등 이용장애 대응을 위한 협력체계 강화 • 중독 및 미래 이용장애에 대한 선제적 대응체계 마련

1) 알코올사용 장애는 타 정신질환에 비해 유병률이 높지만 정신건강서비스 이용 비율은 12.1%에 불과(타 정신질환 이용률은 22.2%)하며, 또한 알코올중독자는 특화된 개입 · 치료 프로그램이 부족하여 중증 정신질환자에 비해 잦은 재발로 입 · 퇴원을 반복하는 경향이 있다.

2) 마약류 범죄 중 투약 사범이 절반을 차지하고 최근 연예인 마약 범죄로 사회적 관심이 증대되고 있지만 마약류 중독자 관리는 미흡한 상황이며, 기소유예 처분(치료 · 교육 조건부) 등을 확대하여 사회복귀 지원정책을 추진하고 있지만 이를 뒷받침할 치료 및 재활 인프라는 부족한 실정이다. 또한 마약 외에 식욕억제제, 해열제 등 일상에서 접하기 쉬운 의약품 오남용으로 인한 약물중독은 관리의 사각지대에 방치된 상황으로, 약물중독 환자가 연간 1만 5천여 명에 달하며, 특히 청소년과 청년층, 고령 노인층을 중심으로 급증하고 있는 추세라고 할 수 있다.

3) 신체활동 감소, 스마트폰 보급 증가 등으로 게임, 인터넷 · 스마트폰, 온라인 도박 등 디지털기기 등 이용장애가 증가하는 추세이며, 이용장애로 발생할 수 있는 행위중독의 경우 자각 · 인식 부족으로 조기개입이 용이하지 않은 어려움이 존재한다. 또한 최근 세계보건기구(WHO)는 게임 이용 장애를 국제질병분류 내 포함시키고 각국의 대책 마련을 촉구하여 국내에서도 도입 여부에 대하여 지속적으로 논의 중이다.

13 Chapter

장애인가족

배울 내용

1. 장애의 개념
2. 장애의 분류
3. 장애인가족
4. 장애인의 현황
5. 장애인과 장애인가족 지원정책

학습목표

1. 장애의 개념을 파악한다.
2. 장애인의 분류를 파악하고 특성을 설명할 수 있다.
3. 장애인가족의 특수성과 가족지원의 특성을 설명할 수 있다.
4. 장애인의 현황을 파악한다.
5. 장애인과 장애인가족의 지원정책을 숙지한다.

1. 장애의 개념

1) 세계보건기구(WHO)의 정의

(1) ICIDH-1의 분류

1980년 국제연합의 세계장애인의 해에 ICIDH(International Classification of Impairments, disabilities, and handicaps)에서는 장애의 분류체계 접근을 손상(impairment), 제약(disability) 및 사회적 불리(handicap)로 구분하였다(이상이, 2023). 첫째, 손상(impairment)이란 의학적 손상을 의미하는 것으로 주로 사지와 신체기관, 피부 또는 정신기능을 포함한 모든 영구적, 비정상적인 상황을 말한다.

둘째, 제약(disability)은 손상이 신체의 기능 상실로 이어져 일상생활이나 직업활동을 수행하는 능력이 제한되거나 없는 상태를 의미한다.

셋째, 사회적 불리(handicap)는 연령, 성, 사회, 문화적 요인에 따라 정상적인 역할을 수행하는 데 방해되는 개인의 불이익을 뜻한다. 다시 말해, 비장애인이 보편적으로 갖는 기회나 사회활동 및 사회참여 등에서 장애인이 경험하는 상대적 불이익, 장애인이기 때문에 갖는 신체적, 환경적 제약을 의미한다. 예를 들어, 다리 절단으로 인해 지체장애인이 되었지만 재택근무를 하는 직장생활에 지장이 없다 하더라도 외출 시 휠체어나 보행 보조기기를 사용하기 어려운 상황에서는 다른 사람의 도움을 받아야 하며, 사고 이후 사회적 반응이 이전과 달라지고, 사회생활에 지장받게 된다면 이를 사회적 장애라고 한다.

(2) ICIDH-2에 의한 개념모델

1997년 ICIDH-2에 추가된 항목으로는 '활동과 활동 제한'과 '참여와 참여 제한'의 두 가지가 있는데, 먼저 '활동과 활동 제한'은 개인이 겪는 일상생활에서 활동할 수 있는 것과 활동에 제한이 있는 것을 다룬다. 또 다른 항목인 '참여와 참여 제한'은 개인이 참여할 수 있는 정도와 참여를 어렵게 하는 환경에 대한 것을 의미한다. 다시 말해, 활동은 개인이 하는 과제의 실제 활동 수행을 의미하며 참여는 장애인의 욕구에 따라 실제 살아가는 환경에서 참여할 수 있는지를 말한다(서은철, 김지태, 2015). 예를 들어, 활동의 영역에서 이동하기 항목을 평가할 때, 독립적이거나 도움을 받아 걷는지, 걸을 수 있는 거리가 어느 정도이며 얼마나 오래 걸을 수 있는지 역량을 기준으로 본다. 참여는 자신이 원하는 목적지까지 이동 가능한지를 기준으로 이동에 대해 스스로 걸을 수 있는 것을 포함하여 교통수단을 이용하여 목적지에 도착할 수 있고, 휠체어나 목발 등 자신에게 적절한 보조기기를 사용하며, 필요시 돌봄 인력의 도움을 받을 수 있는지를 주어진 환경과 자원을 모두 포함하여 평가한다. 또한 참여 항목을 통해 장애인 개인과 환경의 상호작용이 원활한지를 볼 수 있는데, 장애인의 거주지와 학교에 장애인을 위한 편의시설이 갖추어 있고 가족지지가 높으며, 학교까지 갈 수 있도록 활동지원사가 도움을 준다면 신체적 장애로 인한 활동에 제한이 있더라도 참여에는 제한이 없다고 보는 것이다.

올리버(Oliver, 1996)와 로스만(Rothman, 2003)은 활동은 개별적 모델의 개념으로, 참여는 사회적 모델로 분류하였다. 첫째, 개별적 모델(individual model) 또는 의료적 모델(medical model)은 장애가 개인의 불행이며, 질병의 후유증으로 보기 때문에 장애인 복지서비스는 의료전문가가 제공하는 치료 형태로 제한하였다(조한진, 2006).

이 모델에서 사회정책의 목표는 장애인이 다시 사회구조에 적응하고 원래 생활로 돌아갈 수 있게 하는 것이며, 장애인이 원하는 것은 손상(impairment)이 낫기 위한 의료재활서비스 제공이라고 생각한다. 따라서 전문가의 기술과 지식을 강조하며 장애인은 비장애인의 세계에 적응하도록 의료적 회복을 최선으로 이끌어 내는 데 중점을 둔다. 하지만 정책적인 면에서 개별적 모델의 문제점은 장애인 개인의 욕구는 인정하지 않고, 의료전문가의 과도한 권한이 부여되며, 장애인 정책계획은 행정가가 맡는다는 것이다. 즉, 장애인의 욕구, 의료진의 치료방향과 또 다른 행정 시행이 만들어지게 된다(Lang, 2001).

둘째, 사회적 모델(social model)은 장애 개념을 장애인과 주위 환경과 사회 관계로 보는 관점으로, 장애인이 직면하는 문제의 원인은 개인의 한계와 제한점이 아니라, 적합한 서비스를 제공하지 못하는 사회문제로 본다. 즉, 장애인은 신체적 제한 이상으로 사회에서 차별과 억압에 의해 불리한 처지에 있으며 장애인의 욕구가 사회조직 안에서 충분히 고려되도록 보장하지 못하는 사회를 실패한 사회로 본다. 따라서 사회실패란 장애인의 요구를 해결해 주지 못한 것이 아니라, 사회 전체적으로 체계화되고 제도화된 편견과 차별이 장애인 집단에 전달되는 것이 문제가 된다고 보는 것이다(김진우, 2007). 다시 말해, 사회적 모델에서는 병리라든지 질병의 개념이 존재하지 않는 것으로 보고, 장애는 사회체계에 의해 생성된 억압과 차별이기 때문에, 이런 책임은 사회에 있다고 봄으로써 사회적 모델의 정책 목표는 장애인의 인권을 보장하기 위하여 권한을 부여하는 환경을 만드는 것이다(Lang, 2001).

그러나 사회적 모델은 장애인의 문제를 모두 사회에서 만드는 것인지에 대해 요인별로 분석한 인과적 관련이 불분명하며 쉽게 측정될 수도 없다는 한계점을 지니고 있다.

(3) 국제질병분류기준(ICF)에 따른 장애개념의 변화

1997년 제안된 ICIDH-2 이후, 현장검증 및 국제회의를 거쳐 ICIDH의 대부분 내용을 포함하면서 분류체계와 언어사용을 보다 긍정적이고 환경지향적인 맥락에서 수정하여 국제장애분류기준(International Classification of Functioning, Disability and Health: ICF)을 만들었으며, 2001년 5월 세계보건위원회는 세계적으로 통용될 수 있게 승인하였다

(WHO, 2001).

표 13-1에 제시한 ICF는 국제질병분류체계인 ICD-10(International Classification of Diseases and Health Problem 10th Edition, 1992)과 함께 사용하여 ICD-10이 질병 진단에 초점을 둔다면, ICF는 기능에 대한 분류를 제공하여 두 개념을 통합하여 사용하고 있다. 또한 장애에 국한하지 않고 모든 사람의 건강에 관련한 요소를 설명할 수 있는 보편적 적용이 가능한 도구이다.

표 13-1 ICF의 장애 개념

구분	영역 1: 기능과 장애		영역 2: 상황적 요소	
구성요소	신체기능 및 구조	활동과 참여	환경적 요소	개별적 요소
영역	신체기능, 신체구조	생활영역	기능과 장애에 영향을 미치는 외적 영향	기능과 장애에 영향을 미치는 내적 영향
구성	신체기능의 변화, 신체구조의 변화	표준 환경에서 과제수행능력, 현재 환경에서 과제수행정도	물리적, 사회적, 인식적 측면에서 촉진 또는 방해하는 것	개별 특성에 의한 영향

출처: WHO(2001). International Classification of Functioning, disabilities, and health.

2. 장애인의 분류

한국의 장애등급제는 1981년 「장애인복지법」에 근거하여 장애등급은 기존에는 중증인 1급부터 경증인 6급까지 구분하였다가 2019년 7월 장애등급제 폐지 이후 등급 대신 장애정도로 표현하여 '심한 장애', '심하지 않은 장애'로 나누고 있다. 그리고 장애유형은 총 15가지 유형으로 신체적 장애와 정신적 장애로 나누어진다. 즉, 신체의 외부장애는 지체, 뇌병변, 시각, 청각, 언어, 안면장애로 6가지이며, 신체의 내부장애는 신장, 심장, 간, 호흡기, 장루·요루, 뇌전증장애 6가지가 있으며, 정신장애는 3가지로 지적장애, 자폐성장애(기존 발달장애), 정신장애를 포함한다. 「장애인복지법」 제2조에 따른 장애분류와 장애범주는 다음 표 13-2와 같다(보건복지부, 2022).

표 13-2 「장애인복지법」 제2조에 따른 장애유형의 분류

대분류	중분류	소분류	세분류
신체적 장애	외부 신체기능의 장애	지체장애	절단장애, 관절장애, 지체기능장애, 변형 등의 장애
		뇌병변장애	뇌의 손상으로 인한 복합적인 장애
		시각장애	시력장애, 시야결손장애, 겹보임(복시)
		청각장애	청력장애, 평형기능장애
		언어장애	언어장애, 음성장애, 구어장애
		안면장애	안면부의 추상, 함몰, 비후 등 변형으로 인한 장애
	내부기관의 장애	신장장애	투석치료 중이거나 신장을 이식받은 경우
		심장장애	일상생활이 현저히 제한되는 심장기능 이상
		간장애	일상생활이 현저히 제한되는 만성·중증의 간기능 이상
		호흡기장애	일상생활이 현저히 제한되는 만성·중증의 호흡기기능 이상
		장루·요루장애	일상생활이 현저히 제한되는 장루·요루
		뇌전증장애	일상생활이 현저히 제한되는 만성·중증의 뇌전증
정신적 장애	발달장애	지적장애	지능지수가 70 이하인 경우
		자폐성장애	소아청소년 자폐 등 자폐성 장애
	정신장애	정신장애	조현병, 조현정동장애, 양극성정동장애, 재발성우울장애, 뇌의 신경학적 손상으로 인한 기질성 정신장애, 강박장애, 투렛장애(Tourette's disorder), 기면증

출처: 보건복지부(2022). 장애인복지 사업안내.

1) 장애의 유형

(1) 지체장애

지체장애란 일반적으로는 체간(몸통), 상지 및 하지에 장애가 있는 상태를 말하며, 절단장애, 관절장애, 지체기능장애, 변형 등의 장애로 구분하고 있다. 지체장애의 원인은 장애의 발생시기에 따라서 선천적 원인, 후천적 원인으로 크게 구분할 수 있다. 선천적 원인은 장애가 출산 전인 태아 때 이미 발생한 것이고, 후천적 원인은 장애가 태어난 후에 생긴 것인데, 대부분의 지체장애는 후천적 원인으로 생기게 된다. 특히 성인이 되어 사회활동을 하는 중에 장애가 생긴 경우를 중도장애라고 하는데, 중도장애를 입은 사람들은 대부분 교통사고나 일을 하던 중 기계에 의해 또는 등산을 하다가, 화재로 인해, 기타 등등의 사고를 가지게 되는 경우가 대부분이다. 최근 선진국에서는 외상보다 당뇨병, 혈액순환장애, 관절염 등의 만성질환에 의한 경우가 70%~80%를 차지하고 있는데 우리나라도 마찬가지이다.

(2) 뇌병변장애

뇌병변장애는 뇌손상, 뇌성마비, 외상성 뇌손상, 뇌졸중 등 뇌의 기질적 병변에 기인한 신체적 장애로 보행 또는 일상생활 동작 등에 제한을 받는 사람이 포함되고, 장애의 판정은 주된 증상인 마비의 정도 및 범위, 불수의 운동의 유무 등에 따른 팔, 다리의 기능저하로 인한 앉기, 서기, 걷기 등의 이동능력과 일상생활(동작)의 수행능력을 기초로 전체 기능장애정도를 판정한다. 그리고 뇌의 기질적 병변으로 시각, 청각 또는 언어상의 기능장애나 지적장애가 동반된 경우는 중복장애로 인정한다. 뇌졸중, 뇌손상 등 기타 뇌병변이 있는 경우는 발병 또는 외상 후 6개월 동안 지속적으로 치료한 후에 뇌병변 장애의 판정을 할 수 있으며, 식물인간 또는 장기간의 의식소실 등의 경우 발병(외상) 후 6개월이 지나면 뇌병변장애인으로 장애판정을 할 수 있다. 단, 치매는 제외된다.

(3) 시각장애

시각장애란 눈의 기능이 저하되어 사물을 잘 볼 수 없는 상태를 말하는데 장애의 기준은 시력 또는 시야의 이상유무 또는 그 정도에 의해 결정된다. 시력의 저하는 안경으로 보완되므로 장애유무를 판단하기 위해서는 안경, 콘택트렌즈를 착용한 후 교정시력으로 측정을 한다. 일반적으로 시각장애인은 교정시력이 0.02 이하인 사람을 말하는데, 전혀 보이지 않을 뿐만 아니라 빛의 구별도 되지 않을 경우는 전맹 또는 완전실명이라고 하고 밝고 어둠은 구별할 수 있으며, 약간 볼 수는 있으나 1미터 앞의 손가락을 구별할 수 없는 경우를 준맹이라고 한다. 또한 시력이 저하되어 기본적인 일상생활은 불편한 대로 할 수 있는데, 책의 보통 크기의 글씨를 읽을 수 없는 경우를 약시라고 한다. 시각장애인은 시력교정을 위해서 안경을 착용하기도 하고 빛에 대한 감각을 느끼기 위해 색깔 있는 안경(렌즈)을 착용하기도 한다.

(4) 청각장애

청각장애란 청각기관의 어느 부위에 손상(impaired)을 입어 듣는 능력에 불능(disability)을 가져오게 한 다양한 정도를 포괄해서 표현한다. 다시 말해, 청각기관의 물리적 내지 현실적으로 불가피한 손상은 농의 직접적 원인이 되고 이 같은 손상에 의해 야기된, 듣는 능력의 불능상태를 농(deaf, deafness)이라 한다. 이때 불능이란 음의 고저와 강약으로 측정되는 어음과 기타 소리를 듣고 이해하는 데 문제를 지니고 있는 상태를 지칭한다. 청각장애는 이 같은 불능상태에 의해 어떤 사람의 일상적 의사소통 기능이 제한되는 정도를 지칭한다는 것이다.

(5) 언어장애

언어장애란 말이 다른 사람의 말과 달라서, 말 자체에 주의를 끌게 하거나, 의사소통을 방해하거나, 말을 하는 사람이나 듣는 사람을 괴롭히는 원인이 될 때를 말한다. 예를 들어, 한 아동이 '어어어 엄마, 저저 어, 저저 크크크레크레파스좀 어어어'라고 말하였다면 아동의 이 말은 어머니 귀에 거슬리거나 말 형태 자체에 신경이 많이 쓰이며, 아동의 말이 크레파스를 사야 된다는 것인지, 크레파스를 찾아 달라는 것인지, 크레파스를 잃어버렸다는 것인지, 불명확하며 말을 하는 아동은 불안하고 힘이 들며, 듣는 어머니도 실망과 염려로 불쾌할 것이다. 이러한 경우 아동은 언어장애로 진단된다.

(6) 안면장애

안면장애에는 면상반흔, 색소침착, 모발결손, 조직의 비후나 함몰, 결손을 포함한다. 함몰이나 비후는 연부조직, 골조직 등의 함몰이나 비후, 위축을 말한다. 안면변형장애는 단순 X선 촬영, CT, MRI 등으로 함몰이나 비후의 정도를 결정할 수 있다. 안면부는 두부, 안면부, 경부, 이부와 같이 상지와 하지, 몸통 이외에 일상적으로 노출되는 부분을 의미한다. 노출된 안면부는 전두부와 측두부, 이개후부의 모발선과 정면에서 보았을 때 경부의 전면과 후면을 구분하는 수직선을 연결한 선을 경계로 얼굴, 귀, 목의 앞면을 포함한다.

(7) 신장장애

신장은 본질적으로 신체의 항상성을 유지하는 기관으로 필수물질들과 수분을 보유하고 신체의 산·염기 균형을 유지함으로써 체액의 성분과 양을 조절하며, 또한 해독을 하고 독성물질, 외부침입자, 불필요한 물질들을 소변 형성과정을 통해 배출시키는 기능을 하며, 더하여 혈압조절, 적혈구생성, 인슐린과 다른 물질들의 신진대사와 같은 여러 기능들과도 관련 있다. 「장애인복지법」에서는 신장장애를 만성신부전증으로 인하여 1개월 이상 혈액투석 또는 복막투석을 받고 있는 사람과 신장을 이식받은 사람으로 정의하고 있다.

(8) 심장장애

심장은 사람 및 동물의 혈액순환의 원동력이 되는 기관으로 심장의 좌우 면은 폐면이라고 한다. 수축과 확장을 반복하여 혈액을 신체의 구석구석까지 보내는 펌프의 역할을 한다. 「장애인복지법」에서는 심장장애를 심장기능의 장애가 지속되며, 심부전증 또는 협심증 증상 등으로 일상생활에 현저히 제한되는 심장기능 이상이 있는 사람으로 정의하고 있다. 심부전이란 심장의 펌프 기능이 장애를 일으켜 정맥압이 상승하고, 충분한 양의 산소를 말초조직에 공급할 수 없는 상태를 말하며 심기능부전이라고도 한다. 심부전은 모든 기질적(基質的)인 심질환에 기인하여 생기는데, 가장 흔한 것은 심근경색(心筋硬塞) · 심근변성 · 심장판막증 · 고혈압증 · 심낭염(심막염)에 의한 것이다.

(9) 간장애

간은 체외에서 유입되거나 체내에서 생성된 각종 물질들을 가공 처리하고 중요한 물질들을 합성하여 공급하고, 혈액을 저장하는 역할, 면역 기관의 역할 등을 한다. 간은 이렇게 체내의 중요한 기능들을 수행하기 때문에 간기능이 심하게 저하되면 여러 가지 문제가 발생한다. 「장애인복지법」에서는 간장애를 소관 전문의의 최초 진단 이후 1년 이상이 경과하고, 2개월 이상의 적극적인 치료에도 불구하고 호전의 기미가 거의 없는 만성 간질환자로 정의하고 있다.

(10) 호흡기장애

「장애인복지법」에서는 호흡기장애인을 최초 진단 이후 1년 이상이 경과하고, 2개월 이상의 적극적인 치료에도 불구하고 호전의 기미가 거의 없는 만성 호흡기 질환자로 정의하고 있다. 장애를 판정하기 위해서는 호흡곤란 정도 판정, 흉부 X-선 촬영, 폐기능 검사, 동맥혈 가스 검사 등에 의한 객관적인 검사소견이 있어야 하며, 이 밖에 필요한 경우 호흡기질환에 따라 흉부 CT, 기관지내시경, 운동부하 폐기능 검사, 폐 환기 · 관류 동위원소 검사, 폐동맥 촬영술 등을 시행하여 정확한 진단을 하여야 한다.

(11) 장루 · 요루장애

장루 · 요루는 직장이나 대장, 소장 등의 질병으로 인해 대변 배설에 어려움이 있을 때 복벽을 통해 체외로 대변을 배설시키기 위하여 만든 구멍을 말한다. 이는 항상 촉촉하며 모세혈관이 분포되어 색깔은 붉고, 모양은 동그랗거나 타원형이며, 소량의 점액이 분비된다. 또한 신경이 없어 만져도 아프지 않으며 자극을 주면 약간의 출혈이 있을 수 있으나 꼭 누르고 있으면 곧 멈춘다. 크기나 모양은 개인마다 다르며, 항문의 괄약근과 같은 조절 능력이 없어 대변이 수시로 배출되므로 부착물을 이용하여 관리한다.

(12) 뇌전증장애

뇌전증은 흔한 병이며, 누구나 다 걸릴 수 있다. 미국의 경우 열성 경련(febrile convulsion) 등 일시적 원인에 의한 일회적인 발작을 제외하고, 아무리 적게 잡아도 전 인구의 0.5%, 즉 200명 중 1명 꼴로 많은 사람들이 뇌전증을 앓고 있다. 우리의 뇌는 복잡한 신경회로를 통해 전기적으로 서로 연결되어 있다. 대뇌의 이상 또는 손상이 있게 되면 원래 갖고 있는 전기에너지가 과도하게 방출되어 주변으로 퍼져 나가게 되고, 이로 인해 경련발작, 의식소실 등의 증세를 유발하게 된다. 뇌전증이란 이러한 현상들이 반복적으로 발생하는 질병을 말한다. 따라서 뇌전증을 유발하는 원인(뇌를 손상시킬 수 있는 원인)들은 아주 다양할 수 있으며, 또한 발작의 양상도 여러 가지로 나타날 수 있다.

(13) 지적장애

지적장애란 지능 발달의 장애로 인하여 학습이 불가능하거나 제한을 받고, 적응 행동의 장애로 관습의 습득과 학습에 장애가 있는 상태를 말한다. 발생빈도는 전 인구의 약 2~3%로 추정된다. 의사소통, 자기관리, 가정생활, 사회성 기술, 지역사회 활용, 자기주도적 지시, 건강과 안전, 기능적 학업교과지식 활용, 여가선용 및 직업기술의 10개의 적응영역 중 두 개 이상의 영역에서 적응행동의 결함을 보여야 한다. 적응행동 결함이란 아이의 적응행동이 자신의 연령과 사회·문화적인 적응기준에 못 미치는 것을 뜻한다.

(14) 자폐성장애

자폐성장애는 발달장애라고도 하며, 태어날 때부터 사람과 주변환경에 대하여 관계형성이 어렵고 언어의 발달에 심각한 장애를 갖는다. 즉, 공격적인 행동을 하거나 자해적인 행동을 하기 때문에 자신의 팔을 물거나 꼬집어서 상처가 나 있는 경우도 많다. 혼자서 중얼거리기도 하고 상대방의 질문을 그대로 따라 하기도 하며 상대방과 눈을 잘 마주치지 않는다. 자폐인들은 사회적 활동과 언어를 통한 의사소통에서 다른 사람과 상호작용하는 능력이 약하고 상상 및 추리능력이 제한된다. 이런 장애를 가진 아이들은 눈맞추기를 하지 않고 허공을 응시하기도 하며, 어떤 목소리를 무시하거나 안아주려는 것을 거절하고 몸에 닿는 것을 싫어한다. 보통 자폐증은 2세 반이나 3세까지는 잘 발견되지 않는다.

(15) 정신장애

정신의학에서 분류하는 정신장애는 대단히 포괄적이고 광범위해서 학자들마다 다양한 분류기준을 제시하고 있고, 현재 우리나라에서는 공식적으로 세계보건기구(WHO)가 제정한 국제질병기준(ICD-10)을 사용하고 있다. 「장애인복지법」에 의하면, 정신장애인이란 “지속적인 조현병, 분열형 정동장애(情動障得), 양극성 정동장애 및 반복성 우울장애에 의한 기능 및 능력 장애로 인하여 일상생활 혹은 사회생활을 영위하기 위한 기능 수행에 현저한 제한을 받아 도움이 필요한 사람”으로 정의하고 있다.

2) 장애인 등록

장애등록은 의료기관과 해당 장애의 전문의에 의해 의학적 진단명이 명확해지고, 회복이 끝난 이후 기능장애가 고착되었다고 판단되는 기간 이후에 등록할 수 있다. 해당 기간 동안, 장애인 복지서비스는 받을 수 없으며 개인비용으로 부담한다. 장애인으로 등록하려면 관할 주민센터를 방문하여 장애인 등록 신청 및 서비스 신청서를 작성해야 한다. 신청은 본인이 하는 것이 원칙이나 18세 미만의 아동과 거동이 불가능한 경우 등 본인이 등록 신청을 하기 어려운 경우에 대리 신청은 법적 보호자와 장애인 보호 장애인 복지시설의 장까지 가능하다(보건복지부, 2020). 구체적인 장애인등록 절차는 **그림 13-1**과 같다.

장애인 신청인은 지정 장애유형별 장애진단기관의 의료기관 해당과의 전문의에게 장애진단서와 함께 검사결과서, 진료기록지를 발급받아, 관할 동주민센터에 제출한다. 의료기관에서 장애진단 후 장애진단서와 구비서류를 갖춘 후 장애인 등록을 신청하는 경우 장애진단 의뢰 절차를 이행한 것으로 본다(보건복지부, 2020). 신청자의 제출서류는 장애심사와 관련한 국민연금공단에 보내지고, 국민연금공단에서 2인 이상의 전문의사가 참여하는 의학 자문회의를 개최하여 장애정도 심사 후 등급 결과를 해당 읍·면·동 주민센터로 통보한다.

시·군·구 담당자는 공단의 장애정도 결과를 토대로 장애등록 신청인에게 결과를 통지하며, 최초 동주민센터 장애등록 신청부터 심사를 거쳐 등록이 완료되어 장애인등록증(복지카드) 수령까지 약 한 달 정도 소요된다(보건복지부, 2020).

그림 13-1 **장애인등록 절차**

출처: 보건복지부(2022). 장애인복지 사업안내.

장애인등록과 관련된 사항, 장애정도심사 결과에 대하여 이의가 있는 경우 90일 이내에 이의신청, 행정심판 또는 행정소송을 제기할 수 있으며, 장애상태가 현저히 변화하여 장애정도 조정을 요구하는 경우 '장애정도 조정 신청서'를 작성하여 지역 주민센터에 제출하면 된다(보건복지부, 2020).

3. 장애인가족

1) 장애인가족의 특수성

장애는 장애를 가진 개인뿐만 아니라 그 개인과 지속적으로 상호작용하는 부모나 다른 비장애 형제자매들에게도 큰 영향을 미친다. 자녀의 장애를 인지하게 된 순간 부모는 충격을 받는다. 처음에는 자녀의 장애를 부인하기도 하고, 원망하기도 하고 그러면서 또 장애가 좋아질 수 있다는 희망을 가져 보기도 한다. 이러한 과정에서 장애 자녀의 부모는 극심한 슬픔, 무력감, 죄책감, 자기 비난 등의 다양한 감정 상태를 경험하고, 주변 사람들과의 활발한 교류보다는 자기 고립적인 성향을 지니면서 자기 통제력을 상실하게 된다. 이는 장애인의 부모가 당면하게 되는 현실적 상황에서 유발된 절망감과 장애 자녀의 미래에 대한 부정적인 전망에 따른 암담함에서 기인한다고 볼 수 있다(정영선, 조영숙, 2013).

장애인 부모는 장애 자녀의 양육, 교육, 재활 치료와 관련하여 신체적, 경제적, 심리적, 사회적 부담 등으로 인해 스트레스를 경험하게 되며, 비장애 자녀가 있는 경우에는 그들과의 관계와 그들의 정서적 문제 등에 관해서도 관심을 기울이고 대처해야 한다. 왜냐하면 장애인의 부모뿐 아니라 비장애 형제자매 또한 장애가 있는 형제자매와의 부자연스러운 상호관계, 장애가 있는 형제자매에게 부모의 관심이 집중되는 데서 경험하는 상실감 등과 같은 다양한 부정적 정서를 경험하게 되기 때문이다. 이렇듯 가족구성원 중에 장애인이 있다는 것은 부모뿐 아니라 다른 가족구성원들과의 상호관계와 가족의 전반적인 생활에 영향을 미치게 된다(Gupta & Singhal, 2004).

장애 자녀양육 과정에서 부모는 장애 자녀의 돌봄, 교육, 치료 제공 등에 필요한 비용에 대해 경제적 부담이 가중되고, 장애 자녀돌봄으로 인한 경제 활동 및 사회 활동의 제약은 장애 자녀를 둔 부모에게 더 큰 경제적 어려움과 사회적 지지망으로부터의 소외를 초래하기도 한다(유영준, 백은령, 2013). 또한 장애 자녀를 키우는 부모와 다른 가족구성원들은 보편적 가정처럼 일상생활을 항상 일정하게 유지하기가 어렵고, 장애가 있는 가족의 돌봄을 위해 일하는 시간을 수시로 변경하는 등의 어려움으로 일상적인 가족생활 속에서 가족이 함께 시간을 보내는 데 어려움을 가지기도 한다. 장애인가족의 돌봄 과정에서 발생하는 다양한 문제들을 가족 내에서 해결하는 데에서 오는 엄청난 부담과 어려움은 가족 관계에 부정적인 영향을 미치기도 하며, 보편적 가족과 비교하여 가족 상호작용에서의 어려움을 경험하도록 한다(김영숙, 2010; 이창미, 2006). 특히 비장애 형제자매들은 장애 자녀와 부모의 밀착 관계로 인해 때로 부모로부터 소외감을 느끼기도 한다. 이처럼 다양한 측면에서의 어려움이 장애인가족의 전반적인 삶의 질에 부정적인 영향을 미친다.

2) 장애인가족 지원의 특성

장애인가족 지원은 정상화 이념에 바탕을 두고 있다. 1950년대 이전에는 중도 장애인은 고도로 전문화된 환경에서 치료를 받아야 하므로 시설에서 보호해야 한다는 생각이 지배적이었으나 정상화 이념의 확산에 따라 장애인 지원이 지역사회에서 그들의 가족과 함께 생활하는 가운데 돌봄 등의 전반적 지원이 이루어지는 지역사회 기반 지원으로 변화되었다(이은미, 백은령, 2010). 나아가 개별 가족의 가족 특성(family characteristics), 가족 상호작용(family interaction), 가족 기능(family function), 가족의 생애주기(family life cycle)의 4가지 요소를 기초로 하여 각 가족의 복잡성과 독특성을 인식하고 이를 토대로 모든 가족이 모든 삶의 질 영역에서 행복을 누리도록 지원하는 것으로 정의되어 왔다(Turnbull et al., 2010).

그러나 우리나라의 「발달장애인 권리보장 및 지원에 관한 법률」과 「장애 아동복지 지원법」에서 가족지원은 언급만 되는 수준이며 가족지원 서비스에 대한 구체적인 논의가 이루어지지 못하는 실정이고, 세부적인 실행지침이나 가족지원 관련 구체적인 실천 방안 등이 제시되지 않아 미국, 일본에서와 같은 국가적 차원의 체계적이고 효율적인 가족 중심의 지원이 이루어지지 않고 있는 실정이다(김삼섭, 2019; 유영준 외, 2011).

우선 장애인가족 지원에서 고려해야 할 기본 원칙은 공동체 의식강화, 공식적 지원에 의존하지 않도록 비공식적 지원망 구축을 도와주는 자원과 지원의 확장, 책임과 협력의 요구, 가족기능과 위상의 보호를 통한 가족의 신념 및 가치 유지 지원, 가족의 강점을 활용한 가족기능 강화, 개별적 가족 중심의 지원을 위한 적극적 휴먼 서비스 실천이다(Dunst et al., 1994). 이러한 장애인가족 지원은 가족기능의 약화, 가족 역량 감소 등을 예방하기 위해 모든 가족지원 정책과 실행에서 일관되게 반영되어야 한다.

또한 가족지원이 포함해야 할 구성 요소 세 가지를 가족지원에 관한 국가 의제(National Agenda on Family Support)로 정의하고 있는데, 첫째, 휴식, 재정적 지원, 현금 지원과 같은 일상적인 필요에 대한 도구적 지원, 둘째, 면담, 자기옹호 집단, 지지집단과 같은 정신건강 및 자기효능감을 위한 정서 지원, 셋째, 지식과 기술 개발을 위한 정보 및 교육 지원이다(Hewitt et al., 2013).

4. 장애인 현황

2023년 장애인으로 등록된 현황은 표 13-3, 그림 13-2와 같다(한국장애인개발원, 2024).

표 13-3 등록장애인 수 - 연도별, 장애유형별

(단위: 명, 천명, %)

구분	2012년	2013년	2014년	2015년	2016년	2017년	2018년	2019년	2020년	2021년	2022년	2023년
장애인구	2,511,159	2,501,112	2,494,460	2,490,406	2,511,051	2,545,637	2,585,876	2,618,918	2,633,026	2,644,700	2,648,424	2,641,896
(증가율)	(▽0.3)	(▽0.4)	(▽0.3)	(▽0.2)	(0.8)	(1.4)	(1.6)	(1.3)	(0.5)	(0.4)	(0.1)	(▽0.2)
등록인구	50,948	51,141	51,327	51,529	51,696	51,778	51,826	51,850	51,829	51,639	51,439	51,325
(비율)	(4.9)	(4.9)	(4.9)	(4.8)	(4.9)	(4.9)	(5.0)	(5.1)	(5.1)	(5.1)	(5.1)	(5.1)
지체	1,322,131	1,309,285	1,295,608	1,281,497	1,267,174	1,254,130	1,238,532	1,223,135	1,207,368	1,191,462	1,174,794	1,153,501
시각	252,564	253,095	252,825	252,874	252,794	252,632	252,957	253,055	252,324	251,620	250,391	248,360
청각/언어	276,332	273,229	271,054	269,147	291,252	322,324	363,326	398,579	418,180	434,813	447,463	455,684
지적	173,257	178,866	184,355	189,752	195,283	200,903	206,917	212,936	217,108	221,557	225,607	229,780
뇌병변	257,797	253,493	251,543	250,862	250,456	252,819	253,083	252,188	250,407	248,308	244,674	240,546
자폐성	16,906	18,133	19,524	21,103	22,853	24,698	26,703	28,678	30,802	33,650	37,602	42,744
정신	94,638	95,675	96,963	98,643	100,069	101,175	102,140	102,980	103,525	104,214	104,329	104,197
신장	63,434	66,551	70,434	74,468	78,750	83,562	87,892	92,408	97,530	102,135	105,559	108,623
심장	7,744	6,928	6,401	5,833	5,507	5,399	5,304	5,266	5,233	5,166	5,070	4,933
호흡기	13,879	13,150	12,445	12,033	11,831	11,807	11,761	11,522	11,544	11,541	11,396	11,029
간	8,588	9,194	9,668	10,324	11,042	11,843	12,524	13,154	13,808	14,433	15,032	15,634
안면	2,709	2,696	2,689	2,685	2,680	2,692	2,689	2,673	2,677	2,712	2,724	2,757
장루·요루	13,374	13,546	13,867	14,116	14,404	14,718	15,027	15,290	15,427	16,012	16,714	17,117
뇌전증	7,806	7,271	7,084	7,069	6,956	6,935	7,021	7,054	7,093	7,077	7,069	6,991

주: 1) 각 연도 12월 말 기준임
2) 증가율(%)은 전년 등록장애인 대비, 비율(%)은 주민등록인구 대비 등록장애인 수를 말함
3) 장애유형 용어변경: 간질장애→뇌전증장애(2014.7)

자료: 보건복지부, 「등록장애인 현황」, 각 연도, 행정안전부, 「주민등록인구통계」, 각 연도

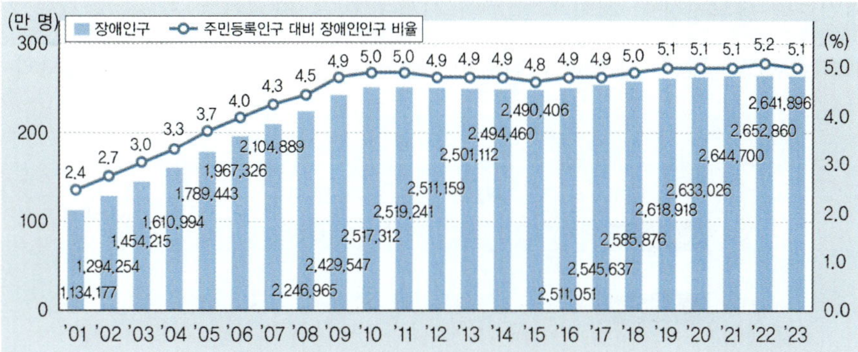

그림 13-2 **등록장애인 수 및 장애인구 비율**

출처: 한국장애인개발원(2024). 2024 장애통계연보.

표 13-3, 그림 13-2에서 보는 것과 같이, 2023년 장애인으로 등록된 인원은 총 2,641,896명으로 나타났다. 장애정도별 등록장애인 현황은 그림 13-3과 같다.

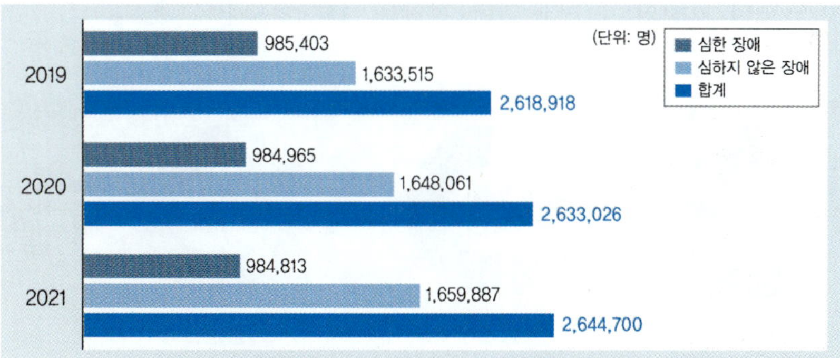

그림 13-3 **장애정도별 등록장애인**

출처: 한국장애인개발원(2022). 2022 장애인백서.

장애정도별 등록장애인 현황은 2021년 심하지 않은 장애가 1,659,887명으로 심한 장애 984,813명보다 많은 것으로 나타났다. 연도별 장애아동현황은 그림 13-4와 같다.

그림 13-4 연도별 장애아동현황

출처: 한국장애인개발원(2022). 2022 장애인백서.

2021년 장애아동 인구는 77,961명으로 전체 인구의 1.04%를 차지하고 있는 것으로 나타났다. 연도별 고령화 수준에 대한 현황은 그림 13-5와 같다.

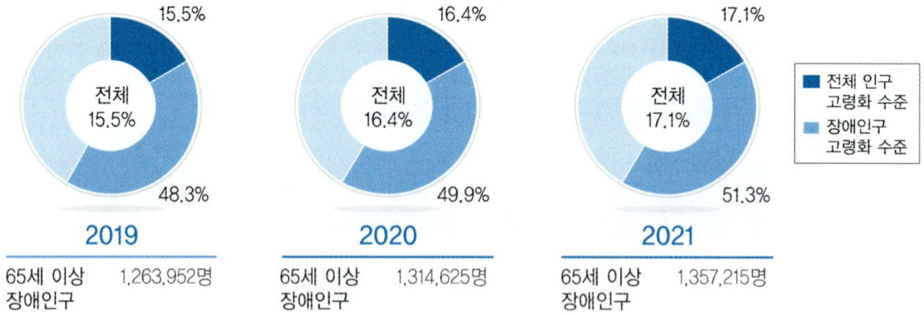

그림 13-5 연도별 고령화 수준

출처: 한국장애인개발원(2022). 2022 장애인백서.

그림 13-5에서 보는 것과 같이, 2021년 전체 인구 고령화 수준은 17.1%인 데 비해, 장애인구 고령화 수준은 51.3%로 나타났다. 장애인 경제활동참가율에 대한 현황은 그림 13-6과 같다.

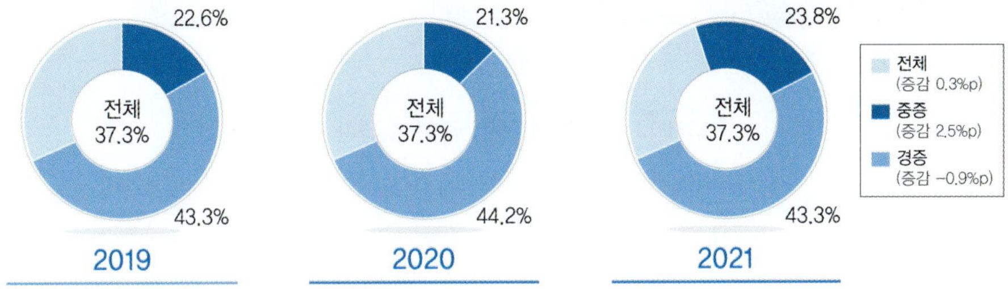

그림 13-6 장애인 경제활동참가율

출처: 한국장애인개발원(2022). 2022 장애인백서.

그림 13-6에서 보는 것과 같이, 2021년 장애인 경제활동참가율은 중증장애인 23.8%, 경증장애인 43.3%로 나타났다. 장애인 고용률에 대한 현황은 그림 13-7과 같다.

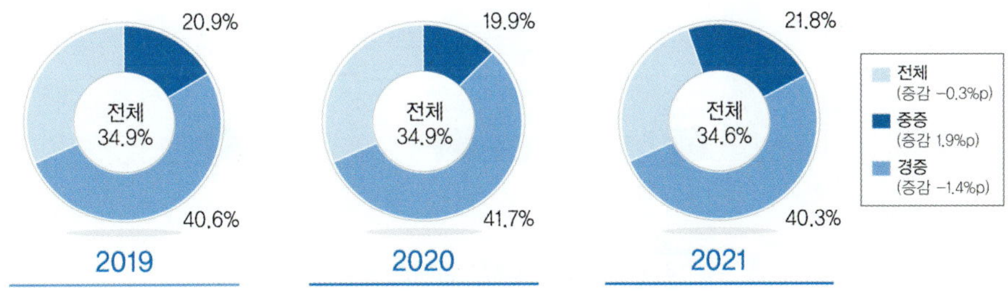

그림 13-7 장애인 고용률

출처: 한국장애인개발원(2022). 2022 장애인백서.

그림 13-7에서 보는 것과 같이, 2021년 장애인 고용률은 중증장애인 21.8%, 경증장애인 40.3%로 나타났다. 장애 관련 급여 수급자 현황은 그림 13-8과 같다.

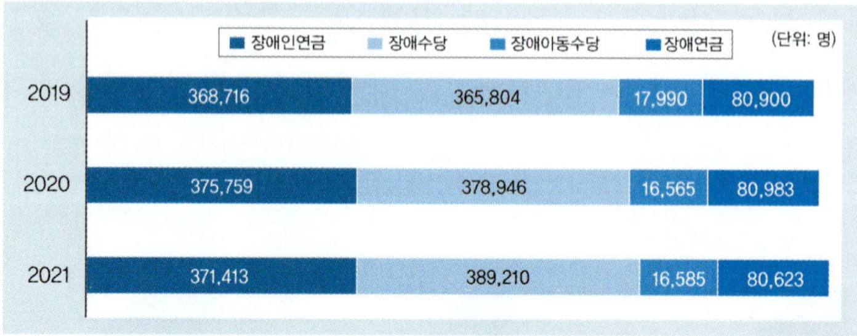

그림 13-8 장애 관련 급여 수급자 현황

출처: 한국장애인개발원(2022). 2022 장애인백서.

그림 13-8에서 보는 것과 같이, 2021년 장애 관련 급여 수급자 현황은 장애수당 389,210명, 장애인 연금 371,413명, 장애연금 80,623명, 장애아동수당 16,585명으로 나타났다. 기초생활보장 장애인 수급자 현황은 그림 13-9와 같다.

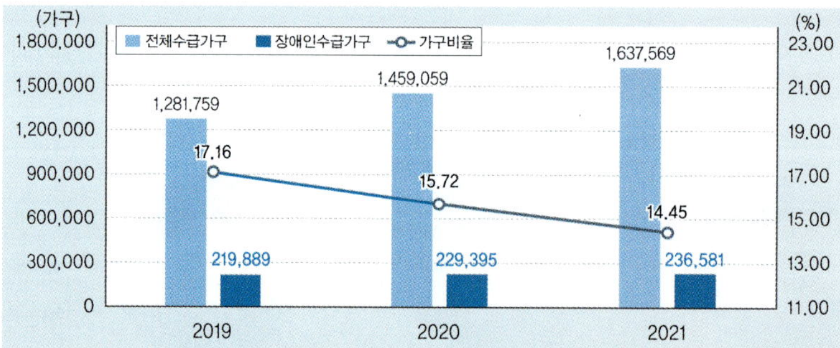

그림 13-9 기초생활보장 장애인 수급자 현황

출처: 한국장애인개발원(2022). 2022 장애인백서.

그림 13-9에서 보는 것과 같이, 2021년 기초생활보장 장애인 수급자 현황에서 장애인 수급가구는 236,581가구로 전체수급가구 중 14.45%로 나타났다.

5. 장애인과 장애인가족에 대한 지원정책

1) 경제적 지원

장애자녀를 둔 가족의 경제적 부담 경감을 위해 실시되고 있는 대표적 정책으로는 '장애아동수당', '장애인자녀교육비 지원', '한부모가족을 위한 양육비 및 교육비 지원제도' 등을 들 수 있으며, 이들은 현금급여의 형태로 제공된다. 이 외의 정책들은 장애인의 경제적 부담 경감을 위해 세제감면이나 이용료 할인방식으로 제공된다. 그러나 감면이나 할인제도의 경우는 장애인 가구의 경제적 부담 경감제도로서의 취지가 무색하게 소득이 상대적으로 더 많거나 교통 및 문화시설을 더 많이 이용할수록 감면과 할인혜택이 더 커져 결과적으로 더 많은 지원을 받게 되는 문제점을 안고 있다. 장애인에 대한 연금·수당에 대한 지원서비스의 구체적인 내용은 표 13-4와 같다(보건복지부, 2022).

표 13-4 장애인의 연금·수당 지원서비스

사업명	지원대상
장애인연금(종전 1급, 2급 및 3급 중복장애)	• 만 18세 이상 「장애인연금법」상 중증장애인 • 2021년도 선정기준액(단독가구: 122만 원, 부부가구: 195.2만 원)
장애수당 및 장애아동수당	• 장애수당: 「국민기초생활보장법」에 의한 수급자 및차상위 계층(기준중위소득 50% 이하)의 만 18세 이상 등록 장애인 중 「장애인연금법」상 중증장애인에 해당하지 않는 자(종전 3~6급) • 장애아동수당: 「국민기초생활보장법」에 의한 수급자 및 차상위 계층(기준중위소득 50% 이하)의 만 18세 미만 장애아동 * 중증장애인: 「장애인연금법」상 중증장애인에 해당하는 자(종전 1급, 2급 및 3급 중복장애) * 경증장애인: 「장애인연금법」상 중증장애인에 해당하지 않는 자(종전 3~6급)

사업명	지원대상
장애아동 양육수당	• 어린이집 · 유치원(특수학교 포함), 종일제 아이돌봄서비스 등을 이용하지 않는 취학 전 가정양육 영유아(보호자가 장애아동 양육수당 지원을 신청하고, 장애인으로 등록되어 시 · 군 · 구가 장애아동 양육수당을 지원하기로 결정한 영유아)
장애아동 입양양육 지원	• 「입양특례법」상 허가를 받은 입양기관에 의해, 같은 법의 요건과 절차를 갖춰 장애 아동을 국내 입양한 가정

출처: 보건복지부(2022). 장애인복지 사업안내.

2) 교육적 지원

「장애인 등에 대한 특수교육법」 제11조(특수교육지원센터의 설치 · 운영)와 동법 시행령 제7조(특수교육지원센터의 설치 · 운영)에 근거하여 운영되고 있는 특수교육지원센터는 지역 중심의 특수교육지원체계 구축으로 특수교육대상 학생에 대한 지원을 확대하며 가정 시설 및 일반학교의 일반학급에 배치되어 있는 장애학생의 특수교육 관련 지원을 하고 특수교육지원센터 시설 및 인력 확보를 통해 운영의 내실화를 꾀하는 것을 목적으로 운영되고 있다.

또한 「장애인 등에 대한 특수교육법」 제28조(특수교육 관련 서비스), 동법 시행령 제23조(가족지원) 등에 의거하여 특수교육대상학생의 교육을 효율적으로 실시하기 위해 상담 지원, 가족 지원, 치료 지원, 보조인력 지원, 보조공학기기 지원, 학습보조기기 지원, 통학 지원 및 정보접근 지원 등의 특수교육 관련 서비스를 제공하고 있는데, 이의 일환으로 가족지원서비스를 제공하도록 하고 있다. 장애인의 보육 · 교육에 대한 구체적인 서비스 지원은 **표 13-5**와 같다.

표 13-5 장애인의 보육 · 교육 지원서비스

사업명	지원대상
장애아 보육료 지원	• 만 0세~만 12세 장애아동 – 장애인복지카드(등록증) 소지자 – 장애소견이 있는 의사진단서 제출자(만 5세 이하만 해당) – 특수교육대상자 진단 · 평가 결과 통지서 제출자(만 3세~만 8세까지만 해당)
여성장애인 교육지원	• 「장애인복지법」에 의한 등록 여성장애인
장애대학생 교육활동 지원	• 대학에 재학 중인 장애학생(장애의 정도가 심하지 않은 장애학생 또는 기준 외 학생은 대학 특별지원위원회 사전 심의를 거쳐 지원 가능)
장애인 정보화교육	• 집합교육: 등록 장애인 • 방문교육: 장애의 정도가 심한 장애인
장애학생 정보격차 해소 지원	• 「장애인 등에 대한 특수교육법」에 따른 특수교육대상자(시각 · 청각 · 지체 · 지적 · 자폐성 · 정서행동 · 의사소통 · 학습 · 건강 · 발달지체 장애인)의 특수학교 및 특수학급 교사, 일반학교 교사
국립특수학교 및 국립부설학교 특수학급지원	• 국립특수학교(급)에 재학 중인 장애학생(특수교육보조원 지원 대상은 특수교육대상 학생 중 중증장애학생 우선 지원) • 방과후 교육비, 돌봄교실은 특수교육학생 희망자 전원 지원
청소년 발달장애 학생 방과후 활동서비스	• 만 6세~18세 미만으로 초 · 중 · 고등학교(일반학교 및 특수학교), 전공과에 재학 중인 「장애인복지법」상 등록된 지적 및 자폐성 장애인(단, 만 18세 이상의 재학생의 경우 재학 증명서 제출 시 방과후활동서비스 이용 가능) • 시 · 군 · 구청장이 소득, 가족구성 등을 고려하여 예산범위 내에서 선정
어린이집 우선입소 지원	• 장애의 정도가 심한 장애인

출처: 보건복지부(2022). 장애인복지 사업안내.

3) 의료적 지원

"장애아동 재활치료지원사업"은 성장기의 정신적 · 감각적 장애아동의 기능 향상과 행동발달을 위한 적절한 재활치료서비스 지원 및 정보 제공과 높은 재활치료 비용으로 인한 장애아동 양육가족의 경제적 부담 경감이 목적이다. 2007년 지역사회서비스 혁신

사업의 일환으로 도입된 이후 2009년 1월부터 본격적으로 시행되었다. 이 사업은 만 18세 미만의 뇌병변, 지적, 자폐성, 청각, 언어, 시각장애아동을 대상으로 언어 청능치료, 미술·음악치료, 행동·놀이·심리운동치료 등 재활치료서비스 제공(장애아동 및 부모의 수요에 따라 사업 실시기관이 자율적으로 결정), 장애 조기 발견 및 발달진단서비스, 중재를 위한 부모상담 서비스를 제공한다. 구체적 지원대상으로는 전국가구 평균소득 100% 이하 가구의 아동이 해당되며, 서비스대상자의 소득 수준에 따라 바우처 지원책 및 본인부담금이 차등화된다(보건복지부 장애아동 재활치료지원사업, 2017). 장애인에 대한 의료 및 재활지원에 대한 구체적인 내용은 **표 13-6**과 같다.

표 13-6 **장애인의 의료 및 재활지원 서비스**

사업명	지원대상
장애인 의료비 지원	•「의료급여법」에 의한 의료급여 2종 수급권자인 등록장애인 • 건강보험의 차상위 본인부담 경감 대상자인 등록장애인(만성질환 및 18세 미만 장애인)
건강보험 지역 가입자의 보험료 경감	• 자동차분 건강 보험료 전액 면제 • 산출 보험료 경감 • 장기요양 보험료 경감
장애인 등록 진단서 발급비 지원 및 장애등록 검사비 지원	• 기초생활수급자로서 신규 등록 장애인 • 재판정으로 재진단받는 등록장애인 중기초수급자 또는 차상위계층 • 직권재판정 대상자(소득 무관)
발달재활 서비스	• 연령기준: 만 18세 미만 장애아동 • 장애유형: 뇌병변, 지적, 자폐성, 언어, 청각, 시각 장애아동(중복장애 인정) • 소득기준: 기준 중위소득 180% 이하 • 기타요건 –「장애인복지법」상 등록장애아동 – 다만, 등록이 안된 만 6세 미만 아동은 발달재활서비스 의뢰서(검사자료 포함)로 대체 가능

사업명	지원대상
언어발달 지원	• 연령기준: 만 12세 미만 비장애아동(한쪽 부모 및 조손 가정의 한쪽 조부모가 시각 · 청각 · 언어 · 지적 · 뇌병변 · 자폐성 등록 장애인) • 소득기준: 기준 중위소득 120% 이하
장애인 보조기기 교부	• 장애유형: 지체, 뇌병변, 시각, 청각, 심장, 호흡기, 언어, 자폐성, 지적장애 • 소득기준: 「국민기초생활법」상 수급자 및 차상위 계층 • 교부대상: 서비스 지원 종합조사에서 보조기기 필요(적격)로 판정된 자
장애인 보조기기 건강보험 급여(의료급여) 적용	• 가입자 및 피부양자 • 의료급여: 등록장애인 중 의료급여 수급권자
장애인 의료재활 시설 운영	• 등록장애인
여성장애인 출산비용 지원	• 「장애인복지법」 제32조에 의한 등록 여성 장애인 중 출산한 자 및 4개월 이상의 태아를 유산 · 사산한 자 * 인공 임신중절수술은 지원불가(「모자보건법」 제14조제1항의 경우는 제외)
장애입양아동 의료비 지원	• 만 18세 미만 장애아동을 입양하여 양육하는 가정
장애친화 건강검진	• 장애인에 국한되지 않으며, 노인 등 거동이 불편한 수검자 이용 가능(다만, 중증장애인 이용 시 별도의 검진 가산비용에 대해 검진기관 추가 지원)
특수교육대상자 치료지원 서비스	• 특수교육대상자 중 교육을 효율적으로 실시하기 위해 치료지원을 필요로 하는 학생
장애인 산소치료 요양비 검사면제	• 장애의 정도가 심한 호흡기장애인(동맥혈가스 또는 산소포화도검사결과, 기준적합여부에 해당하는 경우) • 2019.7.1. 이전 호흡기 장애 1급 또는 2급으로 확인되는 장애인(내과, 결핵과, 흉부외과, 소아청소년과 전문의가 산소치료가 필요하다고 판단한 경우)
기초수급자 출산비용 지원	• 출산한 기초생활수급자(유산, 사산 포함), 긴급복지 지원대상자, 여성장애인
지역장애인보건 의료센터	• 법적 등록장애인 혹은 예비장애인(손상이나 질병 발생 후 완전한 회복이 어려워 일정 기간 내 장애가 발생할 것으로 보이는 장애인)

출처: 보건복지부(2022). 장애인복지 사업안내.

4) 사회·정서적 지원

장애인복지관은 가족의 사회 · 정서적 긴장을 지원하기 위한 다양한 형태의 프로그램을 운영하고 있다. 장애자녀를 둔 가족을 대상으로 한 프로그램으로는 부모상담 및 교육, 가족캠프, 형제자매 지원 프로그램 등을 들 수 있다. 구체적으로 장애인복지관은 부모교육, 장애인가족 지원(장애형제 기능강화, 부모스트레스 대처훈련, 장애인의 자녀 지원 등), 부모회 육성, 장애인부모교육 등의 사업을 운영할 수 있도록 예시를 포함하고 있다.

장애인부모 관련 단체에서도 장애자녀를 둔 가족의 사회 · 정서적 지원을 위한 프로그램을 운영하고 있다. 특히 전국장애인부모연대와 한국장애인부모회가 주축이 되어 운영하고 있는 장애인가족지원센터는 장애자녀 때문에 고통받고 있는 가족을 위한 사회 · 정서 프로그램을 운영하고 있다. 센터의 주요 사업으로는 가족관계 지원 사업, 가족기능강화사업, 인식개선사업 등이 있으며, 사회 · 정서적 프로그램으로는 가족상담, 비장애형제 지원모임, 가족휴식 지원, 장애부모동료상담 및 상담가 양성사업, 사례관리 등의 세부사업이 있다.

5) 돌봄서비스

"장애인활동 지원제도"는 혼자서 일상생활과 사회생활을 하기 어려운 장애인에게 활동 지원급여를 제공하여 장애인의 자립생활을 지원하고 그 가족의 부담을 줄이기 위함을 목적으로 실시되고 있다. 활동 지원 급여는 수급자에게 제공되는 활동보조, 방문목욕, 방문간호 등의 서비스이다. 따라서 가족의 돌봄부담을 덜어 주기 위한 목적으로 시행되는 제도라기보다는 장애인 스스로 생활할 수 있는 영역이 확대됨으로써 가족의 돌봄이나 지원 부담을 덜어 주는 간접적 효과를 얻을 수 있는 제도이다. 신청자격은

만 6세 이상 65세 미만의 소득 수준이나 장애 유형에 관계없이 누구나 신청할 수 있다. 「장애인복지법」상 등록장애인 1~3급의 장애인으로서 장애인생활시설 등에서 생활하는 장애인, 노인장기요양급여 이용 장애인 등은 신청할 수 없다.

"장애아가족양육지원사업"은 상시적인 돌봄이 요구되는 장애아가정의 돌봄부담 경감 및 이를 통한 가족안정성 강화와 지역사회 내 자원봉사자 등을 돌보미로 활용함으로써 이웃과 함께하는 가족 돌봄문화 정착 및 장애아동에 대한 사회적 인식 전환을 목적으로 실시하고 있다. 이 사업은 「건강가정기본법」 제25조(가족부양의 지원) 제2항 '국가 및 지방자치단체는 질환이나 장애로 가족 내 수발을 요하는 가족구성원이 있는 가정을 적극 지원하며, 보호시설을 이용할 수 있도록 전문보호시설을 확대하여야 한다'에 의거하여 추진되고 있는 사업이다. 돌봄서비스의 대상은 전국가구평균소득 100% 이하인 만 18세 미만 자폐성, 지적, 뇌병변 장애아 등 모든 중증장애아와 생계 주거를 같이하는 가정이다. 휴식 지원 프로그램의 경우는 소득기준 상관없이 만 18세 미만의 모든 장애아동가족으로 돌봄서비스를 받지 않는 가정도 참여가 가능하고, 돌봄서비스를 받는 가정을 우선 지원한다.

장애자녀로 인한 사회생활에 제약을 느끼는 부모와 가족을 위한 도우미 사업도 전개되고 있다. 중앙정부 차원에서 실시하고 있는 사업 이외에 중증장애인가정도우미사업, 아이돌보미사업 등의 명칭으로 실시되고 있다. 예를 들어, 제주도에서 실시 중인 중증장애인가정도우미사업, 천안 울산지역의 아이돌보미사업, 경남장애인부모회가 운영하고 있는 장애인도우미뱅크사업, 한국장애인부모회의 외출지원가정도우미사업 등이 지방자치단체와 민간단체에서 실시하고 있는 돌봄 지원 서비스이다(백은령, 2014).

참고문헌

강선경(2002). 장애자녀를 둔 부모의 태도, 스트레스 대처 및 사회적 지원이 그들의 생활만족도에 미치는 영향에 대한 연구. **정신보건과 사회사업, **14, 17-35.

강세현, 서혜전, 오정영, 임원선, 전영록(2020). **인간행동과 사회환경.** 경기: 양성원.

건강보험심사평가원(2022). 2017~2021년 도박중독 현황.

경찰청(2020). **2020 경찰백서.**

경찰청(2020). **가정폭력 수사 매뉴얼(여성대상범죄수사과).**

경찰청(2021). **가정폭력통계자료.**

고일한(2009). 가족생활주기이론으로 본 목회자의 탈진 예방. 장로회신학대학교 대학원 석사학위논문.

고희선(2022). 장애인 가족지원 요구 진단 도구 개발. 이화여자대학교 대학원 박사학위논문.

과학기술정보통신부, 한국정보화진흥원(2021). 2021 스마트폰 과의존 실태조사.

국가통계포털(2020). 사회보장정보시스템(행복e음) 연도말 기준.

국립국어원(2003). **표준국어대사전.** 서울: 두산동아.

국정현안점검조정회의(2021). 온국민 마음건강 종합대책: 제2차 정신건강복지기본계획.

김경은, 이화정, 최은희, 황명구, 송연선(2020). **인간행동과 사회환경.** 경기: 양성원.

김교헌(2007). 중독, 그 미궁을 헤쳐 나가기. **한국심리학회지: 건강, 12**(4), 677-393.

김남국(2010). 다문화의 도전과 사회통합: 영국, 프랑스, 미국 비교 연구. **유럽연구, 28**(3), 133-174.

김문길, 김성아(2018). 다차원 빈곤의 변화와 세대 간 비교. **한국사회보장학회 경제학 공동학술대회자료집,** 1-39.

김미곤, 여유진, 김태완, 손창균, 최현수, 이선우, 김계연, 송치호, 오지현, 이서현, 신재동(2010). 2010년 최저생계비 계측조사 연구. 보건복지부, 한국보건사회연구원.

김미진(2022). 빈곤원인인식이 복지태도에 미치는 영향: 소득분배인식의 매개효과를 중심으로. 가야대학교 행정대학원 석사학위논문.

김민지(2014). 가정폭력범죄에 대한 형사절차상 대응방안에 관한 연구. 창원대학교 대학원 석사학위논문.

김삼섭(2019). 발달장애인 가족지원 서비스에 대한 중요도-만족도 분석. **융합정보논문지, 9**(2), 155-164.

김성철, 김성숙, 모아라, 박란이, 박정하, 박종란, 송희경, 염영옥, 이만복(2020). **가족복지론**. 경기: 양성원.

김성혁, 안옥희, 최혜정, 박연숙, 백선숙, 전미순(2012). **다문화의 이해와 건강**. 서울: 정담미디어.

김수현, 이현주, 손병돈(2016). **한국의 가난**. 경기: 한울아카데미.

김안나, 한정원, 김양미(2010). **한부모가족지원 사업에 대한 성인지적 분석**. 서울: 한국여성정책연구원.

김연우(2012). 한부모가족의 생활실태와 복지욕구. **보건복지포럼, 187**, 50-59.

김영란, 황정임, 최진희, 김은경(2016). **부자가족의 가족역량 강화를 위한 지원방안 연구**. 서울: 한국여성정책연구원.

김영만(2010). 가정폭력의 현황과 문제점 및 방지방안 연구. 한성대학교 대학원 석사학위논문.

김영숙(2010). 장애아가족의 가족지원제도의 요구와 삶의 질 향상을 위한 정책적 · 제도적 개선방안. **특수교육 저널: 이론과 실천, 11**(3), 395-418.

김영정(2017). **서울시 한부모가구의 일·가정 양립 지원방안**. 서울: 서울시 여성가족재단.

김영화, 이진숙, 이옥희(2016). **성인지적 가족복지론**. 경기: 양성원.

김용중(2022). 가정폭력에 대한 경찰의 대응방안: 현장 경찰의 인터뷰 분석을 중심으로. 한양대학교 공공정책대학원 석사학위논문.

김유경(2016). 한부모가족의 환경변화와 정책과제. 한부모가족복지포럼.

김유심, 곽지영(2010). 빈곤여성가장의 생활사건 스트레스, 사회적지지, 가족응집력이 우울에 미치는 영향. **서울도시연구, 11**(1), 164.

김은주(2006). 아내학대피해자의 심리적 특성에 관한 연구. **한국범죄심리연구, 2**(2), 61-82.

김인숙 외(2000). **여성복지론**. 서울: 나남출판사.

김정은(2002). 손자녀를 양육하는 빈곤지역 조부모의 심리 · 정서적 안녕과 영향 미치는 요인. 충남대학교 대학원 석사학위논문.

김지영(2016). 가정폭력 실태 및 법령개선에 관한 연구. 건국대학교 대학원 석사학위논문.

김진우(2007). 장애에 대한 사회적 모델의 의의와 한국사회에의 함의. **한국장애인복지학**, 6, 183-209.

김충렬(2010). 도박중독의 원인에서의 의지적 요인의 연구. **신학과 실천**, 22, 209-254.

김태성, 손병돈(2016). **빈곤론**. 서울: 형지사.

김평식, 이상인(2017). 가정폭력범죄 여성 피해자의 심리적 특성 및 피해자 과정. **한국중독범죄학**

회보, 7(3), 25-53.

김현우(2005). 가족폭력범죄에 관한 연구: 가정폭력특례법을 중심으로. 건국대학교 대학원 석사학위논문.

김형지(2017). 스마트폰 이용과 중독과정에 관한 통합적 분석: 중독의 재개념화를 중심으로. 고려대학교 대학원 박사학위논문.

김혜숙(2013). **한국 이혼가족 아동의 성장: 위협과 자원**. 서울: 집문당.

김혜연(2017). 기초연금 도입이 성별 빈곤 및 소득불평등에 미치는 효과. **비판사회정책**, 54, 120-159.

남상인(2022). 「가정폭력 특별법」의 실효성 확보를 위한 법정책적 과제. 대진대학교 공공정책대학원 석사학위논문.

노인숙, 정종희, 전상희, 전정희, 유장학, 장정미(2018). **다문화사회의 이해와 건강**. 서울: 현문사.

대검찰청(2021). 마약류 범죄백서.

민경산(2015). 가족치료와 회복탄력성의 상관관계 연구. 한세대학교 대학원 석사학위논문.

박귀영, 오현숙, 이우언, 전미숙, 정명희, 최병태(2023). **가족복지론**. 경기: 양성원.

박명아(2022). 중·고령 여성가구주 가구의 이전소득이 주관적 빈곤완화와 주관적 후생도 변화 궤적에 미치는 종단연구. 경희대학교 동서의학대학원 박사학위논문.

박미경, 황성철(2010). 사회적 관계망의 긍정과 부정적 기능에 따른 저소득층 여성 한부모의 우울감 및 생활만족도. **한국가족관계학회지**, 15(3), 3-24.

박선희, 조흥식(2016). **아동복지**. 서울: 한국방송통신대학교출판문화원.

박성은(2016). 인터넷 중독에 영향을 미치는 요인들의 메타분석. 숙명여자대학교 교육대학원 석사학위논문.

박옥임(2009). 농촌지역의 노인학대 위험요인과 사회지원체계. **한국지역사회생활과학회지**, 20(3), 369-384.

박인황(2009). 가정폭력범죄의 실태 및 그 대책에 관한 연구. 연세대학교 대학원 석사학위논문.

박혜숙, 임정희, 성정혜, 신승이, 정정희, 조귀영, 허금희, 허현정(2021). **다문화의 이해**. 경기: 양성원.

박혜신(2003). 빈곤가족의 빈곤문화 빈곤가족의 가족사와 빈곤가족아동의 생애사를 중심으로. 서강대학교 신학대학원 석사학위논문.

박희숙, 강원숙, 고선영(2014). **가족복지론**. 경기: 공동체.

배윤진, 조숙인, 장문영(2017). **돌봄 취약계층 맞춤형 육아지원 방안(Ⅲ): 한부모가족 특성별 자녀 양육 실태 및 지원방안**. 서울: 육아정책연구소.

배화옥(2005). 장애아동 보호비용과 장애아동가족의 빈곤요인에 대한 연구. **한국장애인복지학**, 1, 67-86.

백은령, 김기룡, 유영준, 이명희, 최복천(2010). **장애인 가족지원**. 경기: 양서원.

보건복지부(2011). **정신질환실태 역학조사 보고서**. 서울: 서울대학교 의과대학.

보건복지부(2017). 장애아동 재활치료지원사업.

보건복지부(2019). 2019년 장애등급제 단계적 폐지시행을 위한 장애인복지 사업안내.

보건복지부(2020). 2020년 장애인복지사업안내.

보건복지부(2022). 2022년 장애인복지사업안내.

서병수(2007). 한국의 다차원적 빈곤 분석: 실현능력접근. **사회복지정책**, 28, 199-232.

서은철, 김지태(2015). 장애개념의 다중패러다임을 적용한 장애인 스포츠 인식 척도 개발. **한국특수체육학회지**, 23(1), 13-37.

서효정(2019). 가정폭력범죄 유형에 따른 위험성 평가 문항에 대한 평가자 간 신뢰도 분석: 쌍방폭행과 일방폭행을 중심으로. 경기대학교 대학원 석사학위논문.

석재은(2013). 한국의 노령여성은 왜 특별히 가난한가?: OECD 국가들의 비교분석에 근거하여 노령효과인가 젠더효과인가. **한국사회복지조사연구**, 36, 61-102.

성정현, 여지영, 우국희, 최승희, 임세희(2017). **가족복지론**. 경기: 양서원.

손덕순, 정선영(2007). 도박중독자 실태 및 중독수준별 특성과 그 영향에 관한 연구. **정신보건과사회산업**, 26, 377-407.

손지현, 박해긍, 최윤정, 장지현(2017). 빈곤관이 사회복지 환경 인식에 미치는 영향: 사회복지관과 사회서비스기관 종사자 비교를 중심으로. **인문사회21**, 8(6), 501-516.

식품의약품안전청(2010). **프로포폴 남용 실태 조사 및 관리방안 연구**. 서울: 서울대학교.

신혜정(2021). 대순진리회 가족복지사업의 실천방안 연구. 대진대학교 대학원 석사학위논문.

안성원, 한상철(2013). 도박중독자의 2차 범죄화 예방방안에 관한 연구: 치료 프로그램 중심으로. **한국중독범죄학회보**, 3(1), 90-114.

안정선, 오승진(2012). 집단미술치료 프로그램이 장애아동 부모의 양육스트레스 감소와 자아존중감 향상에 미치는 연구. **예술심리치료연구**, 8(1), 21-39.

양옥경, 이재경, 김인숙, 윤홍식, 송다영(2020). **가족복지의 정책과 실천**. 경기: 공동체.

여성가족부(2013). 2013년 가정폭력 실태조사.

여성가족부(2016). 가정폭력 실태조사.

여성가족부(2019). 가정폭력실태조사 연구.

여성가족부(2020). 2020년 인터넷스마트폰 이용습관 진단조사.

여성가족부(2020). 가정폭력피해자 지원시설 운영실적.

여성가족부(2021). 2025 세상모든가족함께: 제4차 건강가정기본계획 건강가정기본계획(2021~2025).

여성가족부(2022). 2022년 한부모가족지원사업 안내지침.

여성가족부, 복권위원회(2023). 2023년 한부모가족 복지서비스 종합안내서.

여유진(2017). 아동빈곤의 추이와 함의. **보건복지 ISSUE & FOCUS**, 336, 1-8.

오마이뉴스(2021.03.18.). 생계형 사건·사고 중심에는 한부모가 있다.

옥경희(2005). 조부모-손자녀가족 조부모의 손자녀 양육. **한국가정관리학회지, 23**(3), 103-114.

유영주(2010). **새로운 가족학.** 경기: 교문사.

유영준, 백은령(2013). 가족중심실천이 장애아 가족의 양육부담에 미치는 영향. **한국장애인복지학, 22**, 207-224.

유영준, 이명희, 백은령, 최복천(2011). 장애아동청소년 가족의 양육부담 및 가족 지원욕구에 관한 연구. **특수교육, 10**(1), 209-234.

유하연(2019). 가정폭력에 대한 경찰의 효율적 대응방안에 관한 연구. 광주여자대학교 대학원 석사학위논문.

윤상오, 이해경(2006). **휴대전화 중독 원인분석.** 서울: 한국정보화진흥원.

이경숙(2017). 중독 음악치료. 제22차 한국음악치료학회 정기학술대회 자료집, 49-56.

이경자(2017). 경찰의 가정폭력 개입과 대응에 관한 질적 연구. 고려대학교 대학원 석사학위논문.

이민규, 김교헌, 김정남(2003). 도박중독 실태와 중독자의 심리사회적 특성. **한국심리학회지, 8**(2), 399-414.

이복실(2017). 발달장애인 어머니의 돌봄 경험과 가족지원 욕구에 관한 연구. **지적장애연구, 19**(3), 1-30.

이상록, 김형관(2014). 한국사회 빈곤원인 인식의 실태와 결정요인. **한국사회복지학, 66**(1), 163-189.

이상이(2023). 장애등급제 폐지 이후 장애인의 복지수준 비교 연구. 가톨릭대학교 대학원 박사학위논문.

이성민, 이수철(2010). 빈곤의 대안적 개념화에 관한 연구. **지역발전연구, 19**(2), 153-178.

이신원(2017). 도박중독자 집단을 대상으로 한 음악치료. 제22차 한국음악치료학회 정기학술대회 자료집.

이영희(2016). 가정폭력방지 법제에 관한 연구. 대전대학교 대학원 박사학위논문.

이은미, 백은령(2010). 지적장애자녀의 생애주기에 따른 가족경험 및 지원 욕구에 관한 연구. **한국사회복지질적연구**, 4(2), 63-90.

이정용(2012). 다문화가족의 부부갈등이 결혼만족도에 미치는 연구. 동국대학교 행정대학원 석사학위논문.

이지인(2020). 노인의 연령집단별 다차원 빈곤과 우울궤적의 관계: 공적이전소득의 조절효과 분석. 경기대학교 대학원 박사학위논문.

이창미(2006). 장애아 가족과 비장애 가족 삶의 질 관련 요인 비교연구. **한국가족복지학**, 11(2), 69-92.

이충환(2015). 빈곤 원인 인식과 불평등 인식이 복지태도에 미치는 영향연구. **한국사회복지행정학**, 17(3), 375-401.

이해국, 이보혜(2013). 4대 중독 원인 및 중독 예방 정책. **보건복지포럼**, 200, 30-42.

임대희(2022). 범죄피해자보호 및 지원에 관한 연구.

장성현(2022). 노년기 노동이 빈곤에 미치는 영향 연구: 직종별 분석을 중심으로. 연세대학교 사회복지대학원 석사학위논문.

장연진(2016). 부자가족과 모자가족 자녀의 사회적 자본 특성 비교. **가족과 문화**, 28(2), 111-151.

장은영(2008). 인지-행동적 음악치료 금연프로그램이 흡연청소년의 자아존중감과 금연 동기유발에 미치는 영향. 성신여자대학교 대학원 석사학위논문.

장희숙(2006). 지역사회의 폭력남편과 가정폭력 범죄행위자들의 특성 비교. **한국사회복지학**, 58(4), 141-168.

전혜인(2006). 발달장애아동의 가족을 위한 지원. **자폐성장애연구**, 6(1), 63-84.

정문자, 정혜정, 이선혜, 전영주(2012). **가족치료의 이해**. 서울: 학지사.

정영선, 조영숙(2013). 장애아 부모상담. **장애아동인권연구**, 4(2), 47-61.

정옥분, 김경은, 김미진, 노성향, 박연정, 영세진, 임정하, 정순화(2015). **보육교사론**. 서울: 학지사.

정황순, 박주현, 김준환(2016). **가족복지론**. 서울: 창지사.

조광희(2007). 역할극을 활용한 집단음악활동이 흡연 청소년의 금연 자기효능감 증진에 미치는 영향. 숙명여자대학교 음악치료대학원 석사학위논문.

조근호 외(2011). **중독재활총론**. 서울: 학지사.

조영진(2016). 한보듬아빠(싱글대디)로서의 삶의 경험에 관한 연구. 연세대학교 대학원 박사학위논문.

조한진(2006). 장애의 이론 모델과 실천 모델의 전환에 입각한 장애인복지법 개정 방향. **특수교육**

학연구, 40(4), 233-256.

조휘래(2022). 아동의 다차원적 빈곤과 주관적 행복의 관계. 숭실대학교 대학원 석사학위논문.

조흥식, 김인숙, 김혜란, 김혜련, 신은주(2017). 가족복지학. 서울: 학지사.

주은혜(2017). 중독 질환자를 위한 국내 음악치료의 효과 메타분석. 숙명여자대학교 원격대학원 석사학위논문.

주혜윤(2009). 인터넷 중독 청소년의 자기효능감 향상을 위한 즉흥연주 사례연구. 이화여자대학교 교육대학원 석사학위논문.

중독포럼(2013). 중독포럼 1월. 신년세미나 자료집.

중독포럼(2016). 인터넷 게임중독, 개인의 문제인가, 사회의 문제인가?. 제33차 10월 포럼 자료집.

중독포럼(2017). 균형과 조절 사회로 가기 위한 대선캠프 중독 정책 토론회 정책 제안 및 질의서.

질병관리청(2022). 2021 지역건강통계 한눈에 보기.

창원대학교 생활과학연구소(2001). 생활과학연구 제6집.

최원석(2008). NA12단계 프로그램이 치료공동체입소 약물중독자의 자아존중감 향상에 미치는 영향. 평택대학교 상담대학원 석사학위논문.

최윤정(2019). 여성 한부모의 양육스트레스가 정신건강에 미치는 영향과 가족탄력성의 매개효과. 한국정책연구, 19(2), 49-66.

최은주(2022). 한부모가족의 특성과 지원방안에 관한 연구. 부산대학교 행정대학원 석사학위논문.

최정숙, 강향숙, 김경희, 김선민, 김유정(2020). 가족복지론. 서울: 학지사.

최정숙, 강향숙, 김경희, 김선민, 김유정, 김주현, 김지혜, 박형원, 백형의, 우재희, 이영선, 이예승, 이인정, 이혜경, 임정원, 장수미, 정선영, 한인영(2020). 가족복지론. 서울: 학지사.

최현수, 류연규(2003). 우리나라 노인빈곤 동향 및 빈곤구성에 관한 연구. 한국노년학, 23(3), 143-160.

출입국, 외국인정책본부(2022). 2021년도 출입국 · 외국인정책 통계연보.

통계청(2018). 한국의 사회 동향.

통계청(2019). 2019년 이민자 체류실태 및 고용조사.

통계청(2020). 2019년 다문화 인구동태 통계.

통계청(2020). 가계금융복지조사.

통계청(2021). 가계동향조사.

통계청(2021). 사회보장정보시스템(행복e음) 연도말 기준.

통계청(2021). 인구주택총조사.

통계청(2022). 2021년 다문화 인구동태 통계.

통계청(2022). 인구주택총조사.

통일부(2022). 북한이탈주민 정착지원실무편람.

한국건강가정진흥원(2016). **혼자서도 행복하게 자녀키우기.**

한국노동연구원(2020). 코로나 19로 인한 성별 빈곤율 비교. 월간 노동리뷰 8월호.

한국도박문제관리센터(2016). 잃어버린 나를 찾는 희망안내서 1.

한국도박문제예방치유원(2022). 2022년 청소년 도박문제 실태조사.

한국보건사회연구원(2020). 빈곤통계연보.

한국보건사회연구원(2022). 2021년 빈곤통계연보.

한국여성정책연구원(2018). 2018년도 한부모가족 실태조사.

한국장애인개발원(2022). 2022 장애인백서.

한국정보화진흥원(2015). 2015년 인터넷 과의존 실태조사.

한국정보화진흥원(2016). 2016년 인터넷 과의존 실태조사.

한부모가정사랑회(2013). 한부모가정을 위한 서비스 전달체계와 상담 전문인력 양성 어떻게 해야 하나? 여성가족부.

한성심, 송주미(2014). **아동복지론.** 서울: 창지사.

행위중독치유해법포럼(2017). 청소년기 중독적 인터넷 사용 성인기 과음·흡연과 밀접. **주간동아**, 1108, 106-108.

홍진규(2021). 부자(父子)가족복지시설에 거주한 한부모가족 아버지의 자녀양육 경험. 협성대학교 대학원 박사학위논문.

황은숙(2013). **부모와 교사를 위한 한부모가정 아동 교육.** 서울: 한국한부모가정사랑회.

황재희(2005). 우리나라 가족복지정책의 개선방안에 대한 연구. 경원대학교 행정대학원 석사학위논문.

황정임, 정기원, 김유나, 이호택(2015). **한부모가족 지원 강화를 위한 협력적 네트워크 운영방안.** 서울: 한국여성정책연구원.

황하성, 손승혜, 최윤정(2011). 이용자 속성 및 기능적 특성에 따른 스마트폰 중독에 관한 탐색적 연구. **한국방송학보, 25**(2), 227-313.

American Psychiatric Association(2013). *Diagnostic and Statistical Manual of Mental Disorders, 5th Edition.* Washington DC: APA press.

American Society of Addiction Medicine(2011). Retrieved from https://www.asam.org/resources/definition-of-addiction

Bagnardi, V., Blangiardo, M., La Vecchia, C., & Corrao, G. (2001). A meta-analysis of alcohol drinking and cancer risk. *British Journal of Cancer, 85*(11), 1700-1705.

Bandura, A. (1973). *Aggression: A social learning perspective.* Englewood Cliffs, NJ: Prentice Hall.

Carter, B., & McGoldrick, M. (1997). **가족생활주기와 가족치료.** [The Changing Family Life Cycle: A Framework for Family Therapy](정문자 역). 서울: 중앙적성출판사(원저출간: 1988).

Cotter, D. (2002). Poor people in poor places: Local opportunity structures and household poverty. *Rural Sociology, 67*(4), 534-555.

Dayer-Berenson, L. (2014). **간호와 다문화 역량.** [Cultural competencies for nurses: impact on health and illness (2nd ed.)] (손수경, 권소희, 권수혜, 김민주 역). 경기: 수문사(원저출간: 2013).

Dunst, C. J., Trivette, C. M., & Deal, A. G. (1994). *Supporting and strengthening families: Methods, strategies and practices.* Cambridge, MA: Brookline Books.

Dutton, D. G. (1994). Interventions into the problem of wife assault: Therapeutic policy and research implications. *Canadian Journal of Behavioral Science, 16*(4), 281-297.

Egger, O., & Rauterberg, M. (1996). Internet behavior and addiction. Semester thesis(Swiss Federal Institute of Technology, Zurich, 1996).

Feagin, J. R. (1972). Poverty: We still believe that God helps those who help themselves. *Psychology Today, 6*(2), 101-129.

Frances, R. J., Bucky, S., & Alecopoulos, G. S. (1984). Outcome study of familial and nonfamilial alcoholism. *Am J Psychiatry,* 141, 1469-1471.

Gelles, R. J. (1991). Physical violence, child abuse, and child homicide: A continuum of violence, or distinct behaviors?. *Human Nature, 2*(1), 59-72.

Goldberg, I. (1996). Internet addiction disorder. *Retrieved November,* 24, 2004.

Griffiths, M. D. (1999). Internet addiction: Internet fuels other addictions. *Student British Medical Journal, 7*(1), 428-429.

Gupta, A., & Singhal, N. (2004). Positive perceptions in parents of children with disabilities. *Asia Pacific Disability Rehabilitation Journal, 15*(1), 22-35.

Hawkins, J. D., Catalano, R. F., & Miller, J. Y. (1992). Risk and protective factors for alcohol and other drug problems in adolescence and early adulthood: Implications for substance abuse prevention. *Psychological Bulletin,* 112, 64-105.

Hewitt, A., Agosta, J., Heller, T., Williams, A. C., & Reinke, J. (2013). Families of individuals with intellectual and developmental disabilities: Policy, funding, services, and experiences. *Intellectual and Developmental Disabilities, 51*(5), 349-359.

Jordan, B. (1996). *A Theory of Poverty and Social Exclusion.* Cambridge: Polity Press.

Kluger, R. (1996). Ashes to ashes: America's hundred-year cigarette war, the public health and the unabashed triumph of Philip Morris. *Contemporary drug problems, 23*(4), 749-758.

Lang, R. (2001). Understanding disability from a South Indian perspective. In 14th annual conference of the Society of Disability Studies, Winnipeg, Canada. 314-315.

Lepianka, D., Van Oorschot, W., & Gelisen, J. (2009). Popular explanations of poverty: A critical discussion of empirical research. *Journal of Social Policy, 38*(3), 421-438.

Levi-Strauss, C. (1969). *The elementary structures of kinship.* Boston: Beacon Press.

Lewis, O. (1997). **산체스네 아이들.** [The Children of Sanchez] (박현수 역). 서울: 지식공작소(원저출간: 1961).

Litchfield, B., & Litchfield, N. (2002). **기독교 상담과 가족치료 4.** [Christian counselling & family therapy] (정동섭 역). 서울: 예수전도단(원저출간: 2000).

Nestler, E. J. (2005). Is there a common molecular pathway to addiction?. *Nature Neuroscience, 8*(11), 1445-1449.

Orford, J. (2001). Conceptualizing addiction: addiction as excessive appetite. *Addiction, 96,* 15-31.

Pizzey, E. (1974). *Scream quietly or the neighbors will hear.* London: IF Books.

Rowntree, S. (2003). *Poverty: A Study of Town Life. Volume 3 of the Palgrave Macmillan Archive edition of Poverty and the Poor Law.* Basingstoke, UK: Palgrave Macmillan.

Saunders, D. G. (1992). A typology of men who batter: Three types derived from cluster analysis. *American Journal of Orthopsychiatry,* 62, 264-275.

Savolainen, V. T., Liesto, K., Männikkö, A., Penttilä, A., & Karhunen, P. J. (1993). Alcohol consumption and alcoholic liver disease: evidence of a threshold level of effects of ethanol. *Alcohol Clin Exp Res,* 7, 1112-1117.

Stein, D. J. (1997). Internet addiction, Internet psychotherapy. *The American Journal of Psychiatry, 154*(6), 890.

Suler. J. (1996). The Psychology of Cyberspace. Retrieved from http://www-usr.rider.edu/~suler/psycyber/cybaddict.html

Townsend. P. (1979). *Poverty in the United Kingdom: A Survey of Household Resources and Standards of Living.* Harmondsworth: Penguin.

Turnbull, A., Turnbull, R., Erwin, E., & Soodak, L. (2010). *Families, professionals, and exceptionality: P ositive outcomes through partnerships and trust* (6th ed.). Upper Saddle River: Person.

Twerski, A. J. (2009). **중독성 사고.** [Addictive thinking: understanding self-deception](이호영, 이종섭, 김석산, 이무형, 채숙희 역). 서울: 하나의학사(원서출간: 1997).

Van Oorschot, W., & Halman, L. (2000). Blame or fate, individual or social? An international comparison of popular explanations of poverty. *European Societies, 2*(1), 1-28

Walker, L. E. (2009). *The Battered Woman Syndrome* (3rd ed.). New York: Springer Publishing Company, LLC.

Weiner, B., Osborne, D., & Rudolph, U. (2011). An attributional analysis of reactions to poverty: The political ideology of the giver and the perceived morality of the receiver. *Personality and Social Psychology Review, 15*(2), 199-213.

WHO(2001). International Classification of Functioning, disabilities, and health.

Young, K. S. (1996). Internet addiction: The emergence of a new clinical disorder. *Cyber Psychology and Behavior, 1*(3), 237-249.

여성가족부 홈페이지(http://www.mogef.go.kr). 한부모가족 정책정보 안내서.

한국도박문제관리센터(www.kcgp.or.kr).

찾아보기

ㄱ

ㄴ

ㄷ

저자 소개

■ **이영희**

청주대학교 대학원 사회복지학박사
현, 대전과학기술대학교 보건복지상담과 교수
〈저서〉 지역사회복지론, 사회복지법제와 실천, 정신건강사회복지론 외

■ **김현경**

연세대학교 대학원 철학박사
현, 경민대학교 사회복지과 교수
〈저서〉 노인복지론, 사회복지학개론, 사회문제론 외

■ **김안식**

한림대학교 사회복지대학원 사회복지학석사
한신대학교 대학원 목회학박사
현, 세한대학교 사회복지상담학과 초빙교수
〈저서〉 정신건강론, 장애인복지론, 사회복지실천기술론 외

■ **김지현**

서울기독대학교 일반대학원 문학박사(사회복지학전공)
현, 명지대학교 미래융합대학 특임교수
〈저서〉 사회복지실천론, 사회복지조사론, 아동복지론 외

■ **김태화**

원광대학교 일반대학원 사회복지학박사
현, 호원대학교 공연미디어학부 사회복지복수전공 전담교수
SL 사회복지상담연구소장
사회적협동조합 행복한사회복지 이사장
〈저서〉 사회복지정책론, 청소년 생활지도 외

■ **김현정**

이화여자대학교 가정관리학과 석사
연세대학교 가족상담전공 석사
대구가톨릭대학교 가족상담복지학 박사
현, 수성대학교 보건복지경영과 교수

■ **류혜원**

계명대학교 대학원 교육학박사
현, 경북과학대학교 상담복지과 교수
〈저서〉 유아사회교육, 동화구연 외

■ **서민호**

대구한의대학교 대학원 사회복지학박사
현, 영남외국어대학교 사회복지과 교수
〈저서〉 사회복지실천기술론, 사회복지학개론, 정신건강론 외

■ **오승하**

동방문화대학원대학교 교육학박사(사회복지상담전공)
현, 강동대학교 사회복지학부 교수
〈저서〉 노인상담, 사회복지학개론, 사회복지정책론 외

■ **이명화**

인제대학교 상담심리치료학박사
현, 수성대학교 사회복지과 교수
수성대학교 학생상담센터 센터장
〈저서〉 아들러기반 부모교육, 인간 이해를 위한 심리학 외

■ **전대성**

단국대학교 대학원 행정학박사
현, 경북전문대학교 사회복지과 교수
〈저서〉 사회복지학개론, 사회복지윤리와 철학, 사회복지실천론 외

■ **정복임**

대구한의대학교 일반대학원 평생교육학박사(평생교육융합전공)
현, 성운대학교 라이프융합학부 스마트융합복지전공 교수
〈저서〉 성인학습 및 상담 외

[개정판]

가족복지론

1판 1쇄 발행 — 2023년 7월 28일
2판 1쇄 발행 — 2025년 7월 30일

저　　자 - 이영희 김현경 김안식 김지현 김태화 김현정
류혜원 서민호 오승하 이명화 전대성 정복임
발 행 인 - 강철원
발 행 처 - 양성원
주　　소 - 경기도 파주시 검산로 173번길 29-12
전　　화 - 031-946-3861(代)
팩　　스 - 031-946-3864
이 메 일 - tnwpub@naver.com
홈페이지 - tnwpub.co.kr
출판등록 - 2015년 8월 31일 제 2015-000211 호

ISBN 979-11-6126-647-3

정가 22,000원